心一堂彭措佛緣叢書・索達吉堪布仁波切譯著文集

# 中觀寶鬘論廣釋

原著: 龍樹菩薩 造論　喇拉曲智仁波切　注釋

漢譯: 索達吉堪布仁波切

Śūnyatā

書名：中觀寶鬘論廣釋
系列：心一堂彭措佛緣叢書・索達吉堪布仁波切譯著文集
原著：龍樹菩薩 造論　喇拉曲智仁波切　注釋
漢譯：索達吉堪布仁波切
責任編輯：陳劍聰

出版：心一堂有限公司
通訊地址：香港九龍旺角彌敦道610號荷李活商業中心十八樓05-06室
深港讀者服務中心：中國深圳市羅湖區立新路六號羅湖商業大廈負一層008室
電話號碼：（852）90277110
網址：publish.sunyata.cc
電郵：sunyatabook@gmail.com
網店：http://book.sunyata.cc
淘宝店地址：https://shop210782774.taobao.com
微店地址：https://weidian.com/s/1212826297
臉書： https://www.facebook.com/sunyatabook
讀者論壇：http://bbs.sunyata.cc

香港發行：香港聯合書刊物流有限公司
香港新界大埔汀麗路36號中華商務印刷大廈3樓
電話號碼：（852）2150-2100　傳真號碼：（852）2407-3062
電郵：info@suplogistics.com.hk

台灣發行：秀威資訊科技股份有限公司
地址：台灣台北市內湖區瑞光路七十六巷六十五號一樓
電話號碼：+886-2-2796-3638　傳真號碼：+886-2-2796-1377
網絡書店：www.bodbooks.com.tw
台灣秀威讀者服務中心：
地址：台灣台北市中山區松江路二〇九號1樓
電話號碼：+886-2-2518-0207
傳真號碼：+886-2-2518-0778
網址：www.govbooks.com.tw

中國大陸發行 零售：深圳心一堂文化傳播有限公司
地址：深圳市羅湖區立新路六號羅湖商業大廈負一層008室
電話號碼：(86) 0755-82224934

版次：二零一三年十月初版

平裝

　　　　港幣　　$128
定價：新台幣　　$420

國際書號　978-988-8266-34-0

心一堂微店二維碼　　　心一堂淘寶店二維碼

# 科　判

中觀寶鬘論釋

1

科判

中觀寶鬘論釋

科
判

中觀寶鬘論釋

5

科
判

科
判

8

9

科判

中觀寶鬘論釋

科
判

科判

14

中觀寶鬘論釋

科判

16

科
判

中
觀
寶
鬘
論
釋

科判

# 中觀寶鬘論頌

龍樹菩薩　　造

索達吉堪布　　譯

梵語：繞匝巴熱嘎塔繞那瑪累
藏語：嘉波拉丹夏瓦仁波切創瓦
漢語：教王寶鬘論

## 第一品　別說因果

解脫諸過患，眾德莊嚴者，
眾生唯一親，佛前我頂禮。
王為汝修法，宣說唯善法。
堪為妙法器，修行將成就。
先增上生法，後得決定勝，
因獲增上生，漸至決定勝。
增上生許樂，定勝許解脫，
彼因若略攝，信心與智慧。
具信故依法，具慧故知真，
此二主為慧，前行即信心。
誰不由欲嗔，怖癡而越法，
彼謂具信者，定勝妙法器。

誰能善觀察，身語意諸業，
知利自他已，恆行即智者。
戒殺斷盜取，遠離他人妻，
真戒妄兩舌，粗惡及綺語，
徹底斷貪心，害心與邪見，
此十善業道，相反即惡業。
戒酒行正命，不損諸有情。
敬施供應供，修行仁慈心。
簡言法即此。

唯一折磨身，如是無正法，
未斷損惱他，利他絕非有。
布施戒安忍，正法之大道，
不敬逼惱身，如牛奔歧途。
難忍輪迴曠，劇苦眾生樹，
惑毒蛇纏身，長久而流轉。
殺生感壽短，損害多災難，
偷盜乏受用，邪淫敵共享。
妄說遭誹謗，兩舌親叛離，
粗語聞惡聲，綺語言無力。
貪心失所望，嗔心招怖畏，
邪見生惡執，飲酒心迷亂。
不施感貧窮，邪命受欺惑，
驕傲致種賤，嫉妒威德鮮，

中觀寶鬘論頌

22

忿令貌醜陋，不問智者愚。

人道即此果，諸初往惡趣。

所謂不善業，異熟已宣說，

一切善業果，與彼相反現。

貪嗔癡及彼，所生業不善，

無有貪嗔癡，及彼生業善。

不善生諸苦，投轉諸惡趣，

善業生善趣，世世享安樂。

當以身語意，斷諸不善業，

恆常奉行善，此說三種法。

依此法解脫，地獄餓鬼畜，

且得人天中，王位圓滿樂，

禪無量無色，能享梵等樂。

增上生此法，彼果已略攝。

決定勝諸法，深奧微妙現，

寡聞之凡愚，生畏佛所說。

謂我不成無，我所非非有，

愚者如是怖，智者無所懼。

無餘此有情，皆源於我執，

具我所執眾，佛唯利彼說。

謂有我我所，勝義中顛倒，

徹知真如者，不現彼二故。

我執生諸蘊，我執實虛妄，

中觀寶鬘論釋

虛妄之種子，　所生豈能真？
由見蘊不實，　即可捨我執，
我執斷除已，　後蘊則不起。
猶如依明鏡，　雖顯自面影，
然彼真實性，　少許亦非有。
如是依諸蘊，　我執成所緣，
猶如自面像，　真性中毫無。
猶如不依鏡，　不現自面影，
不依於諸蘊，　我執亦同彼。
聖者阿難陀，　證得如是義，
而獲淨法眼，　復傳諸比丘。
何時有蘊執，　爾時有我執，
有我執有業，　有業亦有生。
三道之輪迴，　無初中末轉，
猶如旋火輪，　彼此互為因。
於彼自他二，　三時亦未得，
故能盡我執，　業與生亦爾。
此見因果生，　彼等泯滅已，
不思真實中，　世間有無性。
聽聞盡諸苦，　此法無妄執，
怯無畏處者，　不知故恐懼。
涅槃中無有，　此等汝不懼，
於此說無有，　汝何生畏懼？

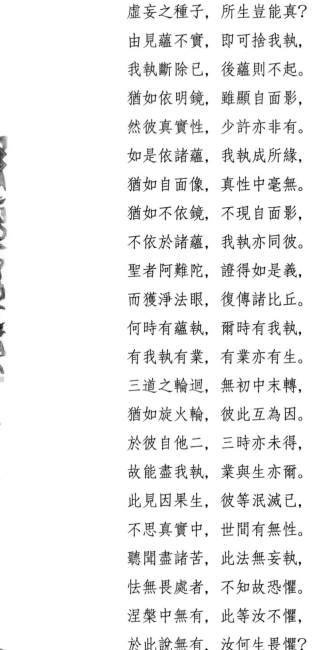

設若如是許，解脫無我蘊，
於此破我蘊，汝等何不喜？
涅槃尚非無，豈是有實法？
盡實無實執，當知真涅槃。
簡言無見者，謂無業之果，
非福惡趣因，稱之為邪見。
略攝有見者，說有業之果，
福德善趣因，稱之為正見。
以智息有無，故越罪與福，
彼離善惡趣，佛說即解脫。
由見具因生，是故超離無，
由見具因滅，故亦不許有。
前生及俱生，非因實無因，
假立與真實，生皆不許故。
有此故有彼，如有長有短，
此生故彼生，如由燈有光。
有長故有短，非從自體有，
如無燈現故，光亦不顯現。
由見因生果，依於此世間，
許由戲論生，不許成無者。
滅非戲論生，即成真如性，
不成有許故，離二而解脫，
遠處所見色，近見更明了，

陽焰若是水，近處何不見？
如是諸遠者，見此世間真，
近者則不見，無相如陽焰。
陽焰現似水，非水非真實，
如是蘊似我，非我非真實，
陽焰思謂水，是故往彼處，
設執謂水無，此即愚癡者。
如是似陽焰，世間說有無，
此執乃愚昧，有癡不解脫。
無見墮惡趣，有見趣善趣，
如實知真義，不依二解脫。
如實知真義，不許為有無，
是故若成無，何故不成有？
若言破有故，實則此屬無，
如是由破無，為何不屬有？
不許全無性，不行心亦無，
菩提所依故，豈說彼等無。
於稱人與蘊，世間數論派，
鴟梟裸體派，問說離有無。
是故諸佛說，無死甘露教，
甚深離有無，當知乃特法。
滅無去無來，剎那亦不住，
超越三世體，世間實存耶？

中觀寶鬘論頌

二者真實中，無有去來住，
故世間涅槃，實有何差異？

無有安住故，生滅真實非，
生住以及滅，焉能真實有？

設若恆常變，豈非剎那法？
設若無遷變，焉能轉為他？

一方或一切，窮盡成剎那？
未得不同故，彼二俱非理。

剎那無整故，豈能有陳物？
常故非剎那，怎成陳舊物？

剎那有後際，如是觀初中，
三剎那體故，世剎那非住。

初中後三際，若如剎那析，
初中後三者，亦非自他成。

異方故非一，無方絲毫無，
一無多亦無，有無無亦無。

若壞或對治，有亦可變無，
有者非有故，壞治何改變？

是故依涅槃，不成滅世間。

世間有邊耶？問時佛默然，
如是諸深法，非器前不說，
故諸智者曉，佛陀為遍知。

如是定勝法，深無執無住，

27

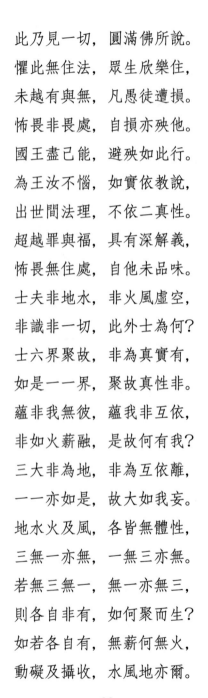

此乃見一切，圓滿佛所說。
懼此無住法，眾生欣樂住，
未越有與無，凡愚徒遭損。
怖畏非畏處，自損亦殃他。
國王盡己能，避殃如此行。
為王汝不惱，如實依教說，
出世間法理，不依二真性。
超越罪與福，具有深解義，
怖畏無住處，自他未品味。
士夫非地水，非火風虛空，
非識非一切，此外士為何？
士六界聚故，非為真實有，
如是一一界，聚故真性非。
蘊非我無彼，蘊我非互依，
非如火薪融，是故何有我？
三大非為地，非為互依離，
一一亦如是，故大如我妄。
地水火及風，各皆無體性，
三無一亦無，一無三亦無。
若無三無一，無一亦無三，
則各自非有，如何聚而生？
如若各自有，無薪何無火，
動礙及攝收，水風地亦爾。

中觀寶鬘論頌

唯火乃共稱，餘三何自有，
三大亦不應，與緣生相違。
分別自體有，如何相互存，
分別自體無，如何相互有？
若謂自體有，一有餘皆有，
不雜非共存，雜無各自體。
諸大各不存，豈有各自相？
自無分亦無，法相謂世俗。
色香及味觸，彼等同此理。
眼識與色法，無明業及生，
能作業所作，數具因果時，
當知長短等，名有名亦爾。
地水火及風，長短粗細性，
善等智前滅，此乃能仁說。
識無所表明，無邊遍主前，
地水火及風，安住不可見。
於此長與短，粗細善不善，
於此名與色，無餘皆泯滅。
不知故未見，智前本有者，
知彼故識前，後成如是滅。
許智火之薪，器情一切法，
具辨真如焰，焚燒而寂滅。
不知先假立，後即決定彼，

中觀寶鬘論釋

爾時不得實，豈能成無實？

色法唯名故，虛空亦唯名，

無大豈有色，故唯名亦無。

如是當思維，受想行識蘊，

如大種及我，故六界無我。

第一品終

中觀寶鬘論頌

# 第二品　輪番說因果

猶如芭蕉枝，盡析無所有，
倘若剖析界，士夫亦同彼。

諸法稱無我，是故諸佛說，
六界皆無我，即為汝抉擇。

如是我無我，真實不可得，
故大能仁遮，我與無我見。

佛說見聞等，非真亦非妄，
倘若成違品，彼二實非有。

如是勝義中，此世離真妄，
故於真實中，佛不許有無。

如是一切法，全然皆非有，
故佛如何說，有無俱非俱？

過去今未來，無數正等覺，
度生俱胝數，安住三世中。

盡而住三世，非增世間因，
佛何不授記，彼之前後際？

異生前保密，此乃甚深法，
世間如幻即，佛教真甘露。

猶如幻化象，雖現生與滅，
然於真實中，無生亦無滅。

如幻之世間，雖現生與滅，

然於勝義中，無生亦無滅。
譬如虛幻象，無來亦無去，
愚心所致已，真實無安住。
如是幻世間，無來亦無去，
愚心所致已，真實無安住。
超越三時性，唯是名言立，
一切有或無，世間豈實有？
佛陀由此因，未授記有無，
二俱非俱邊，而非由他因。
此身不淨性，粗及現量境，
恆常顯現時，心中尚不住，
無住微妙法，極細非現量，
由是甚深故，心中何易悟？
此法甚深故，知眾難領悟，
故佛成道已，默然不說法。
若誤解此法，毀壞諸愚者，
如是無見者，沉落不淨中，
另外邪執此，愚起智者慢，
性情極粗魯，倒墮無間獄。
猶如誤用食，招致諸禍害，
善用得長壽，無病力壯樂。
如是顛倒持，導致災殃至，
善知獲安樂，及無上菩提。

中觀寶鬘論頌

32

是故當斷除，捨此及無見，
為成一切事，策勵知真義。
未盡知此法，我執即隨轉，
而積善惡業，感得妙劣身。
是故未知此，遣除我執法，
期間敬奉行，布施戒安忍。
諸事初思法，中末亦具法，
如是行國王，世世無損惱。
由法今譽樂，今終無怖畏，
他世樂圓滿，故恆依正法。
法乃規之最，依法世間喜，
而由世間喜，現後亦無欺。
非法許規範，依彼世不喜，
世間不喜故，現後成憂愁。
無利惡趣道，欺他苦難忍，
一切錯亂慧，如何真明知？
勵力欺他人，如何具正規？
依彼千百世，唯一欺自己。
怨敵縱加害，棄過依功德，
由此自獲利，敵亦不歡喜。
布施及愛語，利行與同事，
當依此一切，攝世與正法。
國王唯實語，令生堅固信，

反之說妄語，最令失信心。

無欺即實語，轉心非真實，
唯利他故真，不利故為妄。

國王之諸過，一施明能遮，
如是慳亦摧，所有諸功德。

寂靜深邃故，令起勝敬重，
受敬具威信，是故依寂靜。

具慧心不動，穩固不隨他，
亦不受人欺，故王勤修慧。

實語施靜慧，具此四善王，
猶如四妙法，人天共讚歎。

直言意清淨，慧悲純無垢，
與之共相處，慧法亦恆增。

說利語者鮮，聽者更少見，
逆耳然有利，隨行者更罕，
是故雖逆耳，知利當速行，
為病癒亦服，益我苦口藥。

恆思命無病，國政無常性，
後具真精進，始終勤修法。

知曉定死亡，亡後罪感苦，
即便暫時樂，作惡非應理。

有時見無怖，有時見恐怖，
設若信其一，何不畏另者？

中觀寶鬘論頌

34

飲酒世間蔑，　誤事亦耗財，
癡迷行非事，　是故恆戒酒。
賭乃貪憂嗔，　諂誑渙散源，
妄綺惡語因，　是故恆斷除。
多數貪女者，　思女色淨生，
實則女人身，　絲毫無清淨。
口乃稠唾涎，　齒垢不淨器，
鼻流膿液涕，　眼出淚眵器。
腹內即糞尿，　肺肝等之器，
愚者未見女，　貪愛彼身體。
如有無知者，　貪著髒瓶飾，
世人由愚癡，　戀女亦如是。
身境極臭穢，　本是離貪因，
世人過貪彼，　依何引離貪？
猶如豬倍貪，　屎尿處嘔物，
如是屎尿源，　欲者如豬貪。
身城不清淨，　布滿出孔道，
愚者由此於，　執為歡喜因，
汝見屎尿等，　各自不淨已，
於集彼之身，　如何生悅意？
精血混合中，　不淨種子生，
本知不淨體，　欲者何貪此？
不淨蘊彼濕，　由皮所包裹，

與之同臥者，眠女內臟已。
容色美或醜，年老或年幼，
女色皆不淨，汝貪由何起？
如糞色雖美，新鮮形狀妙，
於彼不宜貪，女貌亦復然。
內腐外皮包，爛屍此自性，
顯現極醜惡，如何未曾見？
謂皮亦非糞，猶如寶劍性，
不淨身之皮，如何成清淨？
裝滿糞便瓶，外飾亦厭棄，
不淨自性身，髒滿何不厭？
若汝賤糞穢，於令淨香鬘，
飲食成不淨，此身何不厭？
如於自或他，糞便皆厭惡，
自他不淨身，為何不生厭？
如女身不淨，汝自身亦然。
是故於內外，豈非應離貪？
九孔流不淨，自雖常沐浴，
不了身不淨，為汝說何益？
於此不淨身，美語作讚歎，
嗚呼真偽愚，嗚呼士所恥。
無知暗遮蔽，眾生數多為，
求此起爭論，如為不淨犬。

中觀寶鬘論頌

36

搔癢則安樂，　無癢更安樂，
具世欲安樂，　無欲更安樂。
如是觀則汝，　縱未成離貪，
然由貪薄弱，　於女不貪著。
短命怖及苦，　地獄根本因，
以獵野獸例，　堅決常戒殺。
如塗不淨身，　毒蛇極恐怖，
依誰令眾生，　畏懼彼真惡。
如湧大雨雲，　農夫皆生喜，
依誰令眾生，　皆悅彼真善。
故應捨非法，　不懈依正法。
欲自世間眾，　得無上菩提，
菩提心為本，　堅固如山王，
悲心遍十方，　不依二邊智。
大王若欲求，　大士卅二相，
莊嚴汝身體，　如是當諦聽。
敬佛塔應供，　聖者及長者，
感得手足輪，　所飾轉輪王。
王恆於正法，　穩固真受持，
由此當得成，　足善住菩薩。
以施與愛語，　利行及同事，
感得成吉祥，　手足縵網相。
施授最上等，　極豐之飲食，

中觀寶鬘論釋

感手足細軟，七處隆滿相。

不害作放生，感身廣洪直，

長壽指纖長，足跟廣滿相。

弘揚正受法，感吉祥妙色，

足踝骨不露，身毛上靡相。

恭敬受與施，工巧等明處，

感銳利智慧，腨如鹿王相。

若求己財物，以速施禁行，

感手過膝相，成世間導師。

親友互離間，真實作調解，

感吉祥陰藏，密而不露相。

博施諸精舍，及舒適臥具，

感得如純金，極其柔滑色。

予以無上權，如理隨上師，

感一孔一毛，白毫莊嚴相。

言說美悅語，隨順他善說，

汝感肩頭滿，上身如獅子。

服侍患者愈，感得肩臂圓。

本性安穩住，感得最上味。

引導如法事，汝感無見頂，

猶如無憂樹，縱廣量等同。

長時而言說，真實柔和語，

王感廣長舌，且具梵音聲。

恆常不間斷，宣說諦實語，
感得獅頜輪，具力難勝伏。
尤為敬承侍，隨理而行持，
感齒極潔白，具澤且平整。
無有離間語，長久而串習，
感得四十齒，悉皆齊而密。
無有貪嗔癡，仁慈視有情，
感得目紺青，睫如牛王相。
如是略為因，此等三十二，
獅子大士相，如此當謹知。
隨好八十種，由慈等流生，
本論恐繁冗，未於王汝說。
一切轉輪王，雖有此等相，
淨嚴及明顯，不及佛一分。
輪王盡所有，妙相及隨好，
由於能仁王，一分淨心生。
百俱胝劫中，專一積累善，
亦非能形成，佛一毛孔相。
猶如日光芒，微似熒火光，
諸佛之妙相，微似轉輪王。

中觀寶鬘論釋

第二品終

39

## 第三品　積菩提資

不可思福中，出生佛妙相，
大乘聖教說，大王如實聽。
能生諸緣覺，有學及無學，
無餘世間福，如世無有量。
以此十倍福，成就一毛孔，
佛陀諸毛孔，皆與彼同成。
能生諸毛孔，所有之福德，
以彼之百倍，許成一隨好。
盡彼福德數，感得一隨好，
究竟即如是，直至八十間。
成就八十好，所有福資糧，
以此百倍成，大士一妙相。
成卅二相因，乃是大福德，
此等千倍成，滿月白毫相。
白毫相之福，十萬合為一，
能生無見頂，怙主之肉髻，
成頂髻相福，廣大千萬倍，
當知能生一，十力者法螺。
此福雖無量，然如說十方，
世界皆十倍，略言具限量。
佛陀色身因，亦如世無量，

中觀寶鬘論頌

40

爾時法身因，如何有所量？

一切因微小，尚生廣大果，

佛因無有量，難思果有量。

諸佛之色身，由福資所成，

法身若攝略，由慧資所生。

是故此二資，獲得正覺因，

如此總言之，恆依此福智。

由正理教說，令得安慰因，

成就菩提福，於此勿懈怠。

諸方虛空地，水火風無邊，

如是許苦難，有情無邊際。

菩薩以慈悲，於彼無邊眾，

救離諸痛苦，決定置佛位。

如是堅定者，無論醒或眠，

自真實受起，縱有放逸時，

有情無邊故，常積無邊福。

由彼無邊因，不難證佛果。

誰住無量時，為無量有情，

求無量菩提，欲無量善法。

菩提雖無量，以四無量資，

無需長久時，何故不獲得？

依於無邊福，以及無邊智，

迅速能消除，身心之痛苦。

中觀寶鬘論釋

41

罪感惡趣身，遭飢渴等苦，
彼止惡修福，他世無苦楚。
由癡生意苦，貪嗔怖欲等，
彼依無依慧，迅速得消除。
若以身心苦，全然損無害，
乃至世間際，引世何厭離？
苦短尚難忍，何況時久長？
無苦安樂時，無邊有何妨？
既無身之苦，豈有意之苦？
彼憫世間苦，長久而安住。
故成佛經久，智者不懈怠，
為盡罪功德，恆常當勤此。
了知貪嗔癡，是過盡斷除，
知無貪嗔癡，是德敬依止。
由貪轉餓鬼，以嗔引地獄，
癡多成旁生，相反得人天。
捨過取功德，是增上生法，
以智盡執著，乃決定勝法。
興建起敬仰，佛像與佛塔，
壯觀之經堂，廣設敷具等。
諸寶所鑄造，形狀極莊嚴，
佛像端坐於，精製蓮花上。
殷重而護持，正法比丘僧。

中觀寶鬘論頌

42

黃金寶瓔珞，佩諸佛塔上，
金剛金銀花，珊瑚及珍珠，
帝青吠琉璃，藍寶供佛塔。
於諸說法師，供養及承侍，
做生歡喜事，六法敬依止。
事師而恭聆，服侍與問訊，
及諸菩薩前，恆常敬供養。
莫於他外道，敬供及頂禮，
愚者依彼緣，將執具過者。
繕寫佛經典，彼生之諸論，
先前當惠施，經函及筆墨。
境內辦學堂，師資諸事宜，
田地定當賜，為智得增長。
為除老幼病，有情之苦惱，
於境醫髮師，賜田令安居。
旅舍及花園，橋池議事廳，
泉榻食草木，令慧巧匠造。
於諸村寺城，修建集會處。
於諸缺水路，令人造水渠。
於病無依怙，苦逼下劣者，
悲憫恆攝受，撫育敬親近。
應時之飲食，啖食穀水果，
乞求彼等士，施前用非理。

中觀寶鬘論釋

靴傘濾水器，除刺之用具，
針線及涼扇，置於涼亭中。
三果與三辛，酥蜂蜜眼藥，
消毒置涼亭，亦書咒藥方。
塗身足頭油，搖籃及糊羹，
瓶盤板斧等，請置涼亭中。
芝麻米糧食，糖油皆具足，
淨水所裝滿，小缸置涼處。
蟻穴之洞口，食水糖穀堆，
恆常記心中，亦為眾人行。
餐前與餐後，恆常於餓鬼，
犬蟻鳥類等，隨意施飲食。
災害飢饉年，壓迫及瘟疫，
戰敗之領地，廣攝諸世人。
於諸苦農夫，攝以種子食。
廢除強賦稅，分支皆消滅，
賑災而濟貧，減免關卡稅。
彼等門前候，苦難亦當除。
自境或他境，盜匪須平息。
貨潤須平衡，價值令合理。
群臣所稟奏，自當皆知曉，
有益世人事，一切應常做。
如凡利己者，汝即有恭敬，

中觀寶鬘論頌

凡謂利他事，如是汝敬之。
如地水火風，藥草及林木，
自於一須臾，令他隨意用。
若行七步頃，懷捨諸物心，
菩薩所生福，無量如虛空。
貌美之女兒，若賜所求者，
依此分別得，受妙法總持。
往昔大能仁，同時而賜予，
八萬裝飾女，及一切資具。
種種光亮衣，及諸裝飾品，
香鬘諸受用，愍施諸乞者。
何者無法義，極度生憂傷，
即刻賜彼樂，此施最殊勝。
若於誰有利，毒亦作布施，
佳餚若無益，於彼莫施予。
猶如被蛇咬，斷指謂有利，
佛說若利他，不樂亦為之。
於妙法法師，本當勝承侍，
恭敬而聞法，亦作法布施。
莫愛世間語，應喜出世言，
如自欲功德，亦令他生起。
聞法無厭足，攝義且分析，
供養上師尊，恆常敬呈稟。

中觀寶鬘論釋

莫讀順世論，斷除諍義慢，
不讚自功德，評說敵功德。
莫中他要害，亦莫以惡心，
揭露他過咎，當觀己過錯。
他由何種過，常為智者責？
自應盡斷彼，有力亦止他。
他害莫嗔恚，應念宿業感，
為後不受苦，自當離諸過。
毫不求回報，於他行饒益。
有苦唯自受，樂與求共享。
縱然富如天，亦莫起驕慢，
窮困如餓鬼，亦莫生怯懦。
縱說真實語，損己失王位，
恆說為自利，莫言其他語。
如此說禁行，恆常依此行，
由此具吉祥，亦成正量者。
汝恆於一切，三思而後行，
由見真實義，而不隨他轉。
由法王位安。名聲之華蓋，
廣大遍諸方。群臣盡敬重，
死緣何其多，生緣何其少，
彼等亦死緣。是故恆修法。
如此常修法，自與諸世間，

中觀寶鬘論頌

46

悉皆心悅意，以此為最佳。

由法眠安穩，安樂而覺醒。

由內無過咎，夢中亦見樂。

竭力孝父母，承侍種姓主，

善用忍行施，柔語無離間，

實語始終行，獲得天王已，

依舊成天王，故當依此法。

每日三時施，三百罐飲食，

不及須臾間，修慈一分福。

人天等慈愛，彼等亦守護，

意喜身樂多，無有毒刃害，

無勤事得成，感生梵天界，

縱然未解脫，亦得慈八德。

若令諸有情，堅發菩提心，

常得如山王，穩固菩提心。

由信離無暇，依戒生善趣。

憑依修空性，不執一切法。

正直具正念，思維得智慧。

恭敬證法義，護法具智慧。

依憑聞正法，施法無障礙，

感得伴諸佛，迅速成所欲。

無貪成法利，無吝增受用，

無慢成主尊，法忍獲總持。

中觀寶鬘論釋

以授五精華，　及作無畏施，
諸魔不能侵，　成大威力最。
佛塔供燈鬘，　暗處置燈盞，
油燈加油汁，　依此得天眼。
供養佛塔時，　敬獻妙樂器，
鈴鐺螺及鼓，　依此得天耳。
不舉他過失，　不說諸殘疾，
隨護他心故，　獲得他心通。
施履及車乘，　服侍羸弱者，
乘騎奉上師，　智者得神變。
為法而行事，　憶念法句義，
法施無有垢，　故得宿命通。
如實盡了知，　諸法無自性，
故得第六通，　永盡一切漏。
為度諸有情，　了真如等性，
大悲潤修行，　成具殊勝佛。
種種願清淨，　佛剎即清淨。
寶獻能仁王，　得放無量光。
故知業果理，　隨同而行持。
恆常利有情，　即利汝自己。

中觀寶鬘論頌

第三品終

## 第四品　國王行為

難知忍不忍，故王行非法，
或作非理行，屬下多讚歎。
於他有利語，逆耳尚難說，
況於君王你，僧我何須言？
為令汝歡喜，亦為憫有情，
利你縱逆耳，唯吾定呈白。
佛言於弟子，慈憫應時說，
真柔合意語，是故出此言。
堅穩若宣說，無嗔諦實語，
如沐浴妙水，理當聞受持。
我為汝宣說，現後有利事，
知已應修行，自他有益法。
由昔施乞者，得利若不施，
忘恩起貪著，後世不得利。
今生做事者，無薪不負糧，
乞者未付薪，後時成百倍。
恆發廣大心，喜行廣大業，
由依廣大業，生諸廣大果。
國王當廣行，下者難思事，
法事三寶依，而具大名聲。
若做何法事，他者毛不立，

中觀寶鬘論釋

49

死後無美名，大王寧不為。
為諸廣大事，離慢生歡喜，
能摧低者怯，乃至諸財盡。
汝棄一切物，無權尋去處，
唯為正法行，方至你面前。
先王諸財富，已屬新王有，
豈成先正法，安樂名聲否？
享財此生樂，布施他世樂，
未享未施耗，唯苦豈安樂？
臨終臣走狗，輕汝重新王，
望其慈愛者，無權不予施。
是故在位時，財速做法事，
常住死緣中，如狂風中燈。
先王所興建，寺院等道場，
他造彼一切，依照前軌護。
令不害行善，守戒慈新來，
實語忍無諍，恆精進者行。
盲人病弱者，孤苦貧殘疾，
不遮彼等眾，平等獲衣食。
具法前無求，居於他國境，
亦當予攝受，如應盡力為。
一切法事主，應委精進人，
聰明不浪費，如法皆不損。

中觀寶鬘論頌

明規具法親，　貼心淨不嗔，
族貴秉性賢，　感恩任大臣。
慷慨無貪勇，　柔和適度行，
堅恆不放逸，　具法委將軍。
法軌清淨為，　識事通君規，
如法平等柔，　任命耆宿首。
每月於彼等，　親自聽收支，
聽已當吩咐，　法等一切事。
汝政為正法，　非為名欲妙，
彼極具勝果，　反之無實義。
人君現世界，　多數互吞併，
汝當如實聽，　政法兩其美。
智者宿貴族，　知理警罪業，
善良見必要，　汝常多委任。
罰逮毆打等，　合理亦莫為，
妙以悲憫潤，　恆常作攝受。
於造極重罪，　一切諸有情，
王汝亦恆常，　唯生悲利心。
於造重罪者，　尤當更悲憫，
彼等自受損，　大士悲憫處。
一日或五日，　釋放諸輕犯，
餘眾亦如應，　非皆不釋放。
汝無釋放心，　彼生非律儀，

51

由此惡戒中，不斷積罪業。
何時囚未放，爾時理髮師，
沐浴及飲食，醫藥令安樂。
如於不肖子，指望成大器，
憐愛行懲罰，非嗔非為財。
極嗔行殺人，觀察詳知已，
不殺不損害，而當擯出境。
所轄諸境內，派專使視察，
恆以不放逸，正念行法事。
自於功德境，廣供敬承侍，
廣大隨順行，餘亦如應為。
國樹具忍蔭，盛開恭敬花，
博施碩果累，民眾群鳥棲。
若王好施捨，威風眾歡喜，
如豆蔻胡椒，所包沙糖丸。
若依理觀察，不失汝王位，
不成非應理，成法離非法。
王位非他世，帶至不帶去，
依法所得故，不應行非法。
國位如資本，苦資相輾轉，
盡量不成彼，國王當策勵。
王位如資本，王位資相傳，
盡量獲得彼，國王當策勵。

中觀寶鬘論頌

縱得四洲地，　然轉輪王樂，
唯一僅承許，　身心此二已。
身體之樂受，　痛苦偽裝已，
心想之自性，　唯由分別改。
世間一切樂，　唯苦偽造已，
僅是分別故，　彼樂實無有。
洲境處及家，　轎墊衣臥具，
飲食象馬女，　一一而享用。
何時心趨入，　爾時稱之樂，
餘者不作意，　爾時樂實無。
眼等五種根，　緣取五境時，
若無分別執，　爾時無有樂。
何時任何境，　何根了知時，
餘非緣餘境，　爾時無有境。
由根緣境時，　若於過去境，
意緣而證知，　則自以為樂。
此即由一根，　了知一對境，
境無根亦無，　根無境亦無。
猶如依父母，　方說出生子，
如是依眼色，　方說產生識。
過去未來境，　有根無外境，
此二別無故，　現在亦無境。
猶如眼錯亂，　能執旋火輪，

中觀寶鬘論釋

如是依諸根，　能取彼對境。
諸根及諸境，　許是大種性，
大種各無境，　此等實無境。
大種若各異，　無薪應有火，
和合成無相，　其餘定如是。
大種二相中，　無境聚無境，
聚合無境故，　色法實無境。
識受想及行，　一切皆如是，
各體無境故，　勝義中境無。
猶於苦偽造，　真樂起我慢，
如是於樂毀，　痛苦亦起慢。
現無體性故，　捨棄值樂愛，
及離痛苦愛，　見此而解脫。
若謂誰見心，　名言中說心，
無心所無心，　實無不許俱。
如是真如中，　知無眾生已，
猶如無因火，　無住取涅槃。
菩薩具如此，　而許定菩提，
彼唯以悲心，　受生至菩提。
佛於大乘中，　宣說菩薩資，
於彼了不知，　極嗔而詆毀。
不曉功與過，　或功作過想，
抑或嗔功德，　致使謗大乘。

中觀寶鬘論頌

54

明知損他過，利他乃功德，
誹謗大乘人，稱之嗔德者。

不顧自利益，一味喜利他，
功德源大乘，嗔彼遭焚毀。

具信以誤持，嗔恨另一方，
信士尚說焚，何況由嗔離？

如醫術中說，以毒能攻毒，
小苦除大苦，如是何相違？

共稱一切法，意主意先行，
雖苦以益心，行利豈無益？

苦利後尚為，何況為自他，
安樂與利益，此法是古規。

若捨小安樂，能見大安樂，
願王見大樂，拋棄小安樂。

設若不安忍，醫師為病癒，
予藥於患者，此非應嗔處。

凡成損害者，智者見有益，
一般與特殊，論中皆讚許。

大乘之中說，先具大悲行，
無垢之智慧，有心誰謗彼？

於極深廣義，懈怠未修行，
自他之諸敵，由癡謗大乘。

施戒忍精進，禪慧悲體性，

彼即是乘故，此豈有謬論？

施戒行利他，勤忍為自利，

禪慧解脫因，總攝大乘義。

二利解脫義，略言佛聖教，

唯六波羅蜜，故此是佛語。

菩提之大道，福智之自性，

佛說大乘教，愚盲不納受。

功德如虛空，說佛德無量，

佛陀殊勝性，大乘說忍此。

聖者舍利弗，亦不知戒蘊，

故佛優勝性，無量何不忍？

大乘說無生，餘說盡空性，

盡智無生智，實同故當受。

空性佛陀體，如是依理觀，

二乘智者前，如何不等同？

如來密意說，非易了知故，

說一乘三乘，中立護自身。

中立無成罪，嗔罪不成善，

故欲己善者，切莫嗔大乘。

聲聞彼乘中，未說菩薩願，

行為及迴向，豈能成菩薩？

加持成菩提，佛陀未曾說，

此義較佛勝，正量他誰有？

中觀寶鬘論頌

加持四聖諦，　及菩提分道，
共同聲聞中，　佛果以何勝？
住菩提行義，　彼經未曾宣，
大乘中說故，　智者皆當受。
猶如聲明師，　令先讀字母，
佛陀為所化，　宣說堪忍法。
有前為遮止，　罪業而說法，
有前為造福，　有前說依二，
有前俱不依，　深法疑者畏，
空悲藏授予，　有修菩提者。
如是諸智者，　切莫嗔大乘，
能成圓菩提，　故當尤誠信。
倍信大乘者，　依彼所說行，
證無上菩提，　兼得一切樂。
施戒安忍法，　特為在家說，
大悲精藏法，　應當穩固修。
若由世蠻橫，　依法難持政，
為法與名譽，　汝應作出家。

中觀寶鬘論釋

第四品終

57

## 第五品　僧俗學處

爾後出家者，初當敬學處，
多聞別解脫，戒律勤擇義。
次知細微罪，應斷諸過根，
所宣五十七，努力而觀察。
忿令心煩亂，隨彼心懷恨，
覆即藏罪業，惱即執罪惡。
諂為極虛妄，誑即心不正，
嫉以他德憂，慳畏捨施性。
無慚及無愧，不顧自與他。
傲為不恭敬，造罪由怒染。
驕矜則放逸，不行一切善。
慢相有七種，彼即細分說，
驕傲自滿者，下下平平等，
平等勝平等，此性即稱慢。
認勝或平己，此即為過慢。
認為勝過勝，思更高過高，
名為慢過慢，屬如瘡上癰。
所謂之近取，五蘊本空性，
愚昧執為我，彼即稱我慢。
未得果思得，即名增上慢。
稱讚造罪業，智慧知邪慢。

中觀寶鬘論頌

58

謂無所作為，　輕毀自己者，
稱之為卑慢。　簡略說七種。
詐現威儀者，　護根為利敬。
諂媚奉承者，　柔語為利敬。
旁敲側擊者，　為得讚他財。
巧取訛索者，　為利面諷他。
贈微博厚者，　圖利讚前得。
說過即他錯，　再三而重複。
無悅不觀察，　內起憂愁心。
遍貪自劣具，　劣貪即懈怠。
異想自他想，　貪嗔暗遮障。
凡是不作意，　說心無見解。
於諸如法事，　懈怠失恭敬。
師不作佛想，　許為惡劣士。
耽著小纏縛，　彼由欲貪生。
遍耽即由欲，　所生大纏縛。
貪即於己物，　具有貪欲意。
耽著他之物，　名謂非理貪。
貪愛所斷女，　讚即非法貪。
欲罪無功德，　詐現具功德。
大欲極貪婪，　反之為知足。
得欲自盡力，　令他知己德。
不忍即不堪，　作害及痛苦。

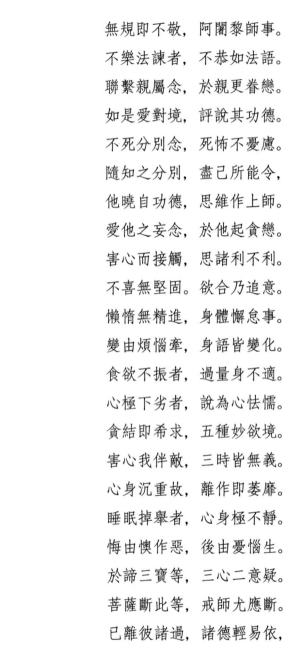

無規即不敬，阿闍黎師事。
不樂法諫者，不恭如法語。
聯繫親屬念，於親更眷戀。
如是愛對境，評說其功德。
不死分別念，死怖不憂慮。
隨知之分別，盡己所能令，
他曉自功德，思維作上師。
愛他之妄念，於他起貪戀。
害心而接觸，思諸利不利。
不喜無堅固。欲合乃追意。
懶惰無精進，身體懈怠事。
變由煩惱牽，身語皆變化。
食欲不振者，過量身不適。
心極下劣者，說為心怯懦。
貪結即希求，五種妙欲境。
害心我伴敵，三時皆無義。
心身沉重故，離作即萎靡。
睡眠掉舉者，心身極不靜。
悔由懊作惡，後由憂惱生。
於諦三寶等，三心二意疑。
菩薩斷此等，戒師尤應斷。
已離彼諸過，諸德輕易依，
略說菩薩德，布施及持戒，

中觀寶鬘論頌

安忍與精進，定慧慈悲等，
布施捨自財，持戒利他行，
安忍斷嗔恚，精進即樂善。
定一緣無染，慧擇諦實義。
悲於諸有情，哀憫一味慧。
施財戒安樂，忍美精進威，
定寂慧解脫，悲成一切利。
無餘此七法，同依波羅蜜，
獲不可思智，世間之怙主。
聲聞乘中說，聲聞有八地，
如是大乘中，菩薩之十地。
第一極喜地，菩薩歡喜故，
已斷除三結，生於佛種族。
彼之異熟果，施度最殊勝，
震動百世界，成為贍洲王。
二地名離垢，身語意十業，
纖塵不染故，自守彼等故。
彼之異熟果，戒度最殊勝，
成為七寶主，利生轉輪王。
三地名發光，智放寂光故，
禪定神通起，永盡貪嗔故。
彼之異熟果，勝行忍精進，
明智大天王，遣除欲貪者。

中觀寶鬘論釋

第四名焰慧，放正智光故，
一切菩提分，尤為修行故。
彼之異熟成，離諍之天王，
薩迦耶見生，盡毀乃智者。
第五名難行，諸魔難勝故，
善知聖諦等，微細深義故。
彼異熟感成，兜率之天王，
能除諸外宗，煩惱惡見處。
第六名現前，現前佛法故，
修行止觀已，得滅增上故。
彼異熟感成，化樂之天王，
聲聞不能奪，能息高慢者。
第七名遠行，數具遠行故，
剎那剎那間，入於滅定故。
彼之異熟成，他化之天王，
現證聖諦故，成大阿闍黎。
第八童子地，不動無念故，
不動身語意，行境不可思。
異熟果感得，一千梵天主，
羅漢獨覺等，擇義不可奪。
第九名善慧，猶如王太子，
因得無礙解，此地慧善妙。
彼之異熟成，二千界梵主，

中觀寶鬘論頌

有情心疑問，羅漢不可奪。

第十名法雲，降妙法雨故，

菩薩蒙佛陀，光明灌頂故。

彼之異熟成，淨居之天王，

無量智境主，殊勝大自在。

如是彼十稱，菩薩之十地。

佛地與彼異，廣大不可量，

於此簡言之，具足十種力。

彼力即一一，如眾不可量，

諸佛之無量，如諸方虛空，

地水火及風，籠統宣說已。

設若因僅此，未見無限量，

於佛之無量，不起誠信心。

故佛像塔前，抑或於餘處，

一日三時誦，如此二十頌。

諸佛正法僧，以及菩薩前，

恭敬皈依畢，頂禮應供處。

懺悔罪惡業，廣修眾福德，

有情之福善，一切皆隨喜。

我稽首合掌，請轉妙法輪，

乃至眾生存，請佛久住世。

願以我作福，已作及未作，

有情悉皆具，無上菩提心。

中觀寶鬘論釋

願眾皆無垢，根圓離無暇，
行為有自在，正命悉具足。
願諸有情眾，手中具財寶，
資具皆無量，無盡至生死。
願凡諸女人，恆成大丈夫，
諸有情慧目，戒足悉具足。
願有情具色，形妙大威光，
見喜無病疫，長壽具大力。
願皆通方便，脫離諸苦痛，
勤向三寶尊，富有佛法財。
願修慈悲喜，棄惑平等住，
施戒忍精進，定慧作嚴飾。
願圓諸資糧，相好極鮮明，
不可思十地，不斷而經行。
願我亦具足，彼德餘諸飾，
解脫一切過，倍憫諸有情。
願諸有情心，意願皆滿足，
恆常而遣除，一切眾生苦。
願遍諸世界，恐怖之士夫，
聽聞我名號，極度畏懼消。
願以見憶我，聞名諸眾生，
不亂住本性，定得圓菩提，
生生世世中，獲得五神通。

中觀寶鬘論頌

願於諸蒼生，恆常行利樂。
願諸世間界，欲行罪惡者，
悉皆無害心，恆常頓遮止。
願如地水火，風藥曠野樹，
眾生於恆常，隨意而受用。
如命愛有情，勝過愛自我，
眾罪成熟我，我樂予眾生。
縱有一含識，未得解脫間，
我雖得佛果，誓願住三有。
如是所說福，設若具形色，
盡恆河沙數，世界不能容。
彼是世尊說，理由此亦明，
有情界無量，利彼亦復然。
如是我為汝，簡要所說法，
你如恆惜身，當以珍愛之。
何者重彼法，實為愛自身，
若需利所愛，彼成法作用。
故如己依法，如法而修行，
如行依智慧，如慧依智者。
清淨慈具慧，由辯利益說，
誰慮己惡劣，彼亦毀自利。
善知識法相，略說當了知，
知足悲具戒，有除煩惱慧，

中觀寶鬘論釋

彼等若教誨，　汝應知恭敬。
依此圓滿規，　成就最勝果。
於眾實柔語，　安詳具威嚴，
具理不輕毀，　自在善妙言。
善調離隨眠，　莊嚴心寂靜，
無掉不拖延，　無諂決定行。
決定如滿月，　光彩如秋日，
深沉如大海，　堅固如須彌。
脫離諸過咎，　嚴飾諸功德，
有情生存因，　成就遍知果。
此法非獨為，　國王一人說，
亦欲如應利，　其餘眾生說。
為令自他眾，　成就正等覺，
國王於此論，　日日當思維。
持戒敬上師，　安忍無嫉妒，
離慳無所求，　具足利他財。
利濟貧困者，　勝攝棄非勝，
恆常持正法，　為得大菩提。

中觀寶鬘論頌

第五品終

66

# 中觀寶鬘論廣釋

喇拉秋智仁波切　著

索達吉堪布　譯

嗡那莫薩瓦革熱德得瓦白！

> 如所盡所萬法匯集一汪洋，
> 周匝意吉祥結無盡虛空界，
> 悲雲中降利樂無邊眾生雨，
> 等界未動事業周遍佛前禮。

> 清淨勝身皓月界空入定中，
> 除惱法海圓滿語密遣黑暗，
> 佛海意之菩薩三有一尊汝，
> 善緣頂戴以此妙音青蓮供。

> 依佛聖教真實意鏡中，
> 無餘映現聖者深現證，
> 折邪說以正道賜慰藉，
> 住成就地龍樹師前禮。

> 何者尊容甘露之光輝，
> 觸及心間百瓣之蓮花，

享受醍醐能消迷現熱，

恩重如山上師前敬禮。


諸佛自現智慧現人相，

智悲自成眾多善說法，

普皆盈盈充滿自相續，

一切傳承先師賜吉祥。


見諦聖著寶鬘論，內容浩如虛空界，

依真實義以教理，盡己所能淨心釋。

頂禮能令輕易成事的殊勝對境福德無量，因而在篇首拋撒了讚頌的吉祥鮮花。

接著於所講的對國王所明示的深廣教言——此中觀寶鬘論分四：一、論名；二、譯禮；三、論義；四、末義。

甲一、論名：

梵語：繞匝巴熱嘎塔繞那瑪累

藏語：嘉波拉丹夏瓦仁波切創瓦

漢語：教王寶鬘論

在印度聖地，共有梵文（天語）、巴利文（土語）、畢合遮文（顛鬼語）、阿婆商夏文（訛誤語）四大語種。這四種語系前前退化而演變成後後。本論的梵文：繞匝巴熱嘎塔繞那瑪累，與漢文相對照：繞匝即為「國王」；巴熱

中觀寶鬘論廣釋

68

嘎塔為「教授」；繞那即「寶」；瑪累即「鬘」。關於藏語，則如《藏語語法三十頌》及《音勢論》。由於此論主要是教誨樂行王的，因此稱為「教王」；又因為本論宣說了《中觀理集六論》中滿足眾生一切所欲的深廣法理，故而稱「寶鬘」，就像（從深廣兩方面入於《中論》的）《入中論》一樣。關於命名的方式與必要當從其他論典中了知。

甲二、譯禮：

頂禮一切佛菩薩！

以往的諸位智者譯師在將論典翻譯成藏文時，按照國王赤熱巴堅規定而作頂禮，由

此可表明或認清本論屬於經藏的範疇。

甲三（論義）分三：一、入論分支；二、所說論義；三、宣說結行。

乙一（入論分支）分二：一、頂禮句；二、立誓句。

丙一、頂禮句：

> 解脫諸過患，眾德莊嚴者，
>
> 眾生唯一親，佛前我頂禮。

自利圓滿：所斷之特點，以不復再生的方式解脫了由實執補特伽羅與蘊之無明所生的貪等，及二取迷亂分別妄念的習氣所知障這一切過患；所證之特點：以與聲聞、緣覺等共不共之力等一切功德所嚴飾，故稱莊嚴

中觀寶鬘論釋

者。「者」字是主人詞。他利圓滿：以大悲心引發而救度一切有情脫離所有過患，賜予一切善資。這以上是從斷證兩方面，讚歎堪為眾生暫時與究竟的唯一至親——無與倫比的殊勝導師。作者在以二利為主、通達盡所如所一切法的遍知佛陀前作禮。

以怎樣的方式頂禮呢？以三門畢恭畢敬的方式。頂禮者是誰？是作者龍猛我。如云：「我棄餘師後，皈依世尊汝，其因唯有您，無過具功德。」這其中間接說明了其他本師沒有離開損害眾生的行為。比如：自在天焚燒三層城市，遍入天摧毀十八部軍隊；裸體外道徒聲稱觸而生畏的細微生靈充滿虛空，並在擯除弟子時令其還戒（即通常所說的捨戒）；有些仙人詛咒、火焚國王及攜同的四大軍隊……而佛陀的智悲力已遠遠超勝他們。

丙二、立誓句：

王為汝修法，宣說唯善法。

堪為妙法器，修行將成就。

為了令隨信行與隨法行的兩種法器學修論典，作者首先頂禮殊勝對境而積累福德，接下來以呼喚的口吻稱道：國王，出於為了你修法的目的，（我）即將宣說初中末淨善、不墮輪迴惡趣、始終如一善妙的這些正法。如果對所謂的法進行分類，則有十善等以及證悟真如的智慧兩種。此二法的果分別是人天果位與三菩提聖果。本來，「法」所涉及的內涵有十種，但此處的「法」是

指二種因法，由於依此二因法能成就果法的緣故。之所以特意勸勉國王而宣講是因為，如果諸位先賢對堪為妙法器者宣說，則對方修行能得成就。國王你具足四輪、三功德，因而堪為法器。所謂的三功德，如云：「質直慧求義，說為聞法器。」為此，作者才對具足如此法器功德者講法。

　　乙二（所說論義）分四：一、總說增上生與決定勝之因果；二、教誡修學無上菩提之因——二資糧；三、教誡修學國王無過之行為；四、教誡欲得解脫之出家菩薩廣行學處。

　　丙一（總說增上生與決定勝之因果）分二：一、分別說增上生與決定勝之因果；二、輪番說增上生與決定勝之因果。

中觀寶鬘論釋

# 第一品　別說因果

丁一（分別說增上生與決定勝之因果）分二：一、
總說緣起；二、真實宣說。

戊一（總說緣起）分四：一、二因資糧之次第；
二、歸納而認知因果；三、二因之差別；四、宣說法器
之法相：

己一、二因資糧之次第：

　　　　先增上生法，後得決定勝，

　　　　因獲增上生，漸至決定勝。

首先宣說增上生之因十六法，關於十六法，下文中
有明示。（聽聞者）如理如實修持之後，才該講解獲得
決定勝之道的所緣空性等法門。原因何在呢？因為需要
連續得到增上生的果報方可漸漸達到決定勝的果位。除
了接連投生為人、天的身分以外，依靠惡趣的身分無法
獲得解脫。聽聞者最初獲得了所傳的教言再進一步實
修，當相續成熟時才可為他講授空性深義。否則，聞者
可能顛倒執著空性之義而誹謗因果，結果會導致捨棄空
性而墮入惡趣，誠如本論下文中所說「（若誤解此法，
毀壞諸愚者，如是無見者，沉落不淨中，另外邪執此，
愚起智者慢，）性情極粗魯，倒墮無間獄」。假設必須
宣說空性，就要不危及業果而結合業果來講解。

己二、歸納而認知因果：

増上生許樂，定勝許解脫，

彼因若略攝，信心與智慧。

所謂的「增上生」被認為是人、天人相續所攝的安樂與行捨；所謂的「決定勝」，被承許為依靠證悟無我的智慧而無餘斷除苦集的離繫果——解脫，因為是具備斷而不復返之法相的「離繫」。善趣與解脫兩種果位的因雖然有許許多多，但歸納而言，根據剛剛所說果的定數為二，最主要的因也有兩種，概括地說，即是對三寶、四諦、業果等的清淨信、欲樂信、誠摯信以及證悟諸法實相空性的智慧。

己三、二因之差別：

具信故依法，具慧故知真，

此二主為慧，前行即信心。

正如人們所說的「信根極穩固」一樣，信心是一切法的根本或門扉，由於具有信心的因，故而才能誠心誠意地依止、奉行增上生之因——十善及皈依等法門，因為具足不願離開善法的精進即是具有信心的標誌。由於具備能證悟甚深空性之因——智慧的緣故，才能了知實相真實義。對於無倒的實相以誠摯信而獲得體驗即是具有智慧的標誌。在這兩種因當中，主要的還是智慧，因為只有依靠智慧才能明曉三有之因、解脫業惑之縛。

---

①行捨：即平等捨，於身於心無損害故不欲遠離，無利樂故不欲值遇，平等正直無功用住，十一善心所之一。

《攝集經》中云：「以慧徹知法自性，真實超越諸三界。」如果不具備信心，那麼就無法生起聞慧等智慧，因此智慧的前行就是對業果等的誠摯信心。倘若沒有具備這一前提，則無法依靠智慧摧毀煩惱。如（《寶性論》中）云：「自然之勝義，依信而證悟。」又如云：「勝義當依信心而證悟。」信心被稱為間接解脫之因；智慧稱為直接解脫之因。

　　己四、宣說法器之法相：

　　　　　誰不由欲嗔，怖癡而越法，

　　　　　彼謂具信者，定勝妙法器。

　　　　　誰能善觀察，身語意諸業，

　　　　　知利自他已，恆行即智者。

　　那麼，堪為法器的具信者到底是什麼樣的人，具慧者又是怎樣的人呢？

　　由於貪圖肉、皮等而進行殺生等拋棄正法，是以貪心或欲望而越法；諸如，由害心等驅使而殺生，是以嗔心而越法；害怕國王的懲罰而捨法是以怖畏而越法；秉持諸如為了父母等殺生無有罪過而捨法，即是以癡心而越法。任何所化眾生，遠離以上四種越法後不以欲望、嗔恚、怖畏、愚癡而違越正法並對業果等誠信不移，這種人稱為具信者。正由於此人能逐漸被引向解脫，因此堪為決定勝的殊妙法器。在講到「不越」之時，諸如，為了謀求食財的皈依，雖說也沒有離開四種越法，但也

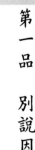

第一品　別說因果

74

可以稱為「具信者」。

任何人認真全面觀察自己身口意的善、不善、無記狀態後，斷除一切不善與無記法而奉行善法，完全迴向無上菩提以成辦眾生之利，了知這是對自他二者今生來世有利之事後持之以恆地進行取捨，就稱為智者。逆行倒施者縱然通達五明也不稱之為智者。

總之，明確三士道的次第，進而如理如法身體力行，這樣的人就叫做具信者與具慧者。

戊二（真實宣說）分二：一、宣說增上生之因果；二、宣說決定勝因果。

己一（宣說增上生之因果）分二：一、廣說；二、攝義。

庚一（廣說）分三：一、增上生之法；二、奉行之方式；三、奉行之果。

辛一（增上生之法）分四：一、宣說增上生之十六法；二、宣說他宗無有彼等正法；三、顛倒趨入彼等之果；四、別說善不善業之果。

壬一（宣說增上生之十六法）分三：一、遮止之十三法；二、奉行之三法；三、攝義。

癸一（遮止之十三法）分二：一、遮止十不善業；二、遮止餘罪。

子一、遮止十不善業：

　　　　戒殺斷盜取，遠離他人妻，

中觀寶鬘論釋

真戒妄兩舌，粗惡及綺語，

徹底斷貪心，害心與邪見，

此十善業道，相反即惡業。

杜絕以殺心殺害人類及盜取他眾執為己有的財物，遠離他人執為我所的妻室，這三種是所遮止的身不善業。妄語是指以想轉變他人想法的心態而說虛偽不實的謊言；口出挑撥離間之語就是所謂的兩舌；刺傷他人感情的粗魯語言為粗惡語；信口開河的無稽之談是綺語。真正戒除這一切就說明制止了語言的不善業。徹底斷除貪圖他人財物而想據為己有的貪心、圖謀不軌陷害他者的害心與抹殺因果的斷見以及外道的惡見這三種意不善業。

這些正確的業道叫做十善業道，因為能帶來稱心合意的果報，特殊善業是指放生等。與之截然相反的就是不善黑業，之所以叫黑業，是因為它們的異熟果報不悅意的緣故。關於這些業的基、意樂、加行等道理，當從其他論典中得知。

子二、遮止餘罪：

戒酒行正命，不損諸有情。

如果有人想：（所遮之法）就僅有上述這些而已嗎？

並非如此。無論是在家還是出家人，都不可飲用令身不由自主的酒類。《聖雄長者請問經》中說：「戒酒

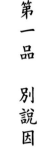

之功德，無有昏厥，無醉無迷，言詞不亂，無驕無躁，無掉無散，安住正念，具足正知。」飲酒的過患則與之相反。諸位在家人要斷除短斤少兩等欺騙行為，諸位出家人務必斷絕五種邪命，依靠正當的生計。斷除身體用石頭棒棍擊打、口出惡語謾罵等損惱眾生的言行。以上三種也屬於遮止之法。

癸二、奉行之三法：

　　　　敬施供應供，修行仁慈心。

對下施捨財物等，為敬施，對上供養親教師、規範師以及其他具有功德者，這叫供應供。於一切對境，滿懷恭敬，自己親手奉送等與以身語意的慈愛為主的四無量心，即歸納為奉行之法，此處的布施也包括觀修施身、法施、財施、無畏施。

癸三、攝義：

　　　　簡言法即此。

概括而言，增上生之因的十六法就是以上所說的這些法。

壬二（宣說他宗無有彼等正法）分三：一、步入歧途而害自他；二、入歧途之補特伽羅；三、明示入歧途之過。

癸一、步入歧途而害自他：

　　　　唯一折磨身，如是無正法，

　　　　未斷損惱他，利他絕非有。

如果有人問：難道你們不承認依賴苦行等也是道嗎？

依靠絕食、五火等折磨身體的所有道只是令身體徒生痛苦而已，暫且不說解脫之因，甚至連增上生之因的正法也不會到手，因為依靠這樣的道，絲毫也沒有制止、斷除損害其他眾生之事，而且也絕對不可能直接間接饒益他眾，因為這只是令自己走向惡趣的因，而不具備利益他眾的能力。

癸二、入歧途之補特伽羅：

> 布施戒安忍，正法之大道，
>
> 不敬逼惱身，如牛奔歧途。

上述的這十六種法可以歸屬在三法之中，是哪三法呢？貪圖受用將導致生不起菩提心、失毀戒律的後果。因此，以清淨的意樂、加行而施捨所擁有的財物；具足一切功德的根本——斷除惡行七所斷的戒律；嗔恨摧毀善根，與有情發生抵觸。經中說：斷除嗔恚，成為不退轉者。這裡的安忍就是人們眾所周知的三種安忍。以此三種為主的所修正法是一切佛陀的通衢大道，毫無錯謬。愚癡無知外道徒等不敬、捨棄此道而逼迫身體，就像由經險地等而行的牲畜後面其他旁生也隨之而行步入歧途一樣，如同經行歧途之牛般的這些愚者也只是自欺欺人，不僅葬送自己而且也牽連盲目跟從他的人們。

癸三、明示入歧途之過：

難忍輪迴曠，劇苦眾生樹，

惑毒蛇纏身，長久而流轉。

背離正法、誤入歧途的外道徒等眾生就像牲畜迷入叢林茂密、難以通行的荒郊之中一般，墮於遍滿無邊難忍三惡趣苦的三有輪迴曠野之中，被視蘊為我的壞聚見等惡見稠林所籠罩而無有現見解脫道的機會，流浪在充滿各種各樣顛倒過失密密麻麻的雜草莽林中，被貪欲等所有煩惱毒蛇緊緊纏縛、啖食，這一痛苦身體要在極其漫長久遠的歲月中流轉、停留於此輪迴之處。因此，凡是想自己日趨完善的有情就應該依止殊勝的怙主而棄離形象之道，踏上正道。

壬三（顛倒趨入彼等之果）分三：一、不善業之等流果；二、異熟果；三、善業之果與其相反。

癸一、不善業之等流果：

殺生感壽短，損害多災難，

偷盜乏受用，邪淫敵共享。

那麼，不善業的果報到底是怎樣的呢？因為殺生而在他世中將要感受的等流果即是短命等；用利刃傷害他眾所要感受的報應就是後世的身體災難重重；偷盜的果報就是在生生世世中受用貧乏、不穩固並且與他眾共同享用等；由邪淫所感，妻子惡劣，或者自己沒有自主權而與怨敵共用。

妄說遭誹謗，兩舌親叛離，

粗語聞惡聲，綺語言無力。

由妄說感得自己常常無辜蒙受不白之冤；由離間語所感自己的親友被自己或者被他人所挑撥分離；粗語所感，唯獨聽到惡音；信口開河說前後毫不相干的綺語感得自己的言詞毫無威力、不被視為正量、成為不定的信口雌黃者。

貪心失所望，嗔心招怖畏，

邪見生惡執，飲酒心迷亂。

由貪心而感，得不到朝思暮想的財物而大失所望；嗔心給自己帶來各種各樣的怖畏。這以上是經中所說的。邪見使得後世中執受斷見、四種顛倒見等惡見及多種諂誑等。放逸無度而飲酒感得心思迷亂，心識不能正常安住，就像瘋子一樣。

不施感貧窮，邪命受欺惑，

驕傲致種賤，嫉妒威德鮮，

忿令貌醜陋，不問智者愚。

不與取或者以吝嗇不慷慨布施、不恭敬而施授導致貧窮；邪命感得受到他人欺惑，因為是諂誑行為的果報；以種姓高貴等而驕傲自滿，感得生生世世中種姓卑賤；以對他人的美滿忍無可忍的嫉妒感得威德鮮少、軟弱無力；忿怒感得相貌醜陋等色澤不美；由我慢所致不依止、不請教通曉取捨的智者而感成為不明取捨的愚者。對於以上果報，有些講法中，將短命等作為感受等

流果，殺心眾多等作為同行等流果，分成這兩種，關於成熟在外境上的增上果等詳細內容當從他論中了知。

癸二、異熟果：

　　　　人道即此果②，諸初往惡趣。

如果有人問：這些不善業的報應僅有等流果嗎？

並非如此，這些不善業道所有果報中居於首位的異熟果，是要去往地獄、餓鬼、旁生所攝的惡趣中。《菩提心釋》中云：「地獄旁生餓鬼界，諸多真實之痛苦，一切眾生遍感受，彼為有情害所生。」《十地經》中說以上品不善業下墮地獄、中品轉為旁生、下品投生餓鬼。其密意是說，相對而言，餓鬼比旁生心思敏銳，因而容易解脫。

癸三、善業之果與其相反：

　　　　所謂不善業，異熟已宣說，

　　　　一切善業果，與彼相反現。

所謂這些不善業的異熟果，正如前文所說，除此之外的一切善業道的果報則與之恰恰相反而出現。同樣也需要明白，等流果、士用果也與之相反，異熟果投生善趣等。總而言之，要深深思索業迅速而大幅度增長、不造不會臨頭、造則毫釐不爽等道理。

壬四、別說善不善業之果：

　　　　貪嗔癡及彼，所生業不善，

中觀寶鬘論釋

─────────
②此頌詞說是人道，而印度注釋及本釋中並未提及人道，只是說不善業。

81

無有貪嗔癡，及彼生業善。

不善生諸苦，投轉諸惡趣，

善業生善趣，世世享安樂。

　　貪心、嗔心、癡心，後面的「及」字是說不僅三毒體性的不善業，而且由彼所生的業也全包括在不善業的範疇內。由它們所生的身語業是不善業，因為，輪迴是勝義不善業，這些不善業成為輪迴之因，脫離輪迴自性的涅槃是勝義善。相反，也要明確不僅是無貪、無嗔、無癡三種根本體性的善業，而且由它們所生的一切身語業均是善業。三門及三毒的一切不善業導致善趣與惡趣的所有痛苦。同樣的，異熟果均招致所有惡趣。三毒之業可以用下面的比喻來說明：從前，有兩個漁夫遇到了水羅剎化現的一個人，水羅剎對他們說：你們一個去點火，另一個準備烹調，我去收集大量的魚回來我們好好美餐一頓。於是大家就照著它所說的去做了。同樣，貪欲就像水羅剎一樣貪得無厭地收攝多種多樣的欲妙，積累惡業；嗔恨猶如烹調魚一樣，能被由它所引起的與他眾爭論不休、刺傷感情等所焚毀；癡心之業如同火借風勢般，對貪嗔二者起到推波助瀾的作用，由於它能渙散一切取捨，因而應當致力於無有三毒的善根。《華嚴經》中說：「若成無暇，則不可救藥……」所以，務必要謹小慎微。三門善業的異熟果，總體來說是一切善趣，分別而言，輾轉投生在贍部洲等處，生生世世中享

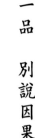

受安樂。認真思維這些道理以後理當努力棄惡從善。經中說：「死後去往他世界，眾生不得力所生，然凡造業不泯滅，黑白如實成熟果。」

辛二、奉行之方式：

> 當以身語意，斷諸不善業，
>
> 恆常奉行善，此說三種法。

了解了這樣的業果道理之後，就要下定決心、立下堅定誓願：從身、語、意著手制止一切不善業，甚至連夢中也不造罪，時時刻刻三門奉行善業道。明確了前文中所說的行止十六種法，乃至包括所捨諸法的動機也該嚴加制止，為此這裡宣說了依於三門的三種法。

辛三、奉行之果：

> 依此法解脫，地獄餓鬼畜，
>
> 且得人天中，王位圓滿樂，
>
> 禪無量無色，能享梵等樂。

依靠剛剛所講的引業之法這一善道，其異熟果能脫離地獄、餓鬼、旁生這難以忍受的惡趣，轉生在善趣的六欲天及四洲的人類中，既擁有健康無病等美滿的幸福，也獲得轉輪王等顯赫國政的權勢。不僅如此，而且由修行四禪、四無量、四無色定所感果報，還可以經劫享受梵天等上界的安樂。或者說，這十善法是禪天色界等果的本體。

庚二、攝義：

增上生此法，彼果已略攝。

斷除上述的應止十三法，奉行應行三法的增上生之因這十六種法以及其果已簡明扼要地宣說完畢。

己二（宣說決定勝因果）分二：一、經說之理；二、教誡國王亦學修。

庚一（經說之理）分三：一、略示佛說之法；二、廣說彼義；三、廣說決定勝之攝義。

辛一（略示佛說之法）分三：一、如何宣說；二、智愚生畏與否之差別；三、佛說畏懼來自我執。

壬一、如何宣說：

決定勝諸法，深奧微妙現，

寡聞之凡愚，生畏佛所說。

證悟無我智慧所緣的人無我與法無我這些決定勝之法，由於其他一般平凡之士與名言之識難得通達，故稱微妙，由於難測其堂奧，故為深奧，在智者前才明然呈現，作為不具備修行深廣緣起真如的薄地凡夫愚者來說，會驚惶失措、恐慌不已，這是如來親口宣說的。也就是說，誰通達了這一點即能決定獲得解脫法（決定勝）。對此，一切經中運用了大量的比喻而加以說明，聖天論師也說：「不知無怖畏，遍知亦復然，定由少分知，而生於怖畏。」

壬二、智愚生畏與否之差別：

謂我不成無，我所非非有，

愚者如是怖，智者無所懼。

如果有人問：凡愚畏懼、智者不懼空性的情形到底是怎樣的呢？

如果宣說空性之義，則有些凡夫愚者就會口出此言：我現在自性成了不存在的，其他後世也就不會有我存在，我所擁有的蘊也虛無縹緲，後世也同樣不復存在。而憂慮我與我所為斷滅。致使一切愚夫這般惶恐不安。智慧淺薄的異生將所謂的「無有自性」理解成絕不存在，於是誠惶誠恐，但實際上，月稱論師說：「無有自性的含義並不是『沒有』的意思，而是指執著它純屬一種迷亂的意思，稱為虛妄欺惑性。」

如果不持受若現則空不合理、若空則現不合理這種現空相違的觀點，而了達現空雙運真實無二無別，那麼就說明已經通達了中觀道的精髓。對於完全領悟了真如義的智者來說當然也就無所畏懼。

我們要明白，儘管輪涅的一切法自性為空性，全然無有斷除輪迴、獲得解脫，但名言顯現存在並不相違。比如說，光明與黑暗二者雖然全無自性，但以光明能遣除黑暗，此二者並存也是子虛烏有。同樣，智慧與無明二者雖然皆為空性，但在名言中以智慧能夠遣除無明，並且二者剎那也不會並存，這是經中所宣說的。

壬三、佛說畏懼來自我執：

無餘此有情，皆源於我執，

具我所執眾，佛唯利彼說。

依賴於近取五蘊而假立的這所有異生無餘來源於我執與我所執的煩惱，恰恰是由於這一點所致，他們才對宣說無我心生畏懼，正是為了避免此種現象，使一切凡愚從輪迴中得以解脫，也就是唯一利益具有我與我所執的芸芸眾生，佛陀才於一切了義經中廣說了空性。

辛二（廣說彼義）分三：一、建立我執與我所執為虛妄；二、遮破束縛解脫自性成立；三、宣說諸法遠離常斷之邊。

壬一（建立我執與我所執為虛妄）分四：一、真實宣說；二、說明斷彼而得解脫；三、以影像之喻說明彼二；四、宣說證悟空性為解脫之因。

癸一、真實宣說：

> 謂有我我所，勝義中顛倒，
> 徹知真如者，不現彼二故。
> 我執生諸蘊，我執實虛妄，
> 虛妄之種子，所生豈能真？

如果有人問：無我的道理究竟是怎樣的呢？

我們務必要認識到，僅僅在名言中我與我所存在也單單是名稱，而事實上，所謂「我與我所都真實存在」的這一執著在勝義中是顛倒的，實屬虛妄的迷現。其依據是什麼呢？理由是：所謂的我與我所如果實際成立，那麼於究竟之義不欺的聖者根本慧定理應現見，可是現

量徹知諸法實相真如者的所見前並未出現我與我所。

建立此為虛妄，由我執的煩惱所生的諸蘊並非真實，因為我執在勝義中不成立，故而是虛妄的。這又是為什麼呢？作為因的種子是虛妄的，它生出的果又豈能真實，不可能真實，因為虛妄的因中根本不具備產生真實果的能力。

癸二、說明斷彼而得解脫：

> 由見蘊不實，即可捨我執，
>
> 我執斷除已，後蘊則不起。

如果對蘊這般加以分析，就會發現蘊為恆常性、唯一性等絕不真實。倘若再進一步修行，那麼現見依之而假立的我與我執自性不成立後便可捨棄我執與我所執，因為生起了與執著相直接相違的智慧。我執一經斷除，由彼所生的一切業惑必將泯滅，其後苦蘊也將永不再現。這以上已說明斷除我執我所執的利益。《根本慧論》中云：「內外我我所，盡滅無有故，諸受即為滅，受滅則身滅。」

癸三（以影像之喻說明彼二）分二：一、證悟補特伽羅與蘊無實而斷苦集之順行喻義；二、逆行喻義。

子一、證悟補特伽羅與蘊無實而斷苦集之順行喻義：

> 猶如依明鏡，雖顯自面影，
>
> 然彼真實性，少許亦非有。

中觀寶鬘論釋

如是依諸蘊，我執成所緣，

猶如自面像，真性中毫無。

有眼翳者前的毛髮以及眼前現量顯現的影像這二者，是能遣除實執恰如其分的比喻：猶如依靠清潔的明鏡，雖然在其中映現出自己面容的影像，但是那一影像在真實性中如顯現那樣成立少許也是不存在的。同樣，儘管依賴於諸蘊而使我執成為所緣，但實際上就像自己面孔的影像虛妄一樣，真實性中補特伽羅與設施處的蘊這些一絲一毫也不成立自性。正如鏡中面容的某某部分少許也不存在一樣，補特伽羅與蘊雖現為真實，然而一切部分均不成立真實。對於表面顯現的影像不成立這一點，作為稍懂名言的世間老人也能現量通達，依靠此比喻容易了達意義。因此，我與我所所攝的諸法需要通過比較精細的智力屢屢加以抉擇，從而圓滿領悟。這樣總說一般情況之後再來看特殊情況，只有斷除苦集才是解脫，可見，即使單單獲得解脫，也需要現量證悟人無我。如果進一步通達了蘊的無常性與眾多性，則我所執也會蕩然無存，因而經中所說聲聞、緣覺也證悟了法無自性的密意也在於此。關於這種特殊情況，在一切場合裡都應該分析而了知。

子二、逆行喻義：

猶如不依鏡，不現自面影，

不依於諸蘊，我執亦同彼。

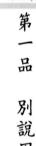

第一品　別說因果

88

猶如不依靠顯現的對境明鏡就無法顯出自己面容的影像一樣，不依於設施處的諸蘊我執不會產生也與之相同。如果認識到補特伽羅是依於蘊而假立的，蘊僅僅作為緣，那麼便可通達甚深緣起，進而領會我與我執均無自性。我們必須要清楚，聲聞、緣覺證悟無我也是一種緣起，就像有「長」之因，就有觀待它的「短」之果一樣，僅僅是在非理作意的驅使下，依於蘊而產生的迷亂緣起，實際不成立。由我執無明煩惱之因中產生行蘊之果，可見，如果我執已消除，那麼就不會再執著蘊為我所，因為因果二者是隨存隨滅的關係。「補特伽羅僅是蘊而已」的主張會招致常無常的過失，為此輕易便可證悟無我。這是在下根者的論典中宣說的。

所謂的體性空就是法無我的意思，一切萬法體性是空性，因為是緣起而現、遍計的體性不存在之故。我也是體性的異名，體性也是我的別名，如同帝釋與天王。這以上是在上根者的大乘論典中闡述的。

癸四、宣說證悟空性為解脫之因：

> 聖者阿難陀，證得如是義，
>
> 而獲淨法眼，復傳諸比丘。

經中記載：聖者難陀現量證悟了前文所說這樣的無我之義從而證得見道，獲得了於諸法遠離懷疑的法眼，之後親自為諸位比丘數數宣講，所有其他比丘由此也獲得解脫。因此，解脫的主因即是證悟無我的妙慧。

壬二（遮破束縛解脫自性成立）分四：一、流轉輪迴之次第；二、斷除輪迴之次第；三、證悟空性之功德；四、宣說解脫之自性。

癸一（流轉輪迴之次第）分二：一、認識輪迴之根本；二、依其流轉之比喻。

子一、認識輪迴之根本：

> 何時有蘊執，爾時有我執，
>
> 有我執有業，有業亦有生。

只要對蘊執為我與我所，也就是說在未以正理推翻俱生我執的耽著境——我與我所之前，始終會有我為自性的執著與蘊為整體的耽著，於此期間，依其而產生的我與我所執也就存在，因為將蘊執為我的壞聚見尚未剝減的緣故。如果有我執無明存在，那麼由它所牽便會積累流轉輪迴的引業。有業就會再度投生三有。可見，輪迴的根本就是薩迦耶見。所謂的薩迦耶見就是將蘊視為我與我所，因而才說務必從細微我執開始斷除。依此說明需要證悟蘊也是無我，密意是說，了知無常如泡同樣是指唯一的空性，這也是為了避免聲聞誹謗空性，對此下文中也有說明。菩薩乘中，需要通過十六空性的方式來證悟蘊等一切萬法無基離邊的意義。所有大乘主要開顯法無我，而聲聞乘則是以「色法如泡……」稍微提及法無我的。一切聲聞由於沒有圓滿修行法無我，因而對法無我未加安立，這是印度大疏中闡述的。所以說，聲

第一品　別說因果

聞緣覺沒有圓滿證悟法無我。

子二、依其流轉之比喻：

> 三道之輪迴，無初中末轉，
> 猶如旋火輪，彼此互為因。

如果不致力於從煩惱業與生的染污性緣起三道中得以解脫之道，那麼輪迴不僅無有初始，而且邊際、中間也將無有了結之時，就這樣由煩惱造業，由業生苦，從中又會萌生它的同類與煩惱等，如此輾轉往返生起，因此說，輪迴就像旋火輪或者輪子一樣彼此之間相互為因，具有我執無明之因並且積累由彼所生的善惡行業，由行生愛，由愛生取，取中結出果時的識⋯⋯具有十二種緣起的這位補特伽羅將接連不斷地流轉。所以，應當認清輪迴的根本並且努力奉行能滅盡這種根源的隨解脫分善法。

癸二、斷除輪迴之次第：

> 於彼自他二，三時亦未得，
> 故能盡我執，業與生亦爾。
> 此見因果生，彼等泯滅已，
> 不思真實中，世間有無性。

此種緣起，自己、他者與自他二者以及在三時中自性不生，因而得不到或見不到生的有實法。由此可見，通達了依於蘊而假立的緣起無生後再加以修習，便能滅盡由壞聚見所產生的我執及其種子。隨之，善法等業與

蘊結生的生也就消失無餘。如此見到輪迴的因果產生與此等因果窮盡而通曉萬法真如性的有情，根本不會認為真實性中世間此蘊自性存在以及名言中少許也不存在，這是因為他們了知緣起遠離常斷之邊。如果領會了緣起的含義，那麼就能遣除苗芽等有無之邊執的過患。《慧海請問經》中云：「智者證諸緣起法，悉皆不依邊執見，了知有因具緣法，無因無緣法非有。」

這般分析緣起法的六類中，前三類（自生、他生、共生）簡單易懂，後三類中過去不生，猶如燒壞的種子；未來不生，猶如石女兒；現在也不生，因為如同剎那性無有空閒。既然三時均無自性，當然由其所生的真實事物就了不可得。

在這裡應當稍加分析，印度諸大祖師的密意不可能不一致，因此《理集論》中說聲聞緣覺也需要證悟法無自性，這是有必要的，也就是為了制止聲聞部耽著自道為至高無上以及捨棄大乘的過患。並非是說聲聞、緣覺有遍知的究竟解脫道。小乘承許四諦十六種分類當中的空性無我只是補特伽羅獨立自主的實體不存在，應成派不單單承認粗大的無我，而且已明確地指出：將蘊假立的我本身法相不成立，這是細微無我，如果未通達此理，就不能斷除無明我執，倘若未斷除無明我執，就不能獲得窮盡業惑蘊的解脫。密意是指如果沒有通達色等也不成立常有、唯一、整體的自性，那麼我所執就有存

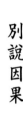

在的可能，而並不是說必須像大乘所說那樣證悟的意思。大乘的七種特法中，所緣大就是指《般若十萬頌》等，由於聲聞不能證悟這些，但是無我與單空從法界的側面來講一模一樣，因此四諦十六相的安立並不是實際的真如，只是為了對資糧道中次第成熟相續、聖者後得斷除其他增益引生定解才各自分開的，而真實解脫道即是如實證悟不染增益之戲論的無我或空性實相，比如，分別貓眼珠的種種顏色與無常等差異的分別念雖然次第生起，但一個無分別識現量見到一切對境行相並不矛盾。聲聞部沒有通達這一點，《六十正理論》中說：「法智之末尾，於此有差別……」如果承認見道之智慧無常、自相等有著各不相同的差別，那麼尚未通達微小的緣起實相也無自性，更何況大部分的緣起實相呢？你們的觀點有聖者也未見依我假立之緣起實相一味性的過失，因為四諦的一法性存在各自分開的部分。就是為了遮破於聖諦一現觀執為若干次第的戲論，也為了遣除將無我實相執為有實以及我自性有生復自性滅的見解。同樣，《四百論》中所說的「一者向惡趣」，意思是說，惡劣士夫捨棄空性，或者對空性顛倒執著，另一種人將空性執為真實，只有證悟的殊勝士夫才能抵達寂滅涅槃的法界，如云：「勝者趣涅槃。」

如此一般情況講述完畢之後再來看特殊情況，即是說勝劣兩種補特伽羅的寂滅之道——法無我與人無我，

這兩者只是從反體的角度，才有見解的高低之別，而法界的本體並無不同的分類，比如，汪洋與瓶中的水除了多少的差別以外，僅在水的方面無有差別，並且作用也同樣是解除乾渴的逼惱。之所以說是一切聖者之母、一切聖者究竟遍知之一乘，也是由於所見的法性無有絲毫高低等之別，是「寂滅不二門」。對具德月稱論師在《入中論》的本頌及自釋中所說的一切內容也唯一要按照這種方式來掌握。龍樹師徒顯示種種方便來攝受諸聲聞學人，因而說：「假設他們對大乘有勝解心，即便不能修成，也可避免誹謗，不致於失毀相續。」

另有些人說：「《四百論》中所說的『以一法空性，即一切空性』……是指如果證悟了依於補特伽羅而假立本身不成立的空性，也就能證悟萬法皆空的意義。

實際上，這是針對特殊補特伽羅而言的，而並不是其他補特伽羅，應成派憑藉眾多理證闡示了緣起性空的含義，諸位聲聞學人卻不能通達並且予以否定。不僅如此，而且經中說：「聖者馬勝講說一遍緣起的四句，舍利子便通達，舍利子對目犍連講了兩遍，他方領悟。」更何況說所有鈍根的聲聞行人了。假使對於一切人來說智慧都無有差別，那麼安立根基的利鈍、乘的高低、果的勝劣也就毫無意義可言，結果一切都成了應成派。

有些人聲稱：《根本慧論》中說：「佛能滅有無，於化迦旃延，經中之所說，離有亦離無。」因此，諸位

聲聞也證悟了遠離四邊的無我才遣除常斷的。

即便有迦旃延這樣的教言，但是所有聲聞並不一定都能證悟，假設他們一致承認這一教言並通達，那麼為什麼不承認一切大乘中所說這般不可估量的教義是佛說，因為他們是如來的弟子之故。可是，他們不但一口否認還妄加誹謗。假使他們承認這一點，但也不一定是通過證悟而遣除常斷的。如果他們證悟了離邊，那麼也就不會有墮入寂滅邊的現象了。印度的堪布煙拉番巴等許多大德以及自續派以下的論師在諸聲聞面前承許，只需獨立自主實有的補特伽羅為空性便可，而無需加上無實的鑒別，不必要證悟蘊無自性。他們的密意是指：如果不執著我，那麼也不可能執著我所，由此便可斷除我執、滅盡業惑，從而無有障礙、無有欺惑獲得自利解脫。而且，實執和執著自性成立是所知障，所以聲聞、緣覺無需斷除。就像斬斷舌頭而不能執味一樣，斷掉我執，從而對身體受用任何事物都不會執為我所，如果單單在五蘊上宣說染污法與清淨法，那麼貪著色等而品味是染污法；認識其過患後出離即是清淨法。了知色等為無常與痛苦從而解脫耽著世間與世間的受用，達到金子與糞便平等的境界……如前引用《根本慧論》中所說「內外我我所，盡滅無有故，諸受即為滅，受滅則身滅」的教證。所以，對補特伽羅加上無實的鑒別，證悟它的方便就是需要通達蘊無常等，這是應成派的特法。

有些人說：這只是講說宗派的差別，而諸位聖者證悟無有差別。

駁：如此一來，佛陀與阿羅漢也無有差別了，因無有差別，果必然需要相同。一般來說，三類種姓界性與根基攝受的差別、上下乘的所詮等方面差異極其懸殊，因此，大乘唯識雖然也被稱為有實宗，但此宗只是耽著二空的智慧而已，在勝解行位從數量與時間的方面提前修行，仍舊歷經數劫兢兢業業地積累二資糧而斷除粗分所知障有什麼障礙呢？因為他們自宗也承許要轉依的緣故。儘管對有些利根聲聞來說不一定，但作為鈍根平凡者以微不足道的智慧在短暫時間裡修行無我，結果獲得聖道及證悟萬法無自性這一點也是不合理的。

如果對方說：這一點是承認的。

駁：那麼，就像他們在勝解行位以總相的方式分析無我進而修行那樣，對法無自性也同樣分析而修行是合情合理的。雖然你們不承認這一點，但實際上成為聖者以後仍舊需要修行，因為證悟的智慧需要遞進。如果在沒有借助多種正理抉擇的情況下就證悟了法無自性，那麼人無我也需要變成這樣。不僅如此，而且除了菩薩的悲心與迴向等殊勝方便以外的法，聲聞緣覺也不同程度地具有，他們為什麼不像大乘聖者一樣，圓滿二資糧後成就遍知果位，因為能夠成就的緣故。鈍根菩薩雖說不能迅速通達一切深廣法義，但是通過修心輕而易舉便可

證悟。《華嚴經》中云：「淺慧不能知，此等一切法，依清淨慧眼，方入此之理。」此外，三乘需要獲得見道以及成為一乘，因為見解無有差別的緣故。如此一來，應成派也墮入寂滅邊了。

如果對方說：由於聲聞不具備悲心與迴向等，因而無有過失。

駁：當然，應成派不具悲心、墮入滅邊這一點是見所未見、聞所未聞的事。

如果對方認為：即使證悟了法無自性但卻沒有修行。那麼，人無我也同樣不修行，或者，需要講出理由不同。

如果對方說：這是由根基下劣所致。

駁：事實並非如此，因為他們比菩薩更為利根。如果說：最初就是這樣的種姓，那麼，並不是從一開始就是宣說法無自性的法器，也不是能通達與修行的種姓。因此，如果像佛陀所指定的那樣，互不混淆而安立三乘次第，則善妙無過。

假設認為：有聲聞、緣覺聖者未證悟的法存在，那麼以他的入定可現見吧？

因為他們不能衡量法無我而能衡量人無我。再者，聲聞聖者不應該以業感在欲界中受生，因為他們已經證悟空性的緣故。《寶性論》中云：「聖者已根除，生病衰老苦，以業感投生，無有故無彼。」如同焚燒種子一

中觀寶鬘論釋

樣以智慧火已燒盡煩惱，就不可能再生業果。這明顯與
《四百論》中所說的「如見種有終，然彼非有始，如是
因不具，故生亦不起」與「見諦無引業，無愛取無有」
相違。

如果對方說：不相違，儘管證悟了空性，但由於沒
有從數量、時間方面修行，並且沒有以廣大資糧攝持。

駁：如果證悟（了空性），還需要修行以理成立，
這一點前面已論述過。只是說不曾積累無邊資糧就不能
證悟空性，而並沒有提到證悟空性以後再依賴斷除業
惑、積累資糧。通過理自在（法稱論師）所說的「依空
見解脫，修餘即為彼」也可以遮破對方的觀點。

如此長篇大論之後，現在言歸正傳：

癸三、證悟空性之功德：

> 聽聞盡諸苦，此法無妄執，
> 怯無畏處者，不知故恐懼。

如果通達以上道理，則聽聞這能滅盡諸苦及苦因、
具足功德利益的中觀法緣起真如性以後對實相義無有妄
執或錯亂的諸位智者無所畏懼，因為對於非為所懼之處
的對治法本不該畏懼。對於甚深之義心懷怯懦的所有愚
者由於全然不知實相義才導致驚恐萬分。

癸四（宣說解脫之自性）分四：一、於無餘涅槃之
時永盡煩惱不應畏懼；二、滅盡邊執稱為解脫；三、邪
見與正見之差別；四、宣說有餘涅槃之時亦盡戲論。

第一品　別說因果

子一、於無餘涅槃之時永盡煩惱不應畏懼：

> 涅槃中無有，此等汝不懼，
>
> 於此說無有，汝何生畏懼？

如果對方說：這是恐懼之處，因為空性否定了我與我所的對境，由此而生畏懼，獲得解脫時永不存在蘊，則無有所得與能得，因而驚慌不已。

駁：聲聞部你們也必然承認，一切無餘涅槃都不存在有漏的這一切蘊，那麼對此，你們為什麼不害怕呢？因為理由相同之故。如果對此不懼怕，那麼此處說無餘涅槃的階段無有三種煩惱，完全符合事實，對此，你們為何畏懼？實在不應畏懼。因此說，千萬不要害怕對治法的空性，否則就像不懼疾病而怕妙藥一樣。

子二（滅盡邊執稱為解脫）分三：一、無實自性成立解脫不合理；二、解脫是有實法不應理；三、真實之義。

丑一、無實自性成立解脫不合理：

> 設若如是許，解脫無我蘊，
>
> 於此破我蘊，汝等何不喜？

如果對方說：滅盡痛苦的解脫自性成立，因而我們不畏懼。

解脫既無人我，也不存在自性成立的蘊，假設自他都需要承許解脫是遮破我與無我等一切戲論之邊，那麼對於此處破析我與蘊自性不成立而決定是空性，你們聲

中觀寶鬘論釋

聞部為何不高興，因為你們承認解脫之時不存在蘊。應成派認為，寂滅涅槃與勝義諦意義一致，《普明現前菩提經》中云：「誰不知空性，彼不曉涅槃，故實無實滅，故而知空性。」

丑二、解脫是有實法不應理：

　　　涅槃尚非無，豈是有實法？

如果對方說：滅盡蘊的解脫是有實法。

駁：涅槃的滅諦尚且不存在自性成立的無實法，又豈能是自性成立的有實法？絕對不是。《根本慧論》中云：「若有不空法，則應有空法，實無不空法，何得有空法？」

丑三、真實之義：

　　　盡實無實執，當知真涅槃。

所以，我們務必清楚，執著有實、無實自性成立的一切戲論如薪盡之火一般滅盡於法界中，這才是真正的涅槃。否則，如果將無實執為有實，則如所說的「若許有實法，猛烈貪嗔起」以及「若得任何處，依動惑毒蛇，所持誰之心，無住不被捉」。此外，如果承許涅槃為有實法，則成為有為法的教證在這位阿闍黎的論典中也有出現。在有些印度注釋中，將這兩句解釋成非抉擇滅。聲聞部承許三種無為法常有、有實法實有的這種觀點不應理，實際上，只不過是對無有觸礙的色法而假立為虛空；僅是對一種有為法在外緣不齊全的情況下不產

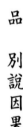

第一品　別說因果

生這一點而命名為非抉擇滅；依靠對治的智慧遠離一切有漏法稱為抉擇滅，因為這些不存在成實的事物。

子三、邪見與正見之差別：

> 簡言無見者，謂無業之果，
> 非福惡趣因，稱之為邪見。
> 略攝有見者，說有業之果，
> 福德善趣因，稱之為正見。

如果有人說：倘若涅槃也無有自性，難道不成了斷見嗎？

簡而言之，認為三寶、四諦、業果的關聯等在名言中也不存在，即是無見（即斷見），聲稱善等業及業果不存在的誹謗是不善業，在因位時，稱為非福德之業，在果位時，能令投生惡趣，故而稱為惡趣因。為此經中說：「此即是妄執甚至名言中也不存在之邪見。」

正見，略而言之，對於僅在名言中業果等存在的見解誠信不疑，稱為有見，說業果存在的觀點是善業，也是福德業，它的等流果為善趣等，能結出豐滿的果實，經中稱之為正見。如頌云：「世間大正見，誰者已擁有，彼於千劫中，亦不往惡趣。」意思是說，如果具備這種正見，則成辦善業。

子四、宣說有餘涅槃之時亦盡戲論：

> 以智息有無，故越罪與福，
> 彼離善惡趣，佛說即解脫。

101

不單單是無餘涅槃，即便是有餘涅槃者，也通過了達不緣我與無我戲論的實相而息滅一切無見與有見，因而超越不善惡業與福德善業等，這樣的補特伽羅依之而擺脫所有惡趣與善趣，聖者如來說這就是解脫。《四百論》中也說：「執我不解脫，執無離善趣……」息滅因果有無的見解、中斷流轉善惡之行，安住於涅槃中。聲緣阿羅漢不結生三有也是由於滅盡了我執所生的輪迴因果的緣故。

壬三（宣說諸法遠離常斷之邊）分四：一、廣說；二、無有成斷滅之過；三、宣說離邊為佛陀之不共特法；四、遮破有實自性成立。

癸一（廣說）分四：一、破因果自性成立；二、斷除與共稱相違；三、證悟無二之義而解脫；四、依據之比喻。

子一（破因果自性成立）分二：一、對方說因果離有無邊；二、中觀破其自性成立。

丑一、對方說因果離有無邊：

> 由見具因生，是故超離無，
> 由見具因滅，故亦不許有。

對方說：以量可見產生痛苦具有我執之因（因）。超離了你們中觀宗聲稱的「輪迴因果在名言中也無」之見，因此不存在斷邊（立宗）。以量可見滅盡苦及苦因具有道諦之因（因），也不承認永恆存在，因此無有常邊（立宗）。

丑二、中觀破其自性成立：

　　　　前生及俱生，非因實無因，

　　　　假立與真實，生皆不許故。

　　無論因在果之前已經產生或者與果同時產生，還是在果之後產生，於勝義中都不是因，按次序來說，滅盡或無觀待及所生能生均不合道理，由於成了果無因及因無果的緣故，實際上因自性根本不成立。而且，由於因果體性不成立，因而站在以勝義量觀察的角度及真實以名言智慧觀察，自性成立的生都全然不成，了不可得，因而無所承認。《聖寶源經》中云：「諸法空性無覺知，如同空中之鳥跡，一切體性毫非有，彼永不成他之因……」

　　如果有人說：倘若否定了因果自性成立，也就推翻了此緣起性，如此一來顯然與世間共稱相違。

　　並不相違，這是從經不起理證觀察的角度出發的，我們並不承許顯現許在名言中只是相互觀待而安立也不存在這一點，除此之外自體成立的法絲毫也不存在。

　　子二、斷除與共稱相違：

　　　　有此故有彼，如有長有短，

　　　　此生故彼生，如由燈有光。

　　世間中共稱的比喻是這樣的，由於無明之因存在，依其緣使此行得以產生，比如，如果觀待處——「長」存在，觀待它的「短」就有立足之地。由於此無明生

中觀寶鬘論釋

起，結果就產生了此行，就像點燃油燈而放光一樣。說明二者依緣起而假立、相依而產生的緣故，本體不成立。如果自體成立，那麼觀待就不應理了，比喻也是如此。聖天論師也（在《四百論》中）說：「寧在世間求，非求於勝義，以世間少有，於勝義都無。」也就是說，在名言中不加分析而按照世間建立或共稱，如此一來，無有斷滅的過失。《梵勝心請問經》中云：「清淨如虛空，誰知此世間，即成依共稱，世間之顯現。」意思是說，本體雖然是空性，但顯現不滅。

> 有長故有短，非從自體有，
>
> 如無燈現故，光亦不顯現。

再進一步廣說以上的喻義：如果觀待事「長」不存在，那麼觀待法「短」就無有依靠，自己的本體並不成立。同樣，因果相互依存而假立也是如此。生也是一樣，絕不是不依賴因而以自體存在，因為自性成立的生不存在之故。再如，油燈沒有燃起或者不存在，那麼它的光也就不會出現。同樣，因果也不成立常有，因為所有的因就是為了生果，果一旦產生，因即滅亡。

子三、證悟無二之義而解脫：

> 由見因生果，依於此世間，
>
> 許由戲論生，不許成無者。
>
> 滅非戲論生，即成真如性，
>
> 不成有許故，離二而解脫，

我們中觀宗的觀點，絕不承許因果不存在，也就不是無之見解，因為《方廣莊嚴經》中云：「若有種芽生，芽非種子性，亦非非他故，非常斷法性。」如是以名言之識現見由因生果，如同種子生芽一般。按照此世間的觀點而承認因果是由分別念的戲論所生，因為並不否定在妄念戲論的驅使下顯現，以及依靠名言之識所認定而有果這一點。「名言不承許，我等不可說」說明我們也不承許絕對不存在。不承許有，也不會變成以自性成立方式存在的有見，因為在勝義中否定因果並不是分別念戲論所生。如果承認在自體真實成立的真如性中自主存在，為什麼不成為有見者呢？即便作為有見者，也不承認這樣的道理。以此理由，通達不依於二邊離邊之真如的人將解脫一切束縛。《梵天請問經》中云：「知法自性已，亦不壞世間，諸蘊無自性，此即世法性。」因果輪迴的一切法皆由分別念所生，經中說：「有情世界器世界，種種心性所散射，眾生無餘由業生，除心之外業非有。」《中論》云：「業煩惱滅故，名之為解脫，業煩惱非實，入空戲論滅。」

子四（依據之比喻）分三：一、證與未證萬法真如之比喻；二、破蘊自性成立；三、若未斷有無之見則不解脫。

丑一、證與未證萬法真如之比喻：

遠處所見色，近見更明了，

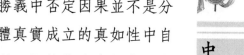

105

陽焰若是水，近處何不見？

如是諸遠者，見此世間真，

近者則不見，無相如陽焰。

以比喻說明剛剛所述的這些道理，從遠處所見的色法，靠近者則見得更為明顯，陽焰本不是水，假設它是水，那麼與它接近的人們為何不見呢？應當見到，因為它是水的緣故。如是距離證悟真如甚遠的所有異生見到此世間輪迴真實成立，（倘若果真如此，那麼）與見近距離的色法相同，趨近真如的諸位聖者更需要見到世間的有實法自性成立。可事實上他們沒有見到如此，因為聖者入定中藍黃形形色色之相絲毫也不顯現的緣故，猶如到達近處就能知曉陽焰水的形象實為空性。

丑二、破蘊自性成立：

陽焰現似水，非水非真實，

如是蘊似我，非我非真實，

迷亂的事物陽焰本不是水，迷亂顯現似乎為水，其實並不是水，如果在真如實義中觀察，那可以說根本不存在水或者不是水。對於本不存在水而誤認為水的迷亂能夠予以遣除，同樣，對迷惑的根本——蘊，如水般誤認為我，但實際上並不成立我，如果真正觀察，則自性並不成立，體性為空性。雖然我不存在，但誤以為存在這一點能夠予以推翻，因而遣除所謂「『無有』不可遣除」的說法，能推翻實執而宣說了陽焰的比喻。

丑三、若未斷有無之見則不解脫：

　　　陽焰思謂水，是故往彼處，

　　　設執謂水無，此即愚癡者。

　　　如是似陽焰，世間說有無，

　　　此執乃愚昧，有癡不解脫。

　　對於陽焰，有些人思維說「這就是水」而奔赴近前，如果執著說水原先存在，現今杳無蹤影，對於根本不存在的東西執為「有」或「無」，實在是極其愚癡之舉，因為水原本就不存在。同樣，在現而無自性的名言中恰似陽焰水般的世間輪迴近取蘊從一開始就不曾有自性，因而說它「自性存在」或者聲稱「先前自性存在後來消失」，執為有無、常斷，也同樣愚昧至極，顛倒荒謬。如果對真如義執迷不悟，則無法從輪迴中得解脫，因為沒有斷除輪迴之因的緣故。

中觀寶鬘論釋

　　癸二（無有成斷滅之過）分三：一、得解脫需證無二；二、破證悟離邊說為有無之見；三、通達離戲者無有過失。

　　子一、得解脫需證無二：

　　　無見墮惡趣，有見趣善趣，

　　　如實知真義，不依二解脫。

　　抹殺因果的斷見者，以此過失所感而走向惡趣，因為否定了善趣之因。具有所緣之毒而誠信業果的有見者依此而趣至善趣。然而，僅僅依靠此種有見儘管不能下

107

墮惡趣，但也只是步入輪迴而已。如實現量徹知實相真義而不依於有無兩種邊見的諸位聖者才得解脫，因為依靠無分別智對究竟義不愚昧。

子二、破證悟離邊說為有無之見：

> 如實知真義，不許為有無，
> 是故若成無，何故不成有？
> 若言破有故，實則此屬無，
> 如是由破無，為何不屬有？

如果有人說：如實徹知實相真義的中觀宗，既不承認因果在名言中存在，也不承認自性存在，這難道不是成了斷見者嗎？

駁：那麼，為什麼不成為有見者呢？因為也同樣不承認因果不存在之故。

假設他宗承許說：由於破除了自性存在實際上中觀宗歸屬到斷見者中。

駁：那麼，同樣由於中觀宗也破除了說因果不存在的觀點，為什麼不歸屬為有見者呢？理當說歸屬。這是以同等理而遮破的。

子三、通達離戲者無有過失：

> 不許全無性，不行心亦無，
> 菩提所依故，豈說彼等無。

如果對方說：通達離邊的中觀宗實際上並不承認在名言中也全然無有業果的無自性，口中也不吐露這樣的

言談，因而並不認可，但卻身體力行了。

駁：制止身體的一切惡行而持梵淨行的緣故，身體也並沒有與斷見者相應而行。

假設對方說：那只是由於擔憂失去名聞利養而不行持，但心中始終懷有不存在業果的想法。

駁：如果認為業果不存在的心也無有，那麼這樣的分別念怎麼會有自性成立呢？根本不會有。

我們為了獲得無上菩提智慧而依於菩提道的廣大行為，因而必須無倒取捨業果，又怎麼能說這些業果在名言中也不存在呢？絕不應口出此言。顛倒誤解不共之此義的人們才會這麼說。承認實有與否定名言的中觀宗絕不存在。你們雖然暫時沒有趣入此無上乘，但是歸根結底只有一乘是以教證成立的，這一點毋庸置疑。作為獲得暫時自利的解脫者也務必要承認「不依二邊才得解脫」。

對於中觀宗這般宣說萬法於勝義中為空性，有些聲聞部認為「這是無有業果的見解」。以上內容正是為了否定他們的這種想法而作的闡述。

癸三、宣說離邊為佛陀之不共特法：

> 於稱人與蘊，世間數論派，
> 鴟梟裸體派，問說離有無。
> 是故諸佛說，無死甘露教，
> 甚深離有無，當知乃特法。

中觀寶鬘論釋

其實，除了中觀宗以外其他宗派並不具有這一不共法，有些內道與多數外道聲稱補特伽羅實體存在、蘊成實存在。而沒有證悟甚深離戲法義的世間外道、隨學聲稱所知二十五諦的淡黃仙人的數論派；認定大自在化身為鴟梟的弟眾承許的鴟梟派、吠陀派與勝論派說一切所知歸納在六句義中；裸體派承許所取能取空性之識恆常、實有。倘若以上所有宗派中存在萬法自性超離有、遠離自性不成立之無實、離戲緣起之義的說法，那麼就要追根問底，結果他們絲毫也說不出符合實際的觀點。心裡始終持著一個「有」，詞句上表面似乎說是超離有無，以及緊持「無」而聲稱現似存在，都通通屬在這類觀點中。因此，欲求解脫的人們務必要認識到，遠離承認有為法自相成立、無為法恆常實有等一切所緣。這就是此法甚深的原因所在。為此，諸佛親口教誡道：「能賜予無死甘露果位究竟安樂之道超離一切有無所緣、深不可測，遠離一切戲論之網。當知為不共之特法。」

　　癸四（遮破有實自性成立）分四：一、宣說輪涅來去自性成立等性；二、破有為法三相成實；三、順便破他宗觀點；四、破剎那成立。

　　子一、宣說輪涅來去自性成立等性：

　　　　滅無去無來，剎那亦不住，
　　　　超越三世體，世間實存耶？
　　　　二者真實中，無有去來住，

所謂的世間，如果有少許自性存在，那麼需要住於三時之中，因而滅時不去某處，生時也不從某處而來，並且出生之後同樣是剎那也不住留，由此可見，完全是超離安住三時的本性。世間蘊界的一切有實法如此這般顯現，事實上，有什麼自性成立的呢？沒有。關於「耶」字，印度注釋中解釋為「僅在名言中存在」。理由何在呢？世間與涅槃二者在真實義中，無去無來無住，是自性不生的等性。正是由於這種原因，世間與涅槃二者實際上根本不存在自性空不空的任何差異。關於詳細內容，當從《中論.觀去來品》以及所說的「涅槃與世間，無有少分別；世間與涅槃，亦無少分別⋯⋯」來了知。《三摩地王經》中云：「蘊無自性為空性，菩提無性為空性，所行亦即自性空，智者了知愚者非。」

中觀寶鬘論釋

子二、破有為法三相成實：

> 無有安住故，生滅真實非，
> 生住以及滅，焉能真實有？

假設此有實法存在住，那麼生滅這二者也有可能，但由於本來未生，自性安住不存在的緣故，是無生，因為無生，所以滅在真實性中不成立，因此也就不存在先後順序。如此一來，所謂對世間本不存在而假立為存在的「初生、中住、末滅」這些又豈能成實？根本沒有成實，只在名言中以相續運用而已。

子三（順便破他宗觀點）分二：一、破勝論派所許微塵常有；二、破遍入天派所許神我常有。

丑一、破勝論派所許微塵常有：

設若恆常變，豈非剎那法？
設若無遷變，焉能轉為他？
一方或一切，窮盡成剎那？
未得不同故，彼二俱非理。

勝論派聲稱：承認一切有實法能生滅會導致上述的過失，然而我們承認微塵恆常，因而無有過失。

駁：請問你們，一切有實法，到底有沒有階段性變異而得他法的情況？按照第一種情況，由於暫時恆常變異的緣故，如何是非剎那性的常法，應成不是非剎那性的常法，理由如前所說。非剎那性的有實法不存在，如同心、聲音及火焰一般。假設按第二種情況，承許無有階段的變異，如此一來，就成了自性成立，現量見到的青年及由他變成老朽等形象豈能有截然不同，不應該有不同，因為你們承認階段恆常穩固之故，猶如虛空。

如果對方害怕有這一過失，於是說：有實法自性剎那存在。

如同承認恆常的微塵在有些階段為無常一樣，請問你們承許一方或一部分滅盡而變化，還是一切部分完全窮盡而變成剎那性呢？不管怎樣，都需要見到一切有實法後一半等變化而前一半一如既往的不同現象，由於以

智慧得不到有如此不同的現象，因而以上兩種情況都不合道理。恆常而無增長，所以即便由諸多微塵造成須彌山，也如先前的微塵一樣，以根不可得。

丑二、破遍入天派所許神我常有：

> 剎那無整故，豈能有陳物？
> 常故非剎那，怎成陳舊物？

遍入天派聲稱：我們的遍入天是無始無終、恆常古老的神我，因而不存在上述觀察自性與階段的那些過失。

這種說法不合理，原因是，如果遍入天是有實法，則需要是剎那性，如果是剎那性，則處在自己形成的第二時刻中一個整體就不存在了。先前存在的有實法本身在後時住留的陳舊物怎麼可能存在？根本不會存在。假設因為是恆常、穩固的有實法的緣故，不是剎那性，但先前存在的有實法與後來也存在的所謂陳舊物直接相違，怎麼會有這樣的事物呢？絕不會有，因為陳舊物決定變異。

子四（破剎那成立）分四：一、剎那決定有分；二、破有分自性成立；三、以離一多因破有實法自性成立；四、佛不說世間有邊之原因。

丑一、剎那決定有分：

> 剎那有後際，如是觀初中，
> 三剎那體故，世剎那非住。

113

有些人說：剎那性生而不滅停留在第二時刻絕不會存在，因此是無常的，而一剎那是自性安住的。

就像需要承認剎那成為自己之部分的後際存在一樣，需要觀察而承認初中也同樣存在，因為無分的事物不可能存在。如此可見，由於是成為自己部分的三剎那之體性，因而器情世界一剎那也不是自性安住的。

丑二、破有分自性成立：

初中後三際，若如剎那析，

初中後三者，亦非自他成。

如果對方說：初中後三際各自分開自性安住。

駁：這種說法不合理，因為對於對初中後三者，如果也像觀察一剎那性一樣來分析有分無分，則各個都具有初中後三個部分。所分之剎那的初中後如果也是有實法，那麼就離不開產生，如果少許產生，則不是由自他何者中自性安住而生。以上內容是破斥遍入天派有實法無分的觀點而對自性成立加以否定。不僅如此，而且如果它們三者各自分開存在，則成為多種本體，由此就已經不是一剎那安住了，所以這種觀點也不合理。

丑三、以離一多因破有實法自性成立：

異方故非一，無方絲毫無，

一無多亦無，有無無亦無。

諸如瓶子之類的色法也具有不同的方位、瓶口、顏色等許多部分，因而一體並不真實，此理由是成立的，

因為不可分割為不同方向的色法絲毫也不存在。如此無情色法一個微塵也有地等八塵，像不相應的一個生也有生生等八個部分，諸如眼識一個識也是觀待十大地法等諸多部分而安立的，除此之外根本不存在一體成立及本體成立。

如果說：多體是實有的。

駁：並非如此，因為能組成多體的「實一」不存在之故，一不存在，也就無有多，無有多，也就不存在一。以色法為例，一切所知如果以離一多因尋覓，則根本得不到真實的一與多。

如果說：色法實空自性是存在的。

駁：色法自性不存在，色法無自性實空也就無有成實性可言，因為這兩者是觀待而安立的緣故，原本無有而執著為有的見解完全顛倒。《三摩地王經》云：「無邊一切皆非生，當知有實與無實，一切凡愚隨心轉，百俱胝世受痛苦。」

　　　　若壞或對治，有亦可變無，
　　　　有者非有故，壞治何改變？
　　　　是故依涅槃，不成滅世間。

如果問，由於一切法自性超離有無二者的體性，一切有實法是自然滅亡還是像瓶子以錘而摧毀等一樣是以對治而使自性存在變成不存在的？

對此加以觀察，從一開始有實法自性就存在，這在

名言中也是不可能的，因此認為自性存在的有實法又怎麼會自然壞滅或以對治摧毀而變成不存在呢？絕不會變成。《中論》云：「若法實有性，後則不應無，性若有異相，是事終不然。」正因為這樣，依靠獲得涅槃不會使原本自性存在的世間輪迴重新滅盡，因為本來自性不曾存在，所以是為無增無減的法性。

丑四、佛不說世間有邊之原因：

> 世間有邊耶？問時佛默然，
>
> 如是諸深法，非器前不說，
>
> 故諸智者曉，佛陀為遍知。

當宣說輪涅二者自性不成立時，他宗將六十二種惡見歸為十四邊，而向佛陀提問：我與世間有邊嗎？當他們這樣發問時，佛陀默默不語而住。為什麼呢？因為一切法自性無生，不能授記差別事人無我的差別法具不具有邊等，由於照見他們不能堪為宣說無我等法門的法器，於是才沒有授記，原因是：以蘊的迷亂作為根本，經久串習所生而自以為是地將它稱為我，它成為愛的本體而由愛的力量推動的「眾生」，如果沒有長期修習耽著此的對治法，那麼很難以打破這種耽著。正由於此極其深奧之法暫時在非法器眾生前沒有宣說，也正是因為這一點，諸位聰明的智者就能知曉由於現量照見所有應說與不應說的緣故大能仁佛陀為遍知。佛陀並不是不了知，因為佛陀已為他眾詳細宣說了萬法的真如。如頌

云：「諸法恆常體性空，所有佛子滅實法，一切世間皆空性，單空外道所假立……」

辛三（廣說決定勝之攝義）分三：一、甚深法乃佛所說；二、於此畏懼之過患；三、教誡國王亦應通達深義。

壬一、甚深法乃佛所說：

如是定勝法，深無執無住，

此乃見一切，圓滿佛所說。

這樣的決定勝法，難以通達、深不可測、對任何邊全然無有執著，無有自性成立之安住或所依，如果通達了如是道理並進一步修習，則可獲得三乘之果，此道是照見一切的圓滿正等覺在《三摩地王經》等中宣說的。聲聞、緣覺的見解也歸屬在其中。《三摩地王經》中云：「若知無邊一切法，彼等人眾恆安樂，於法非法無分別，一切以心戲論分……」

壬二、於此畏懼之過患：

懼此無住法，眾生欣樂住，

未越有與無，凡愚徒遭損。

怖畏非畏處，自損亦殃他。

對於以相執如何耽著也無住之此法心懷畏懼的眾生，由於無始以來耽著我的力量所致，欣樂貪執無而現為有的自性成立之安住，執著本來實有以及前有後無，以致於未能越過常斷之見，沉湎其中，對緣起離邊之義

中觀寶鬘論釋

117

全然不知的愚者們必將以顛倒執著而遭受禍殃，就像抓住黑蛇身體的中央一般。再者，懼怕本不該懼怕之處甚深義的這些愚夫，如果闡明是自性空性實相之義，則認為是遮破現相的斷見而妄加誹謗，倘若開示萬法的本性中不成立善惡，結果有些人就認為只要修行真如就可以，而棄業果於不顧。並且，對他眾也如是宣揚，而將所有愚昧之輩領入邪道，結果不能獲得任何善趣與解脫，因此，既是自我損毀也殃及他人。靜命論師的《中觀莊嚴論自釋》中說：「捕殺鳥類等，只是殺害了對自他利益微不足道的有限生命，而捨棄空性，則已經損害了遣除一切眾生無明黑暗之燈的法身因，因此，諸智者對此當小心謹慎。」

壬三（教誡國王亦應通達深義）分三：一、教誡若證深義則無損惱；二、認清深義；三、宣說二無我。

癸一、教誡若證深義則無損惱：

> 國王盡己能，避殃如此行。
> 為王汝不惱，如實依教說，
> 出世間法理，不依二真性。

作者教誡道：「國王啊，盡己所能避免顛倒受持空性的這些禍殃之因殃及自他的方便即是這樣的，如果了達空性緣起之義，就會明白現空無違。如果不了達，現空之間就成了相互排斥。如若是緣起，則務必要承認自身成立為空性。因為自性成立與緣起相違，所以依因而

第一品 別說因果

118

生果等名言的安立絲毫也不合乎道理，認識到這一點後，通達二諦僅是以名稱而安立，應當如此而行。」因此，為了國王你不遭禍殃，而今依照如實的理證和可信的教證為你宣說：出世間甚深法理，即是了義經中所說的不依於二邊的真諦。《慧海請問經》中云：「智者通達緣起法，於諸邊見皆不依，了知具因有緣法，無因無緣法非有。」這一教證前文中也引用過。

癸二、認清深義：

> 超越罪與福，具有深解義，
> 怖畏無住處，自他未品味。

成為輪迴之因的罪惡與福德法實際不成立，因而超越了罪與福、甚深經典中全面解釋闡明的大義，外道他宗與自宗內道的聲聞決定鈍根種姓、畏懼不該怖畏之處的學人們不能如理了知、未能品味到的深義，應當為你講解。

癸三（宣說二無我）分二：一、講解人無我；二、講解法無我。

子一（講解人無我）分二：一、六界不能堪當人我；二、以五相觀察破人我自性成立。

丑一、六界不能堪當人我：

> 士夫非地水，非火風虛空，
> 非識非一切，此外士為何？
> 士六界聚故，非為真實有，

如是一一界，聚故真性非。

　　世間或輪迴即大種及大種所造的色蘊，心與心所聚合本體的受蘊等，將這些耽著為男人女人。然而，如果對此分析，則無真實性可言。也就是說，僅僅依於六界聚集而假立以外，六界聚集體、每一界及其不同本體的任何法都不能充當士夫。士夫本身不是肉——地界，也不是血——水界，又不是暖——火界，同樣不是氣——風界與虛空孔隙，不是明知之識，這就說明六界中每一界都不是補特伽羅，否則一個人我成為多種的緣故。「非一切」六界聚合體不是人我，因為除了每一界以外不成立聚合。在每一界與聚集二者以外，士夫到底是什麼呢？與一切界無有他體之法，因為安立的因不存在，不可得。在此，關於所謂的人我是對蘊相續假立的釋詞，《教王經》中云：「人為何是五蘊續，因即業惑充滿已，有漏果蘊彼之我。」因此，所謂的士夫，就是依賴六界聚集而假立的緣故，如果尋覓假立之義，則不成真實。如同觀察人我一樣，每一界都是依賴微塵多分聚合而假立的緣故，它及它的本體在真實性中不成立。這裡所謂的士夫是由業和煩惱牽引而能投生到他世，與命根相聯而生存，所以由命或養、意為主導而生，結果「我」的名稱有力生或意生等不同的十二種，只要以七相車理否定了一，一切別類也就不攻自破。

　　丑二、以五相觀察破人我自性成立：

120

蘊非我無彼，蘊我非互依，

非如火薪融，是故何有我？

如果說我派聲稱：儘管假立之因一切界不存在，但我是存在的。

這種說法不合理，如果像上面那樣經過一番尋覓，我蘊不存在五種相，（一）蘊與人我不是一體，因為會招致我是無常、眾多、憶念生世不合情理等過失。（二）我也不是像盤中有棗一樣依於蘊，蘊也不是這樣依賴我，因為這兩者以可現不可得因能予以遮破。（三）也並不是蘊不存在而我隨意可得，因為如此一來，二者就成了毫不相干的他體，由此具有我不存在而有生滅之蘊法相可得的過失，如云：「設若蘊外法，成無法體相。」（四）我蘊二者也不是像水乳交融般渾然一體，因為所謂的所近取和能近取不成各自分開。或者說，（五）我與蘊二者也不是如同火薪一樣混在一起而不分彼此，一切有實法決定有自他的緣故，這種情況也不符實際。

如果有人問：那麼，以業力所牽而前往善趣、惡趣難道也不存在了嗎？

這僅僅是無明的迷現虛幻緣起罷了，因為在真實性中，去者我的實法了不可得。尋而不得就不可能偵察到所謂的「有」，如同在芭蕉樹中找尋實質一樣。由於這種原因，我又怎麼存在自性成立呢？根本不存在，因為

121

經過這般分析而得不到。《優波離請問經》中云：「眾生獄怖我已說，成千有情不厭離，然而死後墮惡趣，彼等眾生永非有。」如是補特伽羅依於蘊而命名，如同零件聚合而取名為車一樣，本體成立的所謂此法絲毫也無所尋得。《六十正理論》中云：「世間無明緣，因諸佛陀說，是故此世間，分別何非理？」世間此近取蘊由具煩惱的無明所引起而積業，從中形成痛苦。由無明分別而對蘊假立為人我，對色等也如此假立進而耽著的一切迷現，依靠離一多因等來抉擇後通達僅是影像而無自性時，我與蘊所攝的諸法，所承許的有實法一絲一毫也不存在。比如，將蘊假立為人我如同將繩子假立為蛇一樣不成立，蘊也如繩子一般，如果對聚合假立的每一個部分加以剖析，則任何部分也不成立，結果只剩下緣起虛幻的顯相而已。如果通達了這樣的道理，那麼不可能不對以無明為緣的一切眾生萌生悲心與菩提心。所以說，這就是遍知大菩提不可或缺之因。這一點在下面講法無我時也會了知。

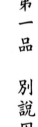

子二（講解法無我）分二：一、破色蘊自性成立；二、類推其餘諸蘊。

丑一（破色蘊自性成立）分四：一、破大種自性成立；二、破大種所造自性成立；三、類推他法；四、破虛空成實：

寅一（破大種自性成立）分四：一、一多不成立；

122

二、是故大種不成立；三、積聚不成立；四、破能立。

卯一、一多不成立：

> 三大非為地，非為互依離，
>
> 一一亦如是，故大如我妄。

由於明示了「如同我與生命不存在一樣，地等也與之相同」的緣故，三大種與地大不是一體，否則有地大具全其餘三大種之法相的過失，並且法相就成了紊亂。三大種並不依賴此地大，地大也不依於其餘三大種，否則有法相紊亂與異類並存等過失。由於一切不存在成實，因此不成立有所依能依的關係。並且，所謂「水等依於風輪」的說法不能充當此處的依據。其餘三大種不存在而地大也不會存在，因為它們是觀待安立的緣故。如果對水等每一大種也同樣予以觀察，則不成立，所謂的大種不成立整體，而是對設施處微塵聚集而假立的。如果對一切大種加以分析，則正如我自性根本不成立一樣，實際上均是虛妄的，就像能蒙蔽孩童的彩虹一般。

卯二、是故大種不成立：

> 地水火及風，各皆無體性，
>
> 三無一亦無，一無三亦無。

因此說，地水火風一切各個都無有可成立的體性，為什麼呢？因為三者不存在，每一個也就無有，無有一也就不存在三，因為無有組成之基礎的緣故。

卯三（積聚不成立）分三：一、真實宣說；二、若

中觀寶鬘論釋

123

分別存在則成無觀待；三、遣除答辯之諍。

辰一、真實宣說：

> 若無三無一，無一亦無三，
>
> 則各自非有，如何聚而生？

假設無有三而不存在一個，諸如一個火大不存在，也就無有其餘三大種，因此，一切大種各自本體並非自性存在，理由如前。如此一來，又怎麼能以一切混合或積聚而成為自性生呢？絕不會。有實法各自分開不成立，也就不可能存在積聚的問題。

辰二、若分別存在則成無觀待：

> 如若各自有，無薪何無火，
>
> 動礙及攝收，水風地亦爾。

如果對方說：由於分開的各自本體存在，所以聚集成立。

駁：如果四大種互不觀待而各自本體單獨存在，那麼沒有薪柴為什麼火也不存在呢？應成有火的過失。再者，動搖、堅硬或阻礙、粘合或攝收這些法相即便不存在，它們的名相水、風、地這些大種也應成了每一個都單獨存在。由於在互不觀待的情況下各自本體存在的緣故，就像對火的觀察一樣。

辰三、遣除答辯之諍：

> 唯火乃共稱，餘三何自有，
>
> 三大亦不應，與緣生相違。

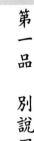

假設對方說：唯有火在無有薪柴的情況下不生，這是眾所共稱的，因此是觀待的，而其餘三大種在無有觀待的情況下自體存在。

如同火一樣，其餘三大種也需要依緣而生，既然此火大不觀待其餘三大種而無有本性，那麼你們的其餘三大種也應成在無觀待的情況下自體不存在。其餘三者也不應當與依因存在而產生相違，因為觀待他法之故。另外的原因，由識為緣而形成所謂的名色，而果色四大種也是依賴因色四大種而生。如果火本體單獨存在，則由於唯有其餘三者一同產生，勢必導致與緣起相違，這是講解所謂的「不應」。

卯四、破能立：

> 分別自體有，如何相互存，
> 分別自體無，如何相互有？

假設對方說：雖然一切大種相互觀待，但還是以自之本體存在的。

答覆：由於一切大種分別自體成立而存在的緣故，這些大種如何相互觀待才得以存在呢？存在顯然不合理。如果以各自本體存在，就無需觀待而同時存在，如同牛角一般。假設所有大種不是以各自分開的自體存在，那麼它們如何相互觀待而存在呢？不應該存在，因為所觀待與能觀待不成立，如同兔角。

> 若謂自體有，一有餘皆有，

中觀寶鬘論釋

不雜非共存，雜無各自體。

諸大各不存，豈有各自相？

自無分亦無，法相謂世俗。

假使對方說：不是以各自分開的自體存在，而從某一事物來說，諸如存在一個地大，則其餘三者也都以自體存在，因為具有它的法相。

駁：那麼，請問四大種是自性混合在一起而存在還是不相混雜而存在？不相混雜不應理，因為不相混雜的一切法住於同一個對境中相違，所以根本不存在。而自性混合在一起存在也不合理，因為混雜在一起，就說明不是以各自分開的自體存在，如同水乳交融一樣。既然分別開來的自體不存在，而作為事相的所有大種各自的法相又怎麼可能自性成立呢？絕不存在。

如果對方說：雖然相互混雜，但也有大小之別，因為法相大小可以得到的緣故。

駁：由於在不觀待的情況下各自分開的自體不存在，因此聚合之時法相部分大小也就無有立足之地，聲稱「大部分即是其本身而其餘法存在」僅是立宗而已。

如果對方說：《俱舍論》中明明已宣說了各自的法相。

駁：如是宣說的那些法相，是考慮到在世俗名言中存在，唯名稱唯表示法，才宣說的，而並不承認成實。此外，《三摩地王經》中也說：「世間虛空之法

相，虛空本亦無法相，是故證悟其義者，世間之法不沾
染……」其中宣說了許多無相的道理。通達了此理者也
不會被世間所害。彼經云：「數百劫中雖盡燃，然如虛
空永不焦，若知諸法如虛空，彼存火中永不焚。」應當
以火為例而了知也不被其餘大種所毀滅，如同釋迦佛與
蓮花生大士（由證悟如虛空般的諸法而遠離四大損害）
一樣。

寅二、破大種所造自性成立：

    色香及味觸，彼等同此理。

承許八塵混合的大種所造色、香、味、觸任何色
法，它們自性也同樣不成立。因為此等也同樣可以憑藉
破大種自性成立的正理方式來類推。（只要將頌詞更改
成）「三色非為觸，非為互依離，一一亦如是，故色如
我妄……」便能遮破。這些也僅是對大種微塵聚積而假
立的，實際上本體分開或聚合等均不成立實有。

寅三（類推他法）分二：一、真實宣說；二、自性
空之依據。

卯一、真實宣說：

    眼識與色法，無明業及生，

    能作業所作，數具因果時，

    當知長短等，名有名亦爾。

通過宣說如是大種與大種所造體性均不成立的正理
來說明色法與非色法的萬事萬物也同此理。

127

為什麼呢？原因是，以所依眼根為例包括耳等在內、對境色為例包括聲等在內的一切均是大種微塵分積聚的體性，能依眼識為例包括耳識等在內一切識也是心與心所、所依能依等聚合的體性，因此分開或積聚、自法、他法、無觀待、自性觀待等均不成立。同樣，無明雖然是識的從屬心所，但由於它相應於根本煩惱及其餘隨眠煩惱，從中產生輪迴，因此它是主要的。也就是說，由於是非理作意的顛倒分別所生的緣故，具體分析如前一樣。所謂的行業也並不是蘊以外的他法，依賴無明等前面的因而產生後面的蘊，即是所作業。具有無明、業、愛、取、有之因的蘊即是生，具有自主的能作是作者，即五蘊的體性。它的業與所作是一切悅意及不悅意（苦樂）。所作、能作與作業三者也是蘊積聚的本體。這些也如前一樣進行觀察，詳細道理當從《中論》中得知。

「一」等數目也不是所數以外的他法，實體與他體結合即相遇或具有也同樣不是蘊外的他法，稱為聚合，能生的因外在的種子與由它所生的果未來與過去等三時，這些也都不是除蘊以外的其他法。《俱舍論》云：「彼等亦稱時言依，以及出離與有基。如是有漏法亦稱，近取之蘊及有諍，痛苦及集與世間，見處以及三有也。」還要了知，形色所包含的長、短、更長，「等」所包括的四方形、圓形，假法、實法與能起作用等的名

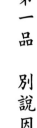

128

稱及設施處有名一切都是集聚的本體，因而用觀察我與大種的這種方式來分析，則如前一樣，實際是虛妄不實如水泡與芭蕉樹一般。也就是說，對無而顯現的法憑藉什麼來了知即是它的所知。所謂的「了知什麼」就是它的作業。了知者即是作者，如此所作、能作與作業三者的名言不可否定。色等不存在成實即指明法無我，了知者無有成實即是說明人無我，這是依據具德月稱論師的言教。

卯二（自性空之依據）分四：一、略說諸法無自性之義；二、廣說；三、運用能立（因）；四、無有成斷見之過。

辰一、略說諸法無自性之義：

　　　　地水火及風，長短粗細性，
　　　　善等智前滅，此乃能仁說。

粗法容易抉擇，因而按照順序，地水火風、長短粗細以及善法，還有「等」字所包括的不善與無記法，這些自性均不成立，如果它們有自性，那麼在聖者的入定前需要存在，頌詞中的「智」字表示無分別智慧，在此智慧的境界中即滅盡，這是大能仁在諸大乘經中親口宣說的。如云：「各別自證無量之行境，無可言表盡斷諸名言，遠離爭論乃為勝義法，彼即超越尋思之對境。」

辰二、廣說：

　　　　識無所表明，無邊遍主前，

地水火及風，安住不可見。

於此長與短，粗細善不善，

於此名與色，無餘皆泯滅。

「識」即無分別智慧，是由各別自證所覺知的，而不存在所表明的其他所謂此法，駕馭無邊所知之實相的遍主堪為「能知之最」的智慧境界中，地水火風的法相自性安住或成立絲毫也不見，因為這些在究竟的智慧前不成立之故。而在未加分析者面前，凡夫的分別念前顯現如魔術般不滅而存在，可是在聖者的入定階段，名言假立的長短、粗細、善不善等一切均滅盡無遺。不僅如此，而且此時名色等也無餘滅盡消失，由此可見，自性空性成立，如果自性成立，那麼需要成為實相，因為在堪為正量的聖者智慧實相前需要存在之故。關於這些結合遍知位的內容在印度注釋中有闡述。我認為頌詞中的「遍主」與《入中論》中以睡眠的比喻說明滅盡愚癡睡眠的佛陀前不顯現有實法自相是一致的。

辰三、運用能立：

> 不知故未見，智前本有者，
>
> 知彼故識前，後成如是滅。
>
> 許智火之薪，器情一切法，
>
> 具辨真如焰，焚燒而寂滅。

如果有人問：是由無分別智毀滅一切有為法而為滅的，還是自體原本即是寂滅真如？

本來自性無生之義原本具足，然而如同眼翳者前的毛髮一般由無明遮蔽而全然不知的緣故，致使異生未能了知或未能現見，而聖者之識前顯現本來存在的緣起性空，完全現量重新了知的緣故，在識前現量照見實相的智慧之後，一切增益之有法的戲論才如是滅盡。而並不是照見先前自性存在後來無有，否則聖者的智慧成了滅法之因而不是照見實相。經中說：「不空少許若有則如來，毫未授記未說無遷變，各自之前永恆而安住，能增全然退失皆無有。」承許如火般的修所生智之薪柴，即是器情所攝的所知法與能知這一切，被無倒辨別此等的實相真如，具足證悟的智慧光明相達到頂峰的熊熊火焰無餘焚盡而達到寂滅，如同水融入水般二取之戲論隱沒於法界，因為此宗承認聖者的根本慧定是無現。

辰四、無有成斷見之過：

> 不知先假立，後即決定彼，
>
> 爾時不得實，豈能成無實？

如果對方說：由於你們唯一承認不存在，因而成了斷見者。

駁：並不會成為如此，原因是：由具有染污性的愚昧不知所致，原先無有而假立為有，後來抉擇自性空的真如而加以確定，通達有實法自己的無改實相。而將有損減成無的過失絲毫也不存在。

如果對方又說：那麼，你們由於遮破了有實法成實

131

而建立實空，因而屬於有見。

駁：我們只不過是破斥由愚癡而進行的增益，事實上，有實法本來即無實，因而並不存在以破立遮破、建立的問題。

假設對方說：如果破法、無實在勝義也不存在，那難道不是又成了有實法存在嗎？

這種不可能出現的觀點是誰說的，我們務必要了知有、無是觀待成立的，何時，所依有實法本體少許也得不到，爾時依於它的無實法又豈能變為成實存在？絕不可能。所謂的成實法與在名言中也不存在的石女兒相同，而無實法如同石女的兒子根本不存在死亡的情況一樣。《智光莊嚴經》中云：「文殊，所謂空性即破耽著不空之異名；文殊，於此所謂勝義空之法絲毫不得。彼即除佛外他者不能開顯。須菩提等宣說，即是依善逝之加持力。」執著先前存在是增益的分別，而執著無有的對治實際上也是增益，但它是與所斷執著相相違符合實際的分別念。然而，究竟的見解真實勝義並不是這種，因為它沒有超離戲論，是以伺察意耽著空性。《寶積經》中說：「迦葉，何者緣空性而分別空性，彼等已極度失毀我之此等經教；迦葉，若出離一切見解即是空性；迦葉，單空之見不可救藥，此乃我說。所謂見解，即實執有無……」意思是說，認為分析之時才是所謂無自性與空性而並不是名言假立，執著所證空性真實存

在……另有經中說：「聽聞空性見，彼者未滅見，不可救藥見，如醫棄患者。」

如果有人想：畏懼對治法空性而捨棄罪大惡極，相反，欣樂依止空性無有過失。

對此解答：身為初學者取捨所斷與對治，不叫過失，而生起覺受定解之後這種妄念就不合理了，因為將執著法性的耽著與其他取捨的耽著也說為能障的緣故。誠然，空性的確是耽著有為等有實法的對治，認為遣除所斷的方便對治就是空性的分別念雖然有，但是證悟方便生空性之後於耽著對治的習氣也需要斷除，就像渡江河的方便需要航船，但已經越過江河後還是要捨棄它。《金剛經》中說：「汝等比丘，知我說法，如筏喻者，法尚應捨，何況非法。」

如果有人想：那麼，否定妙觀察慧、誹謗業果，因此是漢地和尚宗了。

並非如此。獲得智慧的明相而了知業果無自性而並非否定名言。真正了知曾經來到藏地的和尚摩訶衍見解之堂奧的人又有幾何？他所撰著的《禪定睡眠論》，其實這是能遣除理證妨害之見解的綱要，《禪定之堤》與《禪定重堤》兩書，能遣除教證之妨害的大乘八十經藏等許多可靠的經典中有的一切，在藏地並沒有。有人見到《解深密經》中說觀察修空性的方法後便說這不是佛語而斷然捨棄。像蓮花戒論師的《修行次第》中引用對

方的觀點那樣，這種情況都容易出現。禪宗論師的一隻鞋成為誰的頂飾還說不定。我們也應該想起《羅睺羅讚般若經》中所說的：「若見汝束縛，未見亦束縛……」可見，說和尚否定因果的實情原本是這樣的，沒有以出離與方便智慧攝持的善與不善之果能感得苦樂，因而如同雲的顏色一樣雖有差別，但二者均成為輪迴之因，就像白雲黑雲在遮蔽虛空方面無有差別一樣，這樣的善惡也同樣障礙解脫。這種說法絲毫也無有相違之處。《般若攝頌》中云：「佛說享雜毒妙食，緣取白法亦如是。」關於安立不思一切，實際上在一切經續注疏中也宣說許多「不作意一切、不分別一切……」，這說明證悟實相自然智慧遠離勤修之瑜伽士的特法。蓮花戒論師的《光鬘論》中云：「勝義之分別，智者亦不住，善不善之念，分別豈能有？」《集量論》中說：「何者若經尋思道入法性，遠離能仁之教亦失毀。」無等至尊阿底峽的《遺教》中說「實修最好者捨棄惡事」，密意是說捨棄分別念。

　　如果有人說：倘若按字面來承認這些，難道有些不是成了斷見嗎？

　　駁：那麼說，對無實法性執為有實、將業果執著為名言量成也存在著有些為常見的顧慮。一般來說，妄言詆毀說漢地和尚宗是斷見也顯得難以立足。佛未出世之時諸位菩薩以善巧方便的事業在世間著重宣說十善與四

禪色等攝受所化的方式在《般若八千頌》等經中有宣說。並對具有前世修行宿緣的有些補特伽羅如是開示，甚至比續部的甚深直指法更優越，因而被視為不可思議之處。然而，不區分一般人與瑜伽士的差別而共同宣說，結果會導致有些人迷惑不解，所以蓮花戒論師以及藏地的堪布讓·花揚、繞·意西旺波、讓羅·意西雲訥等諸位大德一致予以譴責。

以上隨意旁述這些也就可以了。

寅四、破虛空成實：

> 色法唯名故，虛空亦唯名，
>
> 無大豈有色，故唯名亦無。

假設有人說：無為法虛空是存在的。

駁：由於一切色法都依賴一個設施處而僅是假立名稱的緣故，虛空也只是對無有觸礙的部分假立的，唯一是名稱以外不成立實法。

如果說：那麼，有阻礙的色存在吧。

駁：因色——一切大種無有自性前面已經分析完畢，由此，這些果色又怎麼會有自性存在呢？根本無有，如同遮破因的果一樣。理由何在呢？輪涅的一切法唯名本身也不存在自性成立，因為有名的一切有實法不存在之故，猶如兔角。

丑二、類推其餘諸蘊：

> 如是當思維，受想行識蘊，

如大種及我，故六界無我。

如果有人說：其餘諸蘊是存在的。

駁：並不存在，如是苦樂等受蘊、形形色色相的想蘊、心所等行蘊以及識蘊也應當如前面分析四大種那樣，觀察有我無我，由此便可通達不存在成實而是自性空，因為，如果這些體性或自性成立，則以上述的離一多因等正理尋覓，則絲毫也得不到成實之法，僅是喜愛戲論的一切凡夫所假立而已。所以說，正如補特伽羅一樣，六界也不成立為我。《方廣莊嚴經》中云：「三有眾生如夢境，於此無生亦無死，眾生名命皆不得，諸法如泡如芭蕉。」《文殊遊舞經》中說：「善女，當如何觀六界？善女言：文殊，譬如三世間若以劫末火焚燒，甚至灰跡亦無有。」

本品正文宣說完畢。

教王中觀寶鬘論中，別說增上生決定勝因果第一品釋終。

# 第二品　輪番說因果

丁二（輪番說增上生與決定勝之因果）分三：一、決定勝之因果；二、宣說增上生之因果；三、復說決定勝之因果。

戊一（決定勝之因果）分二：一、破邊執見；二、甚深難證之理。

己一（破邊執見）分三：一、以比喻能憶念前述內容；二、以教理真實遮破；三、是故佛未授記四邊。

庚一、以比喻能憶念前述內容：

猶如芭蕉枝，盡析無所有，

倘若剖析界，士夫亦同彼。

比如，為了觀察芭蕉樹枝聚合而成的一堆有無實質，而分別加以剖析尋覓，所謂芭蕉樹的實質一無所有。同樣，被稱為各種界的補特伽羅或士夫也是如此，如果觀察剖析六界，以智慧分別開來，則如同上述比喻一樣，所謂的士夫微塵許也不成立實有。經中云：「如於潮濕芭蕉樹，為求實質士剖之，然諸內外無實質，一切諸法如是知。」

庚二（以教理真實遮破）分三：一、我與無我自性不成；二、有實無實自性不成；三、遣除未授記輪迴後際非理之諍。

辛一、我與無我自性不成：

中觀寶鬘論釋

137

諸法稱無我，　是故諸佛說，

六界皆無我，　即為汝抉擇。

如是我無我，　真實不可得，

故大能仁遮，　我與無我見。

　　從聖教的方面來說，一切法成立體性無我。為此，三世諸佛說，由此緣故，誠信聖教當觀所謂的無我。

　　如果有人想：六界存在嗎？

　　假法補特伽羅與設施處六界這一切均不成立為我，這裡以諸多理由為國王你抉擇而宣說，誠如前文中所說，在真實義中，諸法中我與無我二者真實如實不可得，正由於我與無我自性成立是顛倒之見，大能仁佛陀才對這兩種邊見進行了遮破。《寶積經》中云：「迦葉，所謂我是一邊，所謂無我是第二邊，此二邊之中間，即是無色、無表等中觀之義。其中作了廣說。因此教誡我們，遣除有實無實所有見解染污，即是離邊之見的真義。

　　辛二（有實無實自性不成）分二：一、真實宣說；二、未授記四邊之理由。

　　壬一、真實宣說：

佛說見聞等，　非真亦非妄，

倘若成違品，　彼二實非有。

如是勝義中，　此世離真妄，

故於真實中，　佛不許有無。

第二品　輪番說因果

138

大能仁佛陀說，眼見色法、耳聞聲音等六境，並非真實成立也不是本無虛妄的原因在於，前者是從依於真如的角度而言的，後者是指在名言中。

如果有人說：由此可見，真妄二者並不是依靠實空真如而宣說的。

駁：這種說法不合理，即便與有實法自性成立的方面相對立的違品無實法需要自性成立，但由於有實法自性不成立的緣故無實法也不成立虛妄。這樣說的理由是，真妄二者並非真實成立之故。《梵勝心請問經》中云：「無諍之此法，諸佛所宣說，若知世等性，此無真或妄。何者若已得，真或妄此教，邊執者成我，無別於外道。」真實顯現如果不成立，那麼對治法虛妄顯現也無法立足，因此耽著它就是過失。見聞等僅是分別而並不真實。《優波離請問經》中云：「具眼一切則可見，眼雖可見諸色法，夜無諸緣不可見，是故離聚乃分別……」可見，如果從勝義的角度出發，現有一切世間界本來即超離自性成立的真妄。

如果有人問：難道佛陀不也親口承認名言中存在有無嗎？

綜上所述，從真實詳盡分析的側面，不見真妄一切，由此佛陀並不承許一概說自性成立有或無。

壬二、未授記四邊之理由：

如是一切法，全然皆非有，

故佛如何說，有無俱非俱？

如果有人說：遮破自性存在之後就成了永不存在，或者，遮破不存在就成了永遠存在，因為真實存在、真實不存在相違。

駁：真實存有、無二者自性均不成立，由於我與世間一切法在何時何地自性成立絕對有與無都不存在的緣故，遍知佛陀如何開示說「世間有邊、無邊、二俱、非俱」呢？這正是佛未宣說四邊的原因所在。

辛三（遣除未授記輪迴後際非理之諍）分二：一、爭辯；二、答辯。

壬一、爭辯：

> 過去今未來，無數正等覺，
>
> 度生俱胝數，安住三世中。
>
> 盡而住三世，非增世間因，
>
> 佛何不授記，彼之前後際？

假設有人說：雖然未授記輪迴的前際，但對輪迴的後際不作授記不合道理，因為：先前已涅槃、未來將出世、現在住世的圓滿正等覺共有六十位數③甚至更多不計其數，每一尊佛也是變成俱胝數將更多的三世一切眾生安置於解脫果位，他們正是為了一切有情才安住於三世來成辦將眾生趨至涅槃的偉業。前所未有的眾生不可能產生，因此眾生不存在增長的情況，這是從名言的角度

第二品 輪番說因果

③六十位數：一的後面有六十個零。

來講的，而在真如中，眾生是盡或無生的本體，佛陀安住三世並不是增長世間眾生的因。徹知何時諸法恆常無生，爾時所謂某法產生、某法形成等實空如幻之一切法的佛陀，為什麼不授記眾生的前際與後際？因為無增無減的緣故或者先前許多已盡、後來無增的緣故。

壬二（答辯）分二：一、輪迴生滅去來自性不成之比喻；二、輪迴唯是假名而已。

癸一（輪迴生滅去來自性不成之比喻）分二：一、於非法器莫說成佛之深密主因；二、真實喻義。

子一、於非法器莫說成佛之深密主因：

> 異生前保密，此乃甚深法，
>
> 世間如幻即，佛教真甘露。

對上述辯爭進行答覆：耽著有實法成實而誹謗真如的尋思者雖然詢問了十四邊，但佛未予以授記，其原因是，對異生前要保密的是甚深之法，為什麼呢？世間在迷亂者前雖顯現然而似現不成如幻術一般，這相當於是佛教中的醍醐甘露，並不是被實執所蒙蔽的所有愚者顛倒假立的一切。印度注釋中說「這是獲得佛果的主因」。

子二、真實喻義：

> 猶如幻化象，雖現生與滅，
>
> 然於真實中，無生亦無滅。
>
> 如幻之世間，雖現生與滅，

　　　　然於勝義中，無生亦無滅。

　　猶如由因緣所顯現蒙蔽人們視野的虛幻大象，在名言中雖然顯現為生與滅，但在勝義中本來就不存在真實成立的生與滅。同樣，雖然顯現成實，但實為空性如虛幻般的此世間，僅僅在名言識前顯現分中並非不顯現產生，也顯現滅亡而不是恆常顯現，可是在究竟勝義中，絲毫也不存在自性生與自性滅。也就是說，如同被魔術蒙蔽視野的人們將幻化的馬象執為真實而加以耽著一樣，因為沒有通達、沒有了悟真如而被無明所蒙蔽的所有異生凡夫，耽著似現真實的有實法，而從來沒有想到自性為空性；魔術師自己了知雖然顯現馬象卻不真實，而觀看魔術的愚者與魔術師儘管相同見到魔術的幻化，但執著方式卻迥然不同。同樣的道理，異生與證悟真如的諸位聖者儘管相同見到世間萬事萬物，但凡夫見為實有並執著，而諸位聖者通達如幻無實而沒有耽著。也就是說，七地之前清淨後得世間智慧所見前，雖然會出現真實顯現許，但不存在實有分別念。而八地以上連真實顯現許也不出現。

　　　一切了別如果歸納，則有四種，即未入道異生的分別念：三界不清淨的心與心所、耽著二取的迷亂識；入道勝解行的分別念：觀待聖者而言也不清淨，因為本體是世間，具有實有分別念需要上進，而與平庸分別不同，由於作為聖者智慧之因，並通過修行空性總相而稍

第二品　輪番說因果

微感受到法身的明相之故；聖者入定與法性一味，因此無有分別念；後得的分別念也並不是像凡夫那樣，因為無有耽著二取的分別念的緣故，也不是像入定那樣，因為可能存在細微的二取。這四種分別連帶其對境涵蓋一切所知。

　　如同未被虛幻的物品與咒語欺惑的人（補特伽羅）甚至幻化的馬象形象也不出現在眼前一樣，聖者的根本慧定前，真實顯現與二取一無所有。

　　　　譬如虛幻象，無來亦無去，

　　　　愚心所致已，真實無安住。

　　　　如是幻世間，無來亦無去，

　　　　愚心所致已，真實無安住。

　　如果有人說：虛幻的大象由因緣所生也不是真如。

　　駁：猶如虛幻的大象真實本體無生，因而正當產生時，從何處也不來，最終也不去往何處，然而執著馬象自性能去能來只是由於咒語等蒙昧心所導致的，真實性中，絲毫也不存在於真實本體中安住的情況。正如此比喻一樣，這些器情世界現而無自性，如同魔術師的幻化一樣。因而最初從何處也不來，最終何處也不去。可是，所有凡夫卻執著器情的這些法自性能來能去，這只是由無明之毒蠱惑內心所致，真實性中安住自性絲毫也不成立。我們務必要通達此等道理。《三摩地王經》中云：「此等法不住，非有住此等，無住雖說住，自體不

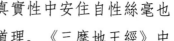

143

可得。」

癸二、輪迴唯是假名而已：

超越三時性，唯是名言立，

一切有或無，世間豈實有？

正如剛剛所說的那樣，由於在勝義中是超越三時生滅去來的體性，因此唯一是假立名稱的名言而已，除此之外，何法先前自性存在或者後來變成無有的一切世間實際上怎麼存在成實呢？決定不存在。這些道理有教證作為依據，《三摩地王經》中云：「三有如夢無實質，速滅無常如幻術，無來亦無由此去，相續恆空無有相。」又云：「出生以及成死亡，然無有生無死亡，何者了知此法理，不難獲得此等持。」

庚三、是故佛未授記四邊：

佛陀由此因，未授記有無，

二俱非俱邊，而非由他因。

遍知佛陀考慮到勝義中無所授記，對有些所化眾生宣說無有實義，由於上述的原因，也就是超離四邊的緣故，而對世間有邊、無邊、二俱、非俱所有四種類別沒有予以授記，而並不是由於除此之外的其他原因。具體來說，有邊：就像順世外道所承許的那樣，今生完結而不轉後世，否定後世，因此稱攝之見解。無邊：數論派所承認的今生的我趣入後世，而觀察趣入對境，稱為動之見解。有無二俱邊：諸如有些裸體外道認為，暫時有

第二品 輪番說因果

邊，自性無邊，趣入有無二者，稱為散之見解。非俱：像犢子部承認的那樣，補特伽羅聚合與獨立何者也不可言說，全盤否定一切，稱為收之見解。輪迴自性寂滅豈能存在這樣的戲論？《寶雲經》中說：「大轉妙法輪，方寂滅無生，自性涅槃法，怙主汝宣說。」又云：「輪迴末不得，前際無法相，未來亦當知，故入業所作……」其中對此也加以闡述了。

己二（甚深難證之理）分三：一、甚深難證之原因；二、能仁於非器不說之原因；三、解說彼原因。

庚一、甚深難證之原因：

> 此身不淨性，粗及現量境，
> 恆常顯現時，心中尚不住，
> 無住微妙法，極細非現量，
> 由是甚深故，心中何易悟？

假設有人問：諸法如果是無我，那就說明這是此世間的自性，因此眾人為何不通達此理？

駁：事實並非如此，本來，我們的這個身體本體是由不淨物所充滿，並不斷流出骯髒物的色法，因此，是粗大之法，不是比量的事物而是現量的行境，所以容易理解。明明是恆常顯現為不淨的當時，人們心中尚且不存留「不淨」的想法，更何況非法器鈍根者難以證悟、無有相執所緣之處決定勝的微妙法了？由於難以通達，所以極其微妙，是利根聖者的行境，而異生需要依靠因

中觀寶鬘論釋

145

來了達因而並非是現量，由於甚深的緣故，愚者的心裡如何能容易理解，輕而易舉悟入呢？根本不是它的行境。對於不淨身體的粗法尚且不能通達，更何況說其實相細微的無我了。輕易了達空性，需要具有利根、大德的教言以及積累無邊資糧。《般若攝頌》中云：「乃至善根未圓滿，彼士不能證空性。」

庚二、能仁於非器不說之原因：

> 此法甚深故，知眾難領悟，
> 故佛成道已，默然不說法。

由於遠離一切戲邊的此法高深莫測的緣故，所化的平凡眾生難得輕易了解通達，正是因為了知、照見了這一點，佛陀在成道以後於有些所化眾生面前，七七四十九日示現默然不說法。如云：「深寂離戲光明無為法，猶如甘露之法我已得，縱為誰說亦不能通達，是故默然安住於林間。」

庚三（解說彼原因）分三：一、誤解深法之過患；二、以比喻說明正誤持受之利害；三、教誡通達深法不放逸。

辛一、誤解深法之過患：

> 若誤解此法，毀壞諸愚者，
> 如是無見者，沉落不淨中，
> 另外邪執此，愚起智者慢，
> 性情極粗魯，倒墮無間獄。

如果有人說：倘若容易通達，那麼也就無需宣說，正因為難以通達，才應當再三明示。

駁：但這並不是指要為不具有理解空性之種姓的眾生宣說，因為有令愚者及自詡為智者的人毀壞的過患。愚者受害之理：他們認定所謂的空性在名言中也一所無有，顛倒錯誤地理解甚深法性二諦無違之義，認為空性是除了此顯現的有實法以外一無所有的單空，或者自前顯現的事物唯獨是空性，而未能通達遠離戲論無二無別的現空緣起。結果，對要義一竅不通的愚者們徹底失去了善趣與菩提解脫的機會，不僅無有益處，反而失毀自相續。由視如是業果等不存在的斷見所惑，將沉溺、墮落在不淨的惡趣中。《指鬘經》中說：「嗚呼，世間中毀滅妙法之人有二，其一，絕對視空性，其二，世間中稱為我見者，即是毀壞妙法、損害妙法者。」因此，我們要依止大德而努力修煉內心。《寶積經》中云：「法界一切相，無變智者證，愚者迷惑彼，修心得真悟。」

自詡為智者受害之理：此外，如果受持空性為一無所有的斷見或者顛倒執著具有心肯定的所緣、二諦互為分開等，認為因果了義，將了義轉為不了義，始終不放愚蠢的做法，稍稍聽聞就裝成道貌岸然的智者，而居於智者地位趾高氣揚，傲氣十足。由於這能導致徹底捨棄空性，因而心不調順，不具備自利利他的能力，如同死屍一般，斷絕善根而趨向惡趣，儘管威儀如何清淨，但

中觀寶鬘論釋

死後立即會倒頭墜入無間地獄。《梵施王請問經》中云：「諸如來教以彼垢，如外道宗存懷疑，彼者損害違正法，無信亦捨諸佛法。」又云：「彼於此教不堅信，僅著法衣稱比丘，猶如林間誒那札④，彼非在家非比丘……」《寶篋經》中也宣說了「未來僧人捨棄深法而投生無間」等的許多道理。

雖然對奧義沒有勝解心，但萬萬也不可妄加誹謗而應保持中立的態度。經中說：「於說甚深之妙法，縱然不起勝解信，切切不可妄誹謗，當念法性不可思。」

辛二、以比喻說明正誤持受之利害：

> 猶如誤用食，招致諸禍害，
> 善用得長壽，無病力壯樂。
> 如是顛倒持，導致災殃至，
> 善知獲安樂，及無上菩提。

猶如進食無有節制，或者誤用不良食品而發病，結果會招致面臨死亡的禍害。而正確享用優質的食品，有益身體的食物會延年益壽，不會有中毒等疾患發生，身強力壯不會無精打采，身心安樂。同樣，顛倒執受空性的補特伽羅會導致永久性的災難臨頭，如同前面的比喻一樣；如果通達空性緣起顯現的含義，正確理解見行或二諦無別的意義，結果將如藥食的功效一般獲得增上生的安樂與究竟無上菩提。如是入道者了知緣起空性後不

④誒那札：是一種似樹非樹的木本植物。

分別現相因果之理如幻而行，結果了達緣起無自性現空無別，從而對實相超離因果的法理生起定解，以不離如虛空般的等性義而迅速獲得決定勝的安樂。

辛三、教誡通達深法不放逸：

> 是故當斷除，捨此及無見，
> 為成一切事，策勵知真義。

如果顛倒執著空性，則過患嚴重，倘若正確受持，則功德巨大，因而，斷除法界空性絕對存在、絕對不存在的惡見，為了成辦正士最有必要的世間利益以及成就出世間的一切正法，要以最大的精進勵力無誤了知離邊實相真義。

戊二（宣說增上生之因果）分二：一、承接文；二、正義。

己一（承接文）分二：一、教誡未證空性而流轉；二、教誡乃至未證悟間當致力於增上生法。

庚一、教誡未證空性而流轉：

> 未盡知此法，我執即隨轉，
> 而積善惡業，感得妙劣身。

如果沒有徹底了達、領悟甚深空性實相的這一妙法，那麼該補特伽羅由於沒有打破我與我所的妄念所致，我與我所執必然隨之而產生。與之相聯而積累善惡業，致使獲得善趣的妙身與惡趣的劣身。諸位聲聞、緣覺阿羅漢滅盡了輪迴的投生，也是由於斷除了輪迴的直

中觀寶鬘論釋

149

接因——十二緣起支中的無明，也就是認為對蘊假立的我是我以及我執與由它所生的業惑種子。一切凡夫由我執控制而積累善惡業，因此流轉三有，尚且獲得深法也是阻礙重重，更何況說解脫呢？《念住經》中云：「巡邏者前夜亦長，疲憊者前路亦長，於不了知微妙法，諸凡夫前輪迴長。」

庚二、教誡乃至未證悟間當致力於增上生法：

> 是故未知此，遣除我執法，
>
> 期間敬奉行，布施戒安忍。

作者教誡道：乃至沒有完全了達領悟毀滅、遣除我執及種子的對治法——通達二無我的空性緣起這一甚深法期間，要恭恭敬敬勤勤懇懇奉行布施、持戒、安忍所攝的十六種增上生法。這也並不是指僅僅了知緣起之義就需要拋棄布施等的意思。

己二（正義）分三：一、成辦增上生之因；二、斷除惡趣之因；三、以棄非法而行正法攝義。

庚一（成辦增上生之因）分二：一、總說修學增上生之因；二、修學增上生之特殊因。

辛一（總說修學增上生之因）分三：一、修學具五功德之因；二、修學共同正規；三、斷除陋規。

壬一、修學具五功德之因：

> 諸事初思法，中末亦具法，
>
> 如是行國王，世世無損惱。

由法今譽樂，今終無怖畏，

他世樂圓滿，故恆依正法。

作者諄諄教誨道：在進行身、語、意的一切事之初，要思維善法，所謂依靠此事成就此法，最初從依止正法而入手。同樣，在中間的過程中也具足正法，末尾也具足不雜罪業的意樂、加行善法，這樣行事的君主或國王你，今生以及生生世世不會遭受損惱，因為依靠修行正法使得即生中享有盛名，不造罪業而無有後悔，心情安樂。由於無有人與非人的危害，現世無所畏懼，彌留之際也無有惡趣的恐怖。而作惡者在臨命終時，擔憂後世的痛苦而惶恐不安，並不是有福報之人。不單單是現世，其他世中也能獲得增上生的圓滿快樂。由於具有五種功德，因而要恆常依止正法。如云：「佛陀頂髻相，依福成妙相，乃至未來際，憑依慧眼見，彼智恆莊嚴。」

壬二、修學共同正規：

法乃規之最，依法世間喜，

而由世間喜，現後亦無欺。

唯有增上生法才是一切王規的最殊勝策略，正法的作用就是統治一切世間而令舉國上下皆大歡喜，由於世間歡喜的緣故，對自他今生來世也不成欺惑，是真實頂戴的規律。因而，應該依止高尚規範。如云：「國王偉業利民眾，彼現後世圓滿道，喜愛正法王前現，庶民追

隨人君行。」

壬三（斷除陋規）分三：一、依止惡習陋規不合理；二、譴責陋規；三、正法規範殊勝。

癸一、依止惡習陋規不合理：

> 非法許規範，依彼世不喜，
>
> 世間不喜故，現後成憂愁。

如果國王宣揚下流的惡規損害法等而不具備正法，讚許惡論的陋規，以此危害整個世界，致使世人心不歡喜，也有反目成仇的現象，世人心不歡喜也就不會歸服，相互之間一直懷恨在心，由此也使自他現世及後世也是憂腦愁腸，互相欺惑，這是必然規律，因而一定要捨棄惡規。

癸二、譴責陋規：

> 無利惡趣道，欺他苦難忍，
>
> 一切錯亂慧，如何真明知？

如果跟隨不能成辦人們所希求之利益的惡規，那麼唯一的去路就是惡趣之道。重視或竭力欺騙誘惑他眾，只能招致惡趣的難忍劇苦。對高尚正規懵然不懂的一切錯亂邪慧又如何能了知人們的利益呢，因為唯一對眾生顛倒作害的緣故。

> 勵力欺他人，如何具正規？
>
> 依彼千百世，唯一欺自己。

此外，趨入惡規的所有國王的事，時時刻刻就是不

第二品　輪番說因果

遺餘力地欺騙他人、自己的一切子民等，因而，要想利益人們，就要具足妙規，否則，治國安邦的一切事都成為顛倒。以惡規治國多生累世中都是成為自欺欺人。《十地經》中云：「何事國王為，若未行彼事，如象王入池，毀滅自國度。」

癸三、正法規範殊勝：

> 怨敵縱加害，棄過依功德，
>
> 由此自獲利，敵亦不歡喜。

假設仇敵以前曾經加害過自己，斷除心中對此一直耿耿於懷等一切過失後，反而對他修慈心等，依止高尚正士的功德。依此因不僅對國王你自己無害反而會獲得大利；對他眾奉行慈愛等法而使眾人歸服自己，如此對方無法勝伏你，而國王卻能制伏他眾，這樣一來，縱然怨敵再不痛快，自己也不會出現絲毫罪過。因而，理所應當依止這樣殊勝無比的法規。《般若攝頌》中云：「勝士安忍之鎧甲，阻擋蠻人言詞箭，變成稱歎彼等花，聲譽之鬘真悅意。」這是指容忍怨敵即生的利益。

辛二（修學增上生之特殊因）分三：一、修學四攝；二、修學實語等四德；三、依止善緣助伴。

壬一、修學四攝：

> 布施及愛語，利行與同事，
>
> 當依此一切，攝世與正法。

世人喜愛布施，通過施捨財物等而將眾生攝受為眷

屬，增上生決定勝中要說合意的愛語而令人起信，引導他眾的方便自己也要身體力行，此為同事，教誡實地行持暫時究竟的功德利益即是利行。應當依靠這所有四攝來成熟內心，進而再攝集暫時世間與究竟妙法，成辦弘法利生的大事。

壬二（修學實語等四德）分二：一、分別宣說；二、歸納而宣說。

癸一（分別宣說）分四：一、修學實語；二、修學布施；三、修學寂靜；四、修學妙慧。

子一、修學實語：

> 國王唯實語，令生堅固信，
> 反之說妄語，最令失信心。
> 無欺即實語，轉心非真實，
> 唯利他故真，不利故為妄。

身為國王，縱然具有其他許多過失，但如果唯一擁有說實語的美德，那麼現世中也值得他人信賴，並可感得令人生起穩固不退的誠信，相反，如果一味說妄言，也是最能令他人喪失信心的主要因素。所以，唯一要言說實語。《三摩地王經》中云：「時刻言談不粗魯，溫和適度且動聽，令具緣士起信心，亦生堪為信賴處。」又云：「恆常言說真實語，獲得世間師言教。」言說不欺誑他眾的語言即是說實語，相反則不真實，表面似乎真實，但由轉變別人心思或想法所生的不具意義的語言

實際也是不真實的妄語。借助具有意義的言詞唯一利益他眾就是說實語；由於對他不利的緣故，反方面的詞語是妄言，表面似乎實事求是，但也並不真實，只對他眾有害。所以，絕對要斷除妄語。《毗奈耶經》中云：「有情說妄語，已違一正法，毀壞其餘世，此無不造罪。」

子二、修學布施：

> 國王之諸過，一施明能遮，
>
> 如是慳亦摧，所有諸功德。

即便國王的過咎多之又多，但依靠懷有施捨心而慷慨博施，家喻戶曉的這一光明便能隱沒其過。同樣，以吝嗇或慳吝的這一過患也能摧毀國王們所擁有的信心、智慧、名聲等一切殊勝功德之財。因此，要斷除吝嗇之心而竭力布施。

子三、修學寂靜：

> 寂靜深邃故，令起勝敬重，
>
> 受敬具威信，是故依寂靜。

斷掉放蕩不羈等行為謹護根門，三門寂靜、英明勇敢等，令人感到深不可測，由此可使其他眾生起無比恭敬之心，如果將心思散亂的面目全盤顯露，就不能起到這樣的效果。由於備受人們敬重，而使自己具有難以親近的威嚴，並且語言也有分量，誰也不敢冒犯。正因為能獲得這些功德，所以再難也應當去做，希望（大王）

依止寂靜。

子四、修學妙慧：

> 具慧心不動，穩固不隨他，
>
> 亦不受人欺，故王勤修慧。

具有辨別取捨的智慧，自己的事，他者無法控制，因而心不被他奪；不仰仗他人；心不被是是非非所改變，穩如泰山；不會遭受惡友所欺騙，這四種功德的果，作為國王實該擁有，因此唯一要策勵修行辨別取捨的智慧。無有智慧的愚者心被他所奪，而上當受騙。如果擁有智慧，則怨敵也不能奈何？從前，一位居士赴海，當地住的天神準備損惱他，於是顯出一副醜相，而問他：「比這更醜者在贍部洲有嗎？」他說：「造不善業轉生惡趣的身體比這更醜陋。」天神又顯出一副美麗的形象，如前一樣問他（「比這更美者在贍部洲有嗎」），他說：「行善投生到善趣的身體比這更美。」於是天神又顯示一捧水，問：「海水與此二者哪個多？」他回答：「一捧水多。」天神問：「為什麼？」他說：「因為大海會被劫末火窮盡，如果將這一捧水供養佛陀等，則功德無窮無盡，甚至比海水增上得還多。」由此那位天神生起信心，於是對他鼎力相助。

癸二、歸納而宣說：

> 實語施靜慧，具此四善王，
>
> 猶如四妙法，人天共讚歎。

當然還有其他功德。擁有實語、布施、三門寂靜與如理辨別取捨的智慧此四勝法並為之莊嚴的君主，如同具有四種善法的大德一樣，則將為世間主尊天神與人類共相頂戴、稱頌。因而要力求具足四法。

壬三（依止善緣助伴）分三：一、良友之法相；二、理當隨從；三、恆修死亡無常。

癸一、良友之法相：

> 直言意清淨，慧悲純無垢，
>
> 與之共相處，慧法亦恆增。

應當交往增上正法具有四種法相的助緣良友，對國王不阿諛奉承，而一概直言不諱忠言相告，知足少欲、意樂清淨、無有諂誑等心態，具有對正法與世間之事見多識廣、高瞻遠矚的智慧，心平氣和、希望利樂他眾，無有損害的悲心莊嚴而無有違品垢染，彼此慈愛，在分析問題時，能獻計獻策，如果與之共處，則常常也是被友伴的善良品性功德力所薰染，依此方便智慧與正法也可與日俱增。因而理當依止，如同長期與妙香共存的平凡之物一樣。

癸二、理當隨從：

> 說利語者鮮，聽者更少見，
>
> 逆耳然有利，隨行者更罕，
>
> 是故雖逆耳，知利當速行，
>
> 為病癒亦服，益我苦口藥。

157

雖然聽起來不入耳，但對自己有利、適宜的話語應當聽取。說利於他人之語者極其鮮少，難逢難遇，而且能夠洗耳恭聽者與之相比就更是非常罕見。與此二者相比，想到話雖難聽，但具有說有利之語的性質，了知實際有利而迅速遵照執行的人更是少得可憐。因此，大王，如果別人對你說的言語表面聽起來似乎刺耳難聽，但如果對方的確是想利益你，那麼知曉此話具有實際利益之後要快速觀察予以實施。例如，為了治癒所患的嚴重疾病，以好心好意利益我，所給予的苦口良藥也要欣然服用。《毗奈耶經》中云：「親友饒益之言語，若不執其為真實，如烏龜口失木棒，彼落千丈受痛苦。」

癸三、恆修死亡無常：

> 恆思命無病，國政無常性，
> 後具真精進，始終勤修法。

假設認為：生命等恆常住留的緣故，可以一步一步地做。

然而壽命、健康常常由眾多冤家包圍、摧毀的現象屢見不鮮，因而自己與國政絕對是無常性，變成怎樣、何時遷變都無有定準，認識到這一點後要恆時思量，如果屢屢修行隨念死亡，就會明白有為法無有穩固性之言，從而產生厭離，堅持不懈，具備真實的精進自始至終全力以赴修行法與世間中唯一的妙法。《夜賢經》中云：「誰知明日死，今日當精進，死主彼大軍，豈是汝

親友？」又云：「如已熟果實，眾生將死亡。」

庚二（斷除惡趣之因）分二：一、略說；二、廣說。

辛一、略說：

> 知曉定死亡，亡後罪感苦，
>
> 即便暫時樂，作惡非應理。
>
> 有時見無怖，有時見恐怖，
>
> 設若信其一，何不畏另者？

毋庸置疑，壽命完結便會走向死亡，死後並非一了百了，以殺生等不善罪業所感，善趣滿業和惡趣引業、滿業，從而必然要遭受痛苦，以智慧照見這一點。顛倒享受妙欲儘管暫時看起來快樂幸福，但最終只會深受其害，所以造殺生等惡業是極不應理的。

如果憶念死亡，就不會造惡業。《念住經》中云：「何者起死念，讚為念之最，憶念死主怖，如何心向過。」關於作惡之人的過失，《念住經》又云：「何者依罪業，彼盡不吉祥，初中後惡劣，正士所譴責。」由於做某些事，有些人即生見到無有惡果的恐怖，而在後世的某時卻將親睹惡果的巨大恐怖。假設你信賴沒有見到畏懼的一種情況，那麼國王你為什麼不害怕見到恐怖的另一種情況呢？理當害怕，因為理由相同。有些注釋中將（有時見無怖，有時見恐怖）這兩句講解成即生之中見到與未見到。

中觀寶鬘論釋

辛二（廣說）分四：一、制止貪酒；二、制止貪賭；三、制止貪女；四、制止貪獵。

壬一、制止貪酒：

> 飲酒世間蔑，誤事亦耗財，
>
> 癡迷行非事，是故恆戒酒。

飲用具有迷醉能力的酒，在此世間中，首先開懷暢飲的當時也成為他人輕蔑的對象，而且將需要辦的一切事忘得一乾二淨，並且使財物、生計也耗盡無遺。變得放逸無度，由於神志不清而不辨取捨，結果做出許多非理之事。暫且不論後世的過患，就是現世中也有以上這些弊病。因此，國王你要恆時完全戒酒。一般來說，酒是一切罪惡的根源，因此佛陀對在家人甚至草尖許也不開許，而且嚴禁釋迦族的病人飲酒，並在《念住經》等中詳細宣說了飲酒的過患。

壬二、制止貪賭：

> 賭乃貪憂嗔，諂誑渙散源，
>
> 妄綺惡語因，是故恆斷除。

聚眾賭博有九種過患：1、是想把他人財物據為己有之貪心的根源；2、賭博的過程中，始終處於患得患失的心態中而忐忑不安，憂心忡忡；3、由謀害、擊敗對方的心理而滿懷嗔恚；4、5、心中盤算贏得的伎倆而懷著詭詐的諂誑；6、是心思渙散放逸、根門不靜的來源；7、8、9、是在沒必要的情況下說妄語、各種各樣綺語、

惡語之因。經中說了這九種過患。所以，恆常要斷除賭博。阿育王有個名叫「歡樂」的監獄，諸如非殺不可的所有犯因也暫時讓他們隨心所欲悠閒而行，他們耽著於賭博而不見很快就要面臨死亡。同樣，在表面的輪迴安樂中一直無度沉迷而不見死後的惡趣痛苦的一切愚昧有情也是如此。

壬三（制止貪女）分三：一、以女身不淨而總遮止；二、分別遮止；三、修不淨觀之果。

癸一、以女身不淨而總遮止：

　　　　多數貪女者，思女色淨生，

　　　　實則女人身，絲毫無清淨。

多數過分貪戀女人者，其原因就是，由非理作意的分別念而將女人本不清淨的身體顛倒認為她的容顏清淨可愛所產生的。而這並不是她的本體，即使在名言的事實中對女人的身體加以觀察，也會明白女身值得貪執的清淨部分一絲一毫也不存在，因而極度貪戀實不應理。

癸二（分別遮止）分三：一、破女人分支美麗；二、破有支身體美麗；三、破貪女是樂因。

子一（破女人分支美麗）分四：一、唯是不淨自性故貪愛不應理；二、其比喻；三、若貪女身則無離貪之處；四、愚者執不淨為歡喜因。

丑一、唯是不淨自性故貪愛不應理：

　　　　口乃稠唾涎，齒垢不淨器，

鼻流膿液涕，眼出淚眵器。

腹內即糞尿，肺肝等之器，

愚者未見女，貪愛彼身體。

女人的口腔是濃稠唾液、齒垢等骯髒物的真正根源或器具；雙鼻孔是流出沒有成熟為涎液不清淨的各種膿液、鼻涕的器具，猶如不淨室一般；兩眼是漏出眼眵、流淌淚水的器具。各種髒物充滿的腹腔全部遍布糞尿、胸腔內有肺等內臟。內心迷惑的愚者沒有現量見到女人的身體如此，為什麼如雞犬般顛倒地貪戀她的身體呢？這僅僅是迷惑而已。

丑二、其比喻：

如有無知者，貪著髒瓶飾，

世人由愚癡，戀女亦如是。

如同有些人不知道觀察分析而貪執裝滿不淨物、外面由珍寶飾品裝點的瓶子一樣，世間俗人由於愚昧不知女人的自性而愛戀外在的裝飾與容色等的人們也與此相同。

丑三、若貪女身則無離貪之處：

身境極臭穢，本是離貪因，

世人過貪彼，依何引離貪？

口、腎、頸等身體的地方是污穢不堪，如同骯髒至極的糞坑一樣，本該是離貪之因，可是，愚昧的世人們如果還要變本加厲地貪愛它，那麼依靠什麼辦法才能將

之引向離貪的境界呢？因為他們無有離貪的機會。

丑四、愚者執不淨為歡喜因：

> 猶如豬倍貪，屎尿處嘔物，
>
> 如是屎尿源，欲者如豬貪。
>
> 身城不清淨，布滿出孔道，
>
> 愚者由此於，執為歡喜因，

假設有人認為：如果是這樣，世間劣夫為什麼要貪愛呢？

就像積存屎尿的這個地方，糞便成堆，而愚蠢的豬卻倍加貪執那裡的嘔吐物而享受著。同樣，對於屎尿之源或器、具有貪欲的有些愚者就像貪著嘔物的豬一樣，異常貪戀平庸的女人。就像將由千差萬別的眾生所遍及依存之處叫做城市一樣，這個身體內部是八萬種昆蟲所依的城市，布滿著流出各種骯髒物的許多空洞或者孔道，對於這樣的女人，極其愚笨之人看作、妄執為享受喜樂的因，從而顛倒貪愛女人，這實是稀奇之處。《念住經》中云：「以心寂靜意，視貪如刃毒，諸心不靜愚，視為歡喜因。」

子二（破有支身體美麗）分四：一、總破貪女身；二、破貪形色；三、故貪女人不合理；四、譴責依止、讚歎女人之士。

丑一、總破貪女身：

> 汝見屎尿等，各自不淨已，

163

於集彼之身，如何生悅意？

精血混合中，不淨種子生，

本知不淨體，欲者何貪此？

不淨蘊彼濕，由皮所包裹，

與之同臥者，眠女內臟已。

　　明明你自己已經見到女人灑在地上的屎尿等都是骯髒不堪而視為令人發嘔之處，對於由這些不淨物聚合而成猶如臭皮囊般的身體，如何會感到悅意可心呢？實在極不應理。明明知道因與本體下劣不淨精血混合在一起，不淨種子之因中所生的不淨色相之果，仍舊一味對此作清淨想，所有具貪欲的人們以什麼原因愛著女人呢？實不合理。不淨之蘊即是不淨血、黃水之濕性浸潤的自性，外面只是由乾燥的皮膚包裹，與之同床共枕，實際上就是睡在女人內臟中而已。《念住經》中云：「皮連骨肉聚此等，生起為妻之想已，一切凡愚生貪欲，不知女人實如幻。」

　　丑二（破貪形色）分三：一、總破貪女人形色；二、破貪容貌美麗；三、思維與女身相同自身亦為不淨。

　　寅一、總破貪女人形色：

容色美或醜，年老或年幼，

女色皆不淨，汝貪由何起？

　　如果認為：因為女人青春年少、美麗可愛等而貪

戀。

女人無論是容顏美麗也好，還是相貌醜陋也好，無論是年邁老朽也好，還是年輕韶華也好，實際上女人整個身體都絕對離不開不清淨，本來應當說出：「你的貪愛到底是由什麼原因而生起的？」可是你無話可說。所以，愚昧的具貪者不應該貪著女人，《念住經》中云：「常為欲樂愚昧者，彼即耗盡善業已。」

寅二（破貪容貌美麗）分二：一、貪愛不合理；二、理當譴責。

卯一、貪愛不合理：

> 如糞色雖美，新鮮形狀妙，
>
> 於彼不宜貪，女貌亦復然。

例如說，糞便團陳舊、中等或色美新鮮，光彩奪目，形狀好看，無論它有何等多的優點，但有心之人誰也不應該貪執它。同樣，女人的容貌無論怎樣，都如前比喻一樣，作為有識之士也不應愛戀。

> 內腐外皮包，爛屍此自性，
>
> 顯現極醜惡，如何未曾見？

身體裡面腐敗、噁心，而外面用皮膚、衣物包裹以後似乎顯得清淨，但實際上，與扔在尸林中的腐爛屍體相同，自性真正是污穢骯髒、陰森可怖的。唉，人們為什麼不曾見到呢？理當見到。

> 謂皮亦非糞，猶如寶劍性，

中觀寶鬘論釋

不淨身之皮，如何成清淨？

假設有人說：女人像外皮一樣裡面也不是骯髒的，就像寶劍一樣單獨存在。這只是胡言亂語而已，實際上，皮膚也是不清淨的，並沒有單獨存在，而絕對是以不清淨的自性存在著，扔在外面不清淨身體的皮膚，被人們叫做人皮，所有人都把它看作是骯髒的東西，怎麼會變為清淨呢？不可能變為清淨。

卯二、理當譴責：

装滿糞便瓶，外飾亦厭棄，

不淨自性身，髒滿何不厭？

比如，裝滿不淨物的瓶子，即使外面擦得乾乾淨淨，並用裝飾品美化，但也令人感到討厭。同樣，對於由各種骯髒物充滿、具有不淨自性的身體，為什麼不厭棄呢？理由相同之故。理當厭棄而不應貪愛。

若汝賤糞穢，於令淨香鬘，

飲食成不淨，此身何不厭？

假設你討厭外面擦拭的不淨物，那麼將本是清淨的冰片等妙香與花鬘、飲食進入它的內部而變成腐爛不堪的不淨物，對於這般令人發嘔的身體，為什麼不加以厭惡呢？應當厭惡，而絕不該迷亂讚歎、進行沐浴、清理擦拭等。《寶蘊經》中說：譬如，凡愚欲求將炭變成白色而擦拭，結果窮盡而已。同理，愚者雖沐浴、擦拭身體，然亦不能使之清淨，死主最終會將之滅盡。

寅三、思維與女身相同自身亦為不淨：

> 如於自或他，糞便皆厭惡，
>
> 自他不淨身，為何不生厭？

對於無論是自己還是女人等他者灑在外面的不淨物，心裡感到不舒服、厭惡無比，同樣，自他的不淨身體，連同分支、容貌，為什麼不厭惡？因為它無有絲毫優點，所以倍加珍重而貪愛實不合理。《吉祥施請問經》中云：「如是不淨此蘊身，世間慢者誰敬之，具凡愚心彼如前，執持無知嘔吐瓶。」

丑三、故貪女人不合理：

> 如女身不淨，汝自身亦然。
>
> 是故於內外，豈非應離貪？
>
> 九孔流不淨，自雖常沐浴，
>
> 不了身不淨，為汝說何益？

作者教誨道：女人的身色從體性來講本為不淨，你自己的身體也與之相同是不清淨的，因而從裡裡外外而言，對他者與自己的身體，難道不應該要遠離貪求嗎？理當遠離。

原因是：根門或九種孔隙中流出各種不淨物，即便自己每天都直接沐浴、清洗，但自身仍然是如此骯髒，如果沒有通達這一點，那麼我對國王你講說又有什麼利益呢？僅是徒勞而已。因而，理應通達身體為不淨。

丑四、譴責依止、讚歎女人之士：

167

於此不淨身，　美語作讚歎，

嗚呼真偽愚，　嗚呼士所恥。

無知暗遮蔽，　眾生數多為，

求此起爭論，　如為不淨犬。

　　未經觀察而信口開河者貪愛不清淨的女人這個身體，尋思詩人以詩學的形式加以讚歎，運用宛如蓮花、好似青蓮諸如此類的詞藻，實在令人感到稀奇，真是無有慚愧，矯揉造作。嗚呼！愚者由於不了知而蒙在鼓裡。嗚呼！由於本該極力呵斥反而高度稱讚的緣故，唯一是智士所應恥笑的對境。因為顛倒誤解真義而不如實了知妙義遮障內心的這所有眾生，在欲界世間中，雖然也有其他原因引起，但許許多多或大多數都是為了貪戀女人的欲望，而導致部落首領、親友等相互之間發生爭論。這就像為了不淨物所有狗發生衝突而爭執不休一樣。自以為是安樂之因，但實際只是罪業與痛苦而已。《涅槃經》中云：「罪業根源是女人，彼心即是電本性，具有貪心之男士，畏懼之因即女人。」又《勝月女授記經》中云：「貪欲奴隸即砍斷，頭目手足將斷除，以貪墮入眾生獄，以貪轉生餓鬼畜……」

　　子三、破貪女是樂因：

搔癢則安樂，　無癢更安樂，

具世欲安樂，　無欲更安樂。

　　黃水雜症的類別麻瘋或皮癬病，如果用手指搔癢，

則表面似乎有些許利益的安樂，但搔癢只是暫時舒服，因此認識到搔癢並不是安樂以後依靠藥物等去除病患才會真正安樂。同樣，具有追求世間五境欲望的人們，享受欲妙表面似乎快樂，但實際上只是痛苦偽裝的舒適而已，因此，依靠對治而使恰似皮膚發癢病一樣的欲樂銷聲匿跡則更為安樂，所以應當遠離貪執欲樂。《念住經》中云：「喜愛欲樂交歡者，彼將恆常受痛苦，摧毀煩惱之歡喜，彼即恆常享安樂。」

癸三、修不淨觀之果：

> 如是觀則汝，縱未成離貪，
>
> 然由貪薄弱，於女不貪著。

假設承認這一點而觀察身體不淨的自性，那麼國王你縱然並沒有一開始就成就離貪之果，但依靠稍許串習的妙觀察慧，也能使貪欲越來越少而使貪心明顯淡薄，由此不會對女人過分貪戀，到最後甚至自己的妻室也能離開。《念住經》中云：「此世間及他世界，怖因之中女最畏，恆常遠離女人者，此世他世皆安樂。」

壬四（制止貪獵）分三：一、以是今生後世諸苦之因而遮止；二、依止惡行劣友之過患；三、值遇良友生歡喜。

癸一、以是今生後世諸苦之因而遮止：

> 短命怖及苦，地獄根本因，
>
> 以獵野獸例，堅決常戒殺。

169

如同我們自己在其他生世中以殺生的等流果與異熟果就是損害他眾、感受短命，讓別人受到畏懼自己也會感受驚惶失措的恐怖，多病、貧窮等痛苦，異熟報應極其漫長，而地獄的因就是狩獵野獸、斷除命根等，這是嚴重的過患，以此為例，恆常要義無反顧堅決行持能斷除殺生等一切罪業的對治法。《諦實品》中云：「國王汝莫殺生靈，一切士夫最惜命，是故欲求壽無疆，心亦不思殺生命。」

癸二、依止惡行劣友之過患：

> 如塗不淨身，毒蛇極恐怖，
> 依誰令眾生，畏懼彼真惡。

無惡不作的惡友以殺生的鮮血塗抹不淨的身體而血淋淋，令人感到毛骨悚然，就像貪婪血肉的羅剎或毒蛇口中流出毒水唯一損害他眾一樣。依附勤於造罪的凡夫惡友，將令一切眾生恐懼、痛苦，真是可惡至極，因而務必要棄之千里。《毗奈耶經》中云：「依止惡友人，善妙不得見。」《三摩地王經》中云：「恆常隨觀佛陀教，永時莫依罪惡友，廣依一切善友伴。」教誡我們棄離惡友而結交法友。

癸三、值遇良友生歡喜：

> 如湧大雨雲，農夫皆生喜，
> 依誰令眾生，皆悅彼真善。

比如，春季時節，如果雨雲紛紛湧現，主要依此而

第二品　輪番說因果

生存的諸位農夫各個興高采烈，依賴國王等奉行正法之人而得以生存的一切眾生將皆大歡喜，真是善妙無比，依之能成為高尚法行，具足一切法行者，因此何時何地都應依止。

庚三、以棄非法而行正法攝義：

**故應捨非法，不懈依正法。**

綜上所述，對於自他今生來世有害的一切非法，務必要斷除，絕不能馬馬虎虎不辨是非，因而恆時要小心翼翼或一絲不苟，剎那也不做非法之事，唯一修行對自他有利的妙法。《因緣品》中云：「縱未得漏盡，此時莫放逸，如母獸殺獅，放逸而遭殃。」《彌勒經》中云：「不放逸者證菩提，所有一切佛正法，根本之門法理道，即不放逸與精進。」

戊三（復說決定勝之因果）分四：一、無上菩提之主因歸納為三而學修；二、學修成就佛陀三十二相之因；三、隨好因果未廣說之緣由；四、轉輪王與佛陀相好之差別。

己一、無上菩提之主因歸納為三而學修：

欲自世間眾，得無上菩提，

菩提心為本，堅固如山王，

悲心遍十方，不依二邊智。

國王如果希望自己與深處輪迴其他世界的這所有眾生，獲得無上大菩提法王之果位，首先如樹根般的無上

中觀寶鬘論釋

菩提之根本或因即是生起大乘心，而生起大乘心也有四種因，菩薩種姓如果沒有發心，則由善逝或其聲聞勸請；聽講讚歎圓滿菩提及菩提心功德；目睹眾生無依無怙等油然生起悲心；親見善逝之身相後生起歡喜而發心。共有此四種，這是按照《十法經》中所說的。同樣，還有依靠增上緣善知識等與積累資糧之力等修成的世俗菩提心即願行二心，不被違緣所動搖穩如山王。而菩提心的主因即是緣遍及無邊的眾生而願他們離苦的悲心和不依二邊證悟離邊的智慧。所以，要從對這三種主因誠信不移開始修學。《菩提心釋》中云：「未生菩提心，永不得成佛，成辦自他利，非有他方便。」世俗與勝義兩種菩提心或者空性大悲藏是同一含義。這位阿闍黎（龍樹菩薩）的其他教言中也說：「欲入大乘之法門，消除黑暗息熱惱，猶如日月菩提心，經劫精勤方可生。」詳細內容當從大乘經典注疏及《華嚴經》《般若八千頌》等及《入中論》中得知。《慧海請問經》中說：「能得佛果之法有一種，即不著自己安樂之大悲也。」這是前行。聖龍樹菩薩以緣所有眾生的大悲心而造的論典中說：宣說究竟一乘無上菩提之三因這一點，本人在資糧加行位時通達後獲得初地時，現量證悟空性而經行聖道。

　　己二（學修成就佛陀三十二相之因）分三：一、勸勉聽聞；二、真實宣說三十二相；三、結尾教誡受持。

庚一、勸勉聽聞：

> 大王若欲求，大士卅二相，
> 莊嚴汝身體，如是當諦聽。

為了使上面所說的三因在相續中生起增長，務必依賴要積累資糧這樣的方便而趨入資糧道。作者稱呼道大王，如果要以能表示大士佛陀的殊勝功德的三十二妙相而使你的身體也變成莊嚴無比的妙相之因與果相，因果相聯而宣說，你要專心諦聽。

庚二、真實宣說三十二相：

> 敬佛塔應供，聖者及長者，
> 感得手足輪，所飾轉輪王。

如云：「積累一切白法故，棄離一切罪業故，於正等覺出有壞，所謂供依亦讚說。」

1、千輻輪相：這其中的佛陀也運用佛塔之詞，因而對裝有遺體之藏及佛陀的加持所依，佛塔與應供入滅盡定等聖者僧伽以及《俱舍論》中所說的「雖非聖者然而於，父母病人說法者，最後有者之菩薩，供養功德無有量」，父母、堪布、阿闍黎、病人等以及比自己年長者，恭恭敬敬，盡心盡力承侍，能感得震懾他者之威嚴的吉祥手足掌千輻圓滿輪相嚴飾的轉輪王的福德。

> 王恆於正法，穩固真受持，
> 由此當得成，足善住菩薩。

2、足善住相：正如所謂的「以令安住四洲之眾轉入

善法」，希望國王你恆常如實真實履行承諾的誓言，穩固不退真實受持妙法，以此因可以感得成為雙足跟平鋪而善住的菩薩。因而，應當致力學修。

以施與愛語，利行及同事，
感得成吉祥，手足縵網相。

3、手足縵網相：以對一切眾生布施、愛語、利行與同事四攝，具德國王你可以成為具備所有手指中間無有空隙，猶如鵝王般網縵緊連的指紋相者。

施授最上等，極豐之飲食，
感手足細軟，七處隆滿相。

4、手足細軟相：以恭敬施授他眾味道鮮美、營養豐富的上等飲食可感得吉祥手足纖細、柔嫩。5、七處隆滿相：身體高大，雙手背、雙足背及雙肩、後腦無不豐滿，而飽滿隆起，即身七處隆滿相。

不害作放生，感身廣洪直，
長壽指纖長，足跟廣滿相。

6、身廣洪直相：自己以悲心而無有害他之意，並且解救一切待殺的眾生，而感得觀不厭足莊嚴身相，令人賞心悅目，不歪不斜，端直高大。7、指纖長相：隨心所欲住世萬壽無疆，一切手指纖長。8、足跟滿相：足四部分外突即足跟滿相。

弘揚正受法，感吉祥妙色，
足踝骨不露，身毛上靡相。

9、身金色相：自己真實受持的一切句義，毫不吝嗇地加以弘揚，感得非同尋常的吉祥妙色，令人見而生喜。

10、足踝端厚相：足踝骨端厚，不外突不顯露。

11、身毛上靡相：所有毫毛一一右旋上靡。

> 恭敬受與施，工巧等明處，
>
> 感銳利智慧，腨如鹿王相。

12、腨如鹿王相：自己在學習所知明處工巧等一切事之時，恭敬而受迅速而持，也如此授於他眾，你可以成為具有猶如鹿王般股肉纖圓的腨如鹿王相者，並且成為記憶善妙心思敏銳、智慧高超者。

> 若求己財物，以速施禁行，
>
> 感手過膝相，成世間導師。

13、立手摩膝相：當他者索求自己的財物時，來者不拒，速疾施捨，志堅意決，以此禁行可感得立手摩膝、身體輕快，成為世間之導師。

> 親友互離間，真實作調解，
>
> 感吉祥陰藏，密而不露相。

14、陰藏相：真誠調解親友之間相互不和的關係，使之和睦相處，可感得如同大象與神馬一樣陰藏相。

> 博施諸精舍，及舒適臥具，
>
> 感得如純金，極其柔滑色。

15、皮膚細滑：慷慨施授殊勝受用、美妙精舍、舒

中觀寶鬘論釋

適臥具，可感得宛若無垢純金般極其柔滑的金色。

予以無上權，如理隨上師，

感一孔一毛，白毫莊嚴相。

16、身毛右旋相：授予國政等無上的權力，如理依師言教奉行，可感得一一毛孔唯生一毛；

17、眉間白毫相：眉間白毫莊嚴。

言說美悅語，隨順他善說，

汝感肩頭滿，上身如獅子。

18、肩頭圓滿相：聽聞時，令人感到語言優美動聽，思維時令人舒心悅意，心滿意足，隨順他人善說而隨喜讚歎，你可感得肩頭圓滿；

19、獅子上身相：上身平正端嚴如獅子。

服侍患者愈，感得肩臂圓。

本性安穩住，感得最上味。

20、肩膊圓滿相：以為一切患者以藥等服侍護理等使之病癒，而感得肩膊圓滿。

21、得最上味相：有條不紊穩重堅固，為病人施藥等可感得下劣食品進入口中也變成最上妙味的最上味相，就像商人供養世尊與阿難腐爛馬料的公案那樣。

引導如法事，汝感無見頂，

猶如無憂樹⑤，縱廣量等同。

22、無見頂相：自己身先士卒引導行持如法之事，

⑤無憂樹：尼枸盧樹。

由此可感得頂上肉髻善住即無見頂相;

23身縱廣相:如同無憂樹,頂踵之高等於張臂之長的身縱廣相。

長時而言說,真實柔和語,

王感廣長舌,且具梵音聲。

24、廣長舌相:以長期為他眾無有諂誑而說諦實優美柔和之語,國王你,可以感得舌形廣長、展則覆面的廣長舌相;25、得梵音聲相:言語具無邊功德而成具梵音者;或者也可以解說成,梵是指涅槃,與獲得涅槃相同之音聲。

恆常不間斷,宣說諦實語,

感得獅頜輪,具力難勝伏。

26、獅子頜輪相:以了知說諦實語的必要後連續不斷長久唯一說諦實語,可以感得兩頰豐滿的獅子頜輪相,具有魔等他眾難以勝伏之威力,成為語王。

尤為敬承侍,隨理而行持,

感齒極潔白,具澤且平整。

27、齒鮮白相:以無有狡猾之心尤為敬重、恭敬承侍眾生,隨從正理而行持,可以感得所有牙齒極為潔淨、白如海螺的牙鮮白相;

28、齒平整相具有光澤,無有高下的齒齊平相。

無有離間語,長久而串習,

感得四十齒,悉皆齊而密。

29、四十齒相：以不雜離間語、長時修習真實語可以感得上下各具二十齒相；

30、齒齊密相無有內外參差不齊、平等無有縫隙的齒根密相。

> 無有貪嗔癡，仁慈視有情，
> 感得目紺青，睫如牛王相。

31、目紺青相：無有對自方貪執、對他方嗔恨、對中等者愚癡的情況，以願他眾得樂的慈心目視眾生，可以感得雙目具光、猶如藍寶石般的目紺青相；

32、牛王睫相：睫毛濃黑互不混雜的牛王睫相。

庚三、結尾教誡受持：

> 如是略為因，此等三十二，
> 獅子大士相，如此當謹知。

以上這三十二相，是大士牛王獅子（指佛陀）久經數劫由眾多福德所形成的妙相。因此，要心領神會並加以修行。要想修成此因必須以恭敬加行與恆常加行的方式努力精進。修行因的過程，也是隨學先前諸佛的足跡，因果的關係與各果的特點，是以清淨願力銜接的。比如，供養佛時，口誦「善逝如來汝之身，眷屬壽命與剎土，殊勝妙相等功德，唯願我等成如是。」諸如，供養鮮花等，當以「妙好間飾，眾相花敷，行境相順，見無違逆」來印持發願。以此等為例都要了知。尤其是菩薩的一切修行之先，以上述的悲心菩提心最為關鍵。

《華嚴經》云：「如劍法之一切因，先以步法為前導。同理，修學遍知果位故通達一切佛法亦先以真實安住為遍知果發心之殊勝意樂為前導。如幻師之一切事之先應修成咒語悉地，同理，示現一切幻化之佛陀與菩薩一切對境，初當現前成就發心之願，即悉皆成就。如一切配藥以水為前導，同理，菩薩行願一切積資淨障之先以為遍知果發心為前導。如人一切事以命根為先，同理，菩薩真實受持一切佛法，皆以菩提心為前行。」《慧海請問經》中云：「呼氣吸氣是人之命根前行，同理，菩薩之大悲即是真實修成大乘。」

己三、隨好因果未廣說之緣由：

> 隨好八十種，由慈等流⑥生，
>
> 本論恐繁冗，未於王汝說。

能代表其他功德的八十種隨好，即是由願眾生得樂之慈心的同類因所生，關於各自決定的因，唯恐篇幅冗長而沒有對國王你詳細闡述。有關共同之因的詳細內容當從他論中了知。請精進參閱。

一切相好的因——供施、承侍、說真實語等大多數都是由慈悲心所推動。無論上供下施多麼廣大，也不可能與慈心相提並論。《月燈經》中云：「雖供無量盡其多，鋪遍諸剎俱胝數，一切佛前作供養，不及慈心之一分。」由此足可證明，成就相好的主因也是慈悲菩提心。

---

⑥等流：指同類因。

己四（轉輪王與佛陀相好之差別）分三：一、果之差別；二、因之差別；三、宣說比喻。

庚一、果之差別：

> 一切轉輪王，雖有此等相，
> 淨嚴及明顯，不及佛一分。

如果有人問：既然說轉輪王也具有相好，那麼他們與佛陀有何差別呢？

積累大福德的一切轉輪王雖然也具有這些相好，但與諸佛的相好差距懸殊，由於無有違品之垢染，清淨悅意而莊嚴無比，無有能障，一切的一切部分均十全十美，因而明顯、威嚴，是諸佛的相好，而相比之下，轉輪王的相好不及其一分。

庚二、因之差別：

> 輪王盡所有，妙相及隨好，
> 由於能仁王，一分淨心生。
> 百俱胝劫中，專一積累善，
> 亦非能形成，佛一毛孔相。

佛陀與轉輪王相好之因也有著顯著的差別，轉輪王的妙相隨好盡其所有，也是由對能仁王如海功德自性具有清淨心的一分因所產生。轉輪王的相好圓滿之因，歷經百俱胝劫始終如一積累的善根，也無法圓滿形成佛身一毛孔的功德。例如，有一個小孩兒因為以對本師佛陀的信心而供養一捧土也轉成阿育王，有許多諸如此類的

第二品　輪番說因果

公案。

庚三、宣說比喻：

> 猶如日光芒，微似熒火光，
>
> 諸佛之妙相，微似轉輪王。

猶如太陽照耀世界的光芒，與螢火蟲的光相互之間只有微少部分相同。而諸佛的一切妙相與轉輪王也只是部分相似而已。了知這樣的原因後理當對諸佛不可思議功德生起堅定不退的信心。

教王中觀寶鬘論中，輪番說增上生決定勝因果第二品釋終。

## 第三品　積菩提資

丙二（教誡修學無上菩提之因——二資糧）分六：
一、成為資糧之理；二、是何果之資糧；三、教誡積累
二資不懈怠；四、二資之本體；五、二資之分支；六、
積累二資生功德之理。

丁一（成為資糧之理）分四：一、勸勉國王聽聞；
二、福資無邊之理；三、智資無邊之理；四、彼二之果
無邊。

戊一、勸勉國王聽聞：

　　　　不可思福中，出生佛妙相，
　　　　大乘聖教說，大王如實聽。

從大菩提之主因的角度而言，上文中已宣說了三
種，所有無邊資糧可歸集在二資中，因而在此講解。雖
然已經宣說了「如若具足如是身語業而獲得佛果後成為
具如是妙相者」，但卻沒有解釋以何等福德才能成就這
些，所以接下來該加以宣講：由不可思議的福德資糧中
出生佛陀的一切妙相的道理前文中並沒有作闡述，為此
作者以勸勉的口吻稱呼道：大王，要再度諦聽。應當依
照大乘的所有聖教中如何宣說，而如是宣講。

戊二（福資無邊之理）分二：一、真實宣說；二、
雖無量但於所化前說為有量。

己一（真實宣說）分六：一、獨覺等十倍福德資糧
能成就佛陀一毛孔；二、成就所有毛孔之百倍福德成就

一隨好；三、形成所有隨好之百倍福德成就一妙相；四、形成所有妙相之千倍福德成就白毫相；五、形成白毫相之十萬倍福德成就無見頂相；六、形成無見頂相之千萬倍福德成就六十梵音相。

庚一、獨覺等十倍福德資糧能成就佛陀一毛孔：

> 能生諸緣覺，有學及無學，
>
> 無餘世間福，如世無有量。
>
> 以此十倍福，成就一毛孔，
>
> 佛陀諸毛孔，皆與彼同成。

能產生一切世界中安住的所有緣覺、小乘的一切有學聖者及無學阿羅漢的福德以及能產生所有世界無一剩餘之善趣的一切福德，如同世間界無量一樣，也不可估量，以此等福德的十倍數，能成就佛陀的一毛孔，佛陀的所有毛孔均是與之相同福德而形成的。

庚二、成就所有毛孔之百倍福德成就一隨好：

> 能生諸毛孔，所有之福德，
>
> 以彼之百倍，許成一隨好。
>
> 盡彼福德數，感得一隨好，
>
> 究竟即如是，直至八十間。

能生成所有毛孔的百倍福德承許為成就一隨好，盡其福德所有數量，才能形成一隨好，直至最終，都是如此類推，乃至究竟形成八十隨好之間。

庚三、形成所有隨好之百倍福德成就一妙相：

成就八十好，所有福資糧，

　　以此百倍成，大士一妙相。

　　成就八十隨好的所有福德資糧，再換算成百倍，以此成就大士的一妙相。

　　庚四、形成所有妙相之千倍福德成就白毫相：

　　成卅二相因，乃是大福德，

　　此等千倍成，滿月白毫相。

　　成就三十二相的因是廣大的福德，將這些福德再換算成千倍，以此能成就大士額頭眉宇間舒展量達一肘、如海螺般右旋、色如滿月的一白毫相。

　　庚五、形成白毫相之十萬倍福德成就無見頂相：

　　白毫相之福，十萬合為一，

　　能生無見頂，怙主之肉髻，

　　能形成白毫相的這些福德換算成十萬倍，合而為一，能生如何觀看也不現、如何衡量也不能盡、怙主佛陀的無見頂相。關於無見頂相，有這樣的歷史：從前，有一名叫持力的聖者其神變於上方無量世間界已到盡頭，但仍不見能仁的頂髻之巔。

　　庚六、形成無見頂相之千萬倍福德成就六十梵音相：

　　成頂髻相福，廣大千萬倍，

　　當知能生一，十力者法螺。

　　以成就無見頂相的福德廣大千萬倍可以成就十力者

佛語深密具六十分支的梵音聲中的一支。大目犍連去往西方無數世界也聽得到佛陀的語聲。由此也可了知這種功德。

己二、雖無量但於所化前說為有量：

> 此福雖無量，然如說十方，
>
> 世界皆十倍，略言具限量。

如是成就佛陀功德的福德雖然無有限量，但正如上述的世間福德十方無邊無餘周遍說成是它們的十倍一樣，佛陀的功德儘管不能定量一概說成「僅此而已」，然而相應所化眾生的意樂，只是為了令他們生起信心、趨入解脫道，而大略說具有限量罷了。

戊三、智資無邊之理：

> 佛陀色身因，亦如世無量，
>
> 爾時法身因，如何有所量？

何時佛陀的色身之因也如世間無邊無際一樣，不可衡量，爾時，具二清淨的法身因——智慧資糧又如何能有所衡量的呢？因為無邊之故。

戊四、彼二之果無邊：

> 一切因微小，尚生廣大果，
>
> 佛因無有量，難思果有量。

譬如，無憂樹或尼枸盧樹的種子如芥子般微小，但從中能生出枝繁葉茂、樹蔭可容納國王及四大軍隊乘涼其下，同樣，一切果的因儘管微乎其微，但尚能生出廣

大之果，那麼成佛之因不可估量，實在難以想像果有限量，因為以思維無法估量「至此為止」。比如，依止殊勝對境的善法無論如何微小，但能出生無窮無盡的果報，統治四大洲的我乳國王曾在三十五代與天王帝釋分享天界的榮華富貴據說也是供養七顆豌豆的果報。成佛的因是菩薩與菩提心，菩薩以善巧方便使一切事無不成為資糧，如《經莊嚴論》中云：「具諸大方便，惑成菩提支……」總而言之，堪為菩薩方便與智慧之本體的二資糧不是由方便、智慧單方面所成就的，智慧以外的布施他眾等五種及四攝等方便的一切資糧稱為能攝集修行剎土、成熟眾生、眷屬受用廣大、神通、幻化等一切增上生法的善根，智慧是能肯定、清淨此等方便無倒自性的因。尤其關於以菩提心普皆迴向的善根增長力，《寶篋經》中說：「文殊，種種妙藥以四大攝持而得增長。文殊，如是善根若皆以菩提心攝持而迴向遍知佛果，則得以增上。」以這種方式在無數劫中積累資糧的果報誰衡量也無法測度。

丁二、是何果之資糧：

> 諸佛之色身，由福資所成，
> 法身若攝略，由慧資所生。
> 是故此二資，獲得正覺因，
> 如此總言之，恆依此福智。

對於某果安立某因，上述諸佛的色身是以無緣智慧

作為俱有緣，由近取因有緣福德資糧所形成，因為是歷經多劫積累資糧的果報。法身之因雖然不可估量，但歸納而言，即是由多劫修行無緣甚深智慧資糧所生。為什麼呢？因為十力、四無畏等一切智慧本體的法，成辦一切利益，如身體般而稱為身，其近取因是智慧資糧，其他資糧的一切事也是俱有緣。

因此，浩如煙海般的這二大資糧，是獲得無上佛果之因，欲求迅速獲得佛果依靠這樣的因而成就。總而言之，希望恆常依止這些福德、智慧資糧。

第一頌是表示是何果之因，第二頌教誡依止二資糧，應當按照《六十正理論》中所說的迴向偈而了知。如《無惱龍請問經》中云：「依何緣生彼未生，彼生自性並非有，依緣之法彼空性，誰知空性即智者。」阿闍黎龍樹菩薩在《正理集》中所闡述的諸法唯是緣起如幻所有的內容，歸納而言，如此來推理：所知（有法），自性空性（立宗），是緣起故（因），如影像般（比喻）。無自性也就是，無而顯現無欺緣起，如同影像。務必要通達遠離承認「絕對有、絕對無」二諦無別的真如。之後緣成辦二利之果而互不分離，反反覆覆修行緣顯現許的布施等福德資糧以及無有耽著三輪等分別念、證悟離戲之智慧資糧，猶如良種的苗芽一樣。以成就所成的無欺緣起能獲得二身雙運任運自成之果。

有些對此頗為精通之人承許說：「基中觀二諦雙

中觀寶鬘論釋

運、道中觀二資雙運、果中觀二身雙運。」如果是中觀，就是離戲，而絕不是無遮單空。所謂的戲論，就是說耽著有無、三時的心境，緣起顯現許如是不成立，因此說，除顯現許外單獨的中觀或空性不存在。

丁三（教誡積累二資不懈怠）分三：一、略說；二、廣說；三、攝義。

戊一、略說：

> 由正理教說，令得安慰因，
>
> 成就菩提福，於此勿懈怠。

第三品　積菩提資

由無需感受身心的眾多痛苦、能輕而易舉積累資糧的正理和以三觀察清淨、能賜予定解的諸多大乘教中所說的發心與積資能使補特伽羅獲得歡喜與安慰的這一原因，將對積累資糧生起莫大的喜悅之情。由於福德資糧決定是成就無上菩提的因等，因此，作者教誡道：對此，切切不可懷有「如果僅積累無邊資糧則不能成佛」的怯懦心理而懈怠。依靠如上所說微小的因，能生廣大資糧的道理以及慈悲菩提心隨喜他者的善法、普皆迴向等菩薩的善巧方便的不共特色，無有困難而集聚資糧。如果生起懈怠的對治法——精進心，則依靠人的身分迅速可成就大菩提。經中說：妙臂，此外，菩薩如是真實迴向，成為獅子、猛虎、豺狼，甚至變成蚊蠅之此等眾生尚且亦將成就真實圓滿正等覺，何況已轉成人，縱為生命何故退失獲得圓滿菩提之精進？萬萬不可。《宣

188

說夢境經》中云：「功德縱然何等微，以勝心攝得菩提。」與其他眾生相比，轉生為人更為榮幸，堪為了知方便的殊勝法器，因而如果內外順緣具足，那麼輕易便可成佛。正是考慮到這一點，（至尊彌勒菩薩在）《經莊嚴論》中說：「轉為人眾生，無量一剎那，得圓滿佛故，切莫甘怯懦。⑦」

戊二（廣說）分二：一、教誡於福德資糧不懈怠；二、教誡於積二資糧不應懈怠。

己一（教誡於福德資糧不懈怠）分三：一、發菩提心之福德無邊；二、以彼因而易得佛果；三、因具四無量故易成佛。

庚一、發菩提心之福德無邊：

　　　　諸方虛空地，水火風無邊，
　　　　如是許苦難，有情無邊際。
　　　　菩薩以慈悲，於彼無邊眾，
　　　　救離諸痛苦，決定置佛位。

如《普賢行願品》中所說：「乃至虛空世界盡，眾生及業煩惱盡，如是一切無盡時，我願究竟恆無盡……」不可估量的所有十方，虛空無量無邊，如是地水火風都是無邊無際，同樣承許，苦難重重的輪迴有情也無邊無際。大王，諸位大尊主菩薩以慈悲心驅使（發心），付諸行動（加行），將所緣境不可思議、茫茫無邊的

─────────────────
⑦唐譯為：人身及方處，時節皆無限，三因菩提得，勿起下劣心。

有情從輪迴與惡趣的痛苦中解救出來，直接、間接必定安置到佛陀的果位。

從發殊勝菩提心開始就要披上堅忍不拔的盔甲，再這樣去身體力行。此外，關於菩薩的擐甲精進至高無上，《無盡慧經》中云：「不以『於此數劫中披上盔甲，於此數劫中不披盔甲』劫數計算希求菩提，而披上不可思議之盔甲，僅此輪迴之如此多前際成為一日，如是十五日為半月，三十日為一月，十二月為一年，以此年數計算，於十萬年間，發一菩提心，見一善逝阿羅漢真實圓滿正等覺，以此數計算發恆河沙數菩提心，見善逝，而了知一眾生之心行；以此數計算亦為一切眾生發心，見一切善逝縱成了知一切眾生之心行，然不怯而披盔甲乃菩薩無盡之鎧甲。」《經莊嚴論》中云：「佛子以大勤，成熟有情眾，為他一善心，百億劫不厭。⑧ 」菩薩的甚深密行不是他眾的行境，以這樣的誓願而行。《華嚴經》中云：「寧願唯我受痛苦，而我不願令一切眾生墮入惡趣，縱然我於此自投羅網，也應從地獄、旁生處、閻羅主手中贖回一切眾生。我為一切有情，願將一切痛苦受蘊自身感受。我於有情說正直真實語，願為眾所信賴，真實不欺。我不捨一切有情，何以故？我緣一切有情發菩提心，如是為一切眾生悉皆解脫，非貪自樂而真實趣入無上真實圓滿菩提⋯⋯」其中（對菩薩大

---

⑧唐譯為：久劫行上勤，利物心無退，今生一念善，況欲善無量。

願）作了廣述。

庚二、以彼因而易得佛果：

> 如是堅定者，無論醒或眠，
> 自真實受起，縱有放逸時，
> 有情無邊故，常積無邊福。
> 由彼無邊因，不難證佛果。

我們要清楚，立下誓願的菩薩如此堅定不移，無論醒覺還是睡眠，從真實受此誓願起，縱然有心不專注善法而放逸的情況，但由於輪迴的一切有情無邊無際的緣故，如同眾生無邊一樣，菩薩也成了恆時積累無邊福德。因為具有無邊的因，所以具無邊功德的佛果不難獲得。也就是說，我們必須盡心盡力立下不捨發心的誓願。《吉祥鬘獅吼經》中云：「誰為菩提而精進，彼等猶如山王般，高聳極堅不動搖，切莫捨棄所立誓。」關於發菩提心的功德，《吉祥施請問經》中云：「菩提心福德，設若有形色，遍滿虛空界，較彼更超過。」詳細內容當從《華嚴經》等中了知。菩提心誓言堅定者所作的善根相續不斷，《華嚴經》中云：「我若為利樂無邊群生而披上盔甲，則緣利樂一切有情無邊的善根無邊，縱放逸或沉眠，然於晝夜中心之剎那始終增長至圓滿。」這是因為菩提心的習氣存留在意識中而不間斷隨從的緣故。此論和《入行論》第一品中所說的一切內容都來源於此。

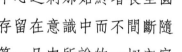

庚三、因具四無量故易成佛：

　　　誰住無量時，為無量有情，

　　　求無量菩提，欲無量善法。

　　　菩提雖無量，以四無量資，

　　　無需長久時，何故不獲得？

　　任何菩薩在輪迴不間斷期間安住無量劫，為了無量
有情脫離痛苦，而欲求獲得具無量功德的大菩提果，想
成辦二資糧所攝的無量善法。儘管大菩提果不可估量，
但以上述的四種無量的無邊資糧，不歷經長久時間為什
麼不能獲得呢？必定能獲得，為此不應該畏懼經劫漫長
與眾生無邊而要生起歡喜心。《未生怨王除悔經》中記
載：「從前，威嚴佛及二位大弟子化緣途經路邊，有三
個孩童在玩耍，他們對佛生起信心而供養各自的裝飾
品，兩個小孩緣二大弟子而發願說「願我們變成他們這
樣」，一個小孩緣佛而發願說「願我變成他這樣」，結
果這個小孩先成佛而成為釋迦佛，另兩個小孩成為他的
二大弟子，依靠佛陀講經說法才獲得阿羅漢果位。當
時，世尊說：「倘若欲求迅速涅槃，當為遍知佛果而發
心，快速之乘即是大乘。」這說明，供養對境與供品雖
然相同，但是由發大乘心所牽引導致果有著天壤之別。
親睹佛陀的身色後起信心而發菩提心也是如此。《般若
攝頌》中云：「菩薩欲求久流轉，勤眾生利修剎土，厭
心塵許亦不生，彼精進度無懈怠。」

己二（教誡於積二資糧不應懈怠）分五：一、總說以二資能消除身心痛苦；二、以福德消除身苦；三、以智慧消除意苦；四、無有於積資生厭之因；五、宣說大悲之威力。

庚一、總說以二資能消除身心痛苦：

> 依於無邊福，以及無邊智，
>
> 迅速能消除，身心之痛苦。

對於修行大菩提懈怠實不合理，原因是，從無始以來迄今為止，只是為自利而樂於成辦輪迴的瑣事，才給自己帶來無邊的痛苦，而成辦二利的方便絲毫也不具備。雖然沒有迅速獲得佛果而在資糧道、加行道，儘管也會因以前的業力以及眼前所犯的墮罪而導致痛苦，但菩提心的威力非同尋常，正如以劫末火的比喻以及英勇護送者的比喻等宣說利益的那樣。作為證悟諸法無生的聖者來說，不存在由業力牽引等情況，因為具有無邊福德資糧與智慧無邊資糧的對治力，能無餘快速消除菩薩的身心痛苦，所以要萬分喜悅而精勤。

庚二、以福德消除身苦：

> 罪感惡趣身，遭飢渴等苦，
>
> 彼止惡修福，他世無苦楚。

積累資糧不會感受身苦的道理是這樣的，造罪而投生惡趣，身體遭受飢渴、寒熱等無量痛苦，菩薩不造罪業而以積資的福德如果投生其他世間，則唯一享受安

193

樂，而絲毫不會遭受惡趣等苦。經中云：「福德能得解脫勝，福德世間得美名，杜絕惡趣獲善趣，是故無上尋福德。」

庚三、以智慧消除意苦：

> 由癡生意苦，貪嗔怖欲等，
>
> 彼依無依慧，迅速得消除。

積累二資也無有意苦的憂惱，對一切萬法遠離有無邊見離戲實相之義愚昧不知而導致意苦，追求對境的貪心及對魔障等的恐怖、希望獲得他財的欲望等無有止境地萌生而心煩意亂，菩薩積累資糧而無有迷現的痛苦，他憑著通達諸法之根本、基、所依無有自性之實相義的智慧而遣除愚癡，再以獲得穩固之力也就能快速斷除意苦。如同了知幻化的軍隊一樣。正如《般若攝頌》中所說：「知眾迷如獸入網，智者如鳥翔空中。」菩薩尚且對滅諦的安樂也不貪著，更何況說輪迴的快樂呢？由於了達苦樂的事物無實，也不會對痛苦心驚膽戰。《月燈經》中云：「不應貪安樂，不應拒痛苦。」

庚四、無有於積資生厭之因：

> 若以身心苦，全然損無害，
>
> 乃至世間際，引世何厭離？
>
> 苦短尚難忍，何況時久長？
>
> 無苦安樂時，無邊有何妨？

無有痛苦所惱者，正像剛剛所說的那樣，根本無有

身心痛苦的損害，也就不存在絲毫心生厭離的原因。假設菩薩乃至世間流轉期間一直安住，而引導所有世人脫離輪迴苦海，怎麼會生起厭離心呢？絕不會厭離。《經莊嚴論》中云：「觀法如知幻，觀生如入苑，若成若不成，惑苦皆無怖。」例如，對於被身心痛苦所折磨的人們來說，即便時間很短暫，尚且也覺得漫長而難以忍受，那麼長期受逼迫就更不言而喻了，就像重病纏身者的晝夜一般。菩薩無有身心痛苦，始終享受安樂，縱然在遙遙無期的時間裡安住又有何妨呢？完全心甘情願而無有一絲一毫的不情願，因而不容置疑，理所應當兢兢業業積資而不應懈怠。如同健康之人的晝夜一樣。為什麼呢？一旦由修成一劫顯為一刹那並能接受痛苦的同類因可以獲得苦轉為樂的等持。《父子相會經》中說：「世尊，具有於諸法轉樂之等持，何者獲得此等持，彼菩薩於所緣之諸法皆感樂受，亦不曾感受非苦非樂之等捨，雖遭有情地獄折磨，也安住在樂想之中……」其中有廣說。

庚五、宣說大悲之威力：

> 既無身之苦，豈有意之苦？

> 彼憫世間苦，長久而安住。

如果有人問：那麼，菩薩絲毫也無有內心的苦惱嗎？

自利的痛苦絲毫也無有，

既然不存在身體的痛苦，又怎麼會有內心的痛苦呢？少許也無有，理由前文中已經說明。然而，菩薩以大悲力憫念世間不離痛苦而傷懷，這是殊勝善舉而不是不情願之義。菩薩是以大悲而長久住於輪迴中，《入行論》中云：「惡斷則無苦，智巧故無憂，福德引身適，智巧令心安，為眾處生死，菩薩豈疲厭？」菩薩為利益他眾而安住輪迴的原因僅是憐愛可悲的有情而已。

　　戊三、攝義：

> 故成佛經久，智者不懈怠，
>
> 為盡罪功德，恆常當勤此。

　　由於遠離身心二苦的緣故，希望遣除眾生痛苦的異生位者雖說獲得成佛時間經久，但所有具有智慧的人應該堅持不懈，為滅盡罪惡、獲得功德，要恆常精勤積累二資，得地之後便具有一剎那也能積累多劫資糧的方便，因此獲得「若想則七天即可成佛；若想則可獲得累劫安住」的自在。如果證悟輪涅等性的見解，那麼輪迴就成了寂滅的安樂，以大悲心安住在如夢有情為迷亂顯現的痛苦所逼迫的輪迴中毫不費力地積累資糧。關於此理，《經莊嚴論》中云：「自德利眾喜，故意幻化生，（自嚴及自食，園地與戲喜，如是四事業，）悲者非餘乘。」此外，如果不喜大乘的見行並懼怕輪迴於是背道而馳，則儘管僅僅捨棄輪迴的因果也將墮入寂滅之邊。彼論又云：「捨發心之士，得利他心法，見勝大密義，

棄樂趨寂滅。⑨」

丁四（二資之本體）分三：一、教誡離違品而依本
體；二、三毒與相反之果；三、真實二資。

戊一、教誡離違品而依本體：

了知貪嗔癡，是過盡斷除，

知無貪嗔癡，是德敬依止。

作者教誨道：了知平庸而貪求欲望之對境的貪心、
怒氣沖沖的嗔心與不知取捨的癡心是眾多痛苦的來源而
成為大過失後要徹底予以斷除；了知無貪、無嗔、了達
實相而無癡的善根是一切功德的源泉後要恭敬依止。

戊二、三毒與相反之果：

由貪轉餓鬼，以嗔引地獄，

癡多成旁生，相反得人天。

以上述的一切罪惡僅說是墮惡趣，而於此具體分析
來說明：

貪執受用等而轉生餓鬼界，以加害他眾的嗔心而引
入地獄，以愚癡雖有引至善趣的情況，但大多數投為旁
生。以與之相反的三種善根則獲得天趣及人趣。斷除三
毒所生一切業的善法暫時獲得天、人身分，究竟得證菩
提。《三摩地王經》中云：「以不淨觀常息貪，以安忍
力除嗔恨，依智慧力遣愚癡，將獲佛讚之菩提。」

戊三、真實二資：

中觀寶鬘論釋

---

⑨唐譯為：思利及得方，解義亦證實，如是四時樂，趣寂則便捨。

197

捨過取功德，是增上生法，

以智盡執著，乃決定勝法。

捨棄三毒的一切過失，取受三種善根的功德，暫時
是擺脫惡趣增上生之法，成為以菩提心所引發的福德資
糧，無誤了知緣起之義而盡除對萬法之實執的一切方
便，是決定勝之法，稱為菩薩智慧資糧。我們應當認識
到貪等所生的不善業及無貪等所生的有漏善業等如夢之
理，《宣說諸法無生經》中云：「不緣貪心如是瞋，癡
心永時皆不緣，了知諸法如虛空，誰知此理成君主。」

丁五（二資之分支）分二：一、略說；二、廣說。

戊一（略說）分二：一、福德資糧之分支；二、智
慧資糧之分支。

己一（福德資糧之分支）分三：一、興建應供境；
二、供養應供境；三、遮止供非應供處。

庚一（興建應供境）分二：一、新建應供境；二、
供養已有應供境。

辛一、新建應供境：

興建起敬仰，佛像與佛塔，

壯觀之經堂，廣設敷具等。

諸寶所鑄造，形狀極莊嚴，

佛像端坐於，精製蓮花上。

國王你要大力興建令人肅然起敬、由珠寶等材料所
造的佛像，裝有殊勝舍利的佛塔、諸多經典存放的僧眾

第
三
品

積
菩
提
資

經堂，要做到材料美觀、布局雄偉壯觀，廣泛鋪設僧眾所坐的敷具，並且安排管理員等，飲食用具要應有盡有。暫且不說珍寶材料所造的大型佛塔，甚至由下等材料造小泥塔，哪怕中柱只有針大小、頂蓋僅有松樹葉大小，福德也不可估量。《白蓮經》中云：「何者壁面色圖畫，百福德飾圓滿身，自繪抑或令他繪，彼等皆將得菩提。」

　　精心建造由種種珍寶所成的佛像、形狀莊嚴，端坐在能工巧匠精心繪製的精美圖案蓮花墊上，由所有寶珠莊嚴得賞心悅目。《華嚴經》中說一切文字經函是法身的舍利，也就是色身。一切佛像等是由眾生的福報、緣分（和佛陀菩薩的）願力及大悲而化現的。《白蓮經》中云：「化現諸多佛像已，饒益眾生行善法。」所謂的泥塔小像，是殊勝法身的影像或者真正色身、工巧所成，遇到這一切，就等於現見佛陀，而智慧法身不會顯現於我們前眼。對此，經中云：「善逝無窮盡，善法如影像，真如善逝無，世人見影像。」自己的心如果能平等起信，那麼所依無論怎麼也好，都會獲得真佛的加持，這樣的教證與公案多之又多，因而應當心生歡喜。如《繞塔功德經》中云：「供養現在我，供未來舍利，平等起信心，福德無差別。」

　　辛二、供養已有應供境：

　　　　殷重而護持，正法比丘僧。

殷重而護持先前已有的正法經典與比丘僧眾，使之飲食、資具免遭怨敵損害。經中說：如若恆常不斷修法施、無畏施與慈悲心，修復陳舊腐朽之所依，則暫時也獲得長壽、不為魔害等廣大利益。又云：「現見佛塔已，何者復修造，是故具大力，身高無畏懼。」

庚二、供養應供境：

> 黃金寶瓔珞，佩諸佛塔上，
>
> 金剛金銀花，珊瑚及珍珠，
>
> 帝青吠琉璃，藍寶供佛塔。

如云：「世間所有樂，皆供三寶生。」以許多精美金頂、珠寶瓔珞佩在所有佛塔上。金銀材料所做的美花與金剛寶、珊瑚、珍珠各種奇珍異寶、帝青寶，及由這所有珠寶所成的吠琉璃、藍寶石供養佛塔，在佛塔上繫上美花等，塗敷妙香，如此這些的等流果暫時長久獲得的利益，經藏及律藏中有許多公案。《花積總持經》中說：「遊戲獅子當知，善逝阿羅漢、真實圓滿正等覺具無量功德，是故供養其之異熟也無量；遊戲獅子，善逝無論安住抑或涅槃，一切供養者即如是，以三乘中一乘而涅槃；遊戲獅子，見善逝阿羅漢真實圓滿正等覺而心得清淨，以清淨心供養、承侍財和妙衣等一切，當知何者若於具善逝涅槃之芝麻許舍利佛塔作供養，其異熟與前等同。於善逝之供養無有分別或他體。」又云：「遊戲獅子，供養善逝百年抑或千年，以一切舒適資具承

侍，或者，何者於善逝涅槃之佛塔，以菩提心真實攝持而供養一朵鮮花或者撒一捧淨水或者香水或者花片或者塗香後以歡喜心駐足言『頂禮佛陀出有壞』，遊戲獅子，依此功德彼者經劫或百劫或千劫，甚至十萬劫中也無倒墮惡趣之處，於此不應生懷疑、疑惑、猶豫。」

於諸說法師，供養及承侍，

做生歡喜事，六法敬依止。

此外，對修行正法與講經說法者供養，以妙衣等物品及鋪設坐墊等恭敬承侍，做令他們歡喜的一切事，以前面所說的六法畢恭畢敬依止。

事師而恭聆，服侍與問訊，

及諸菩薩前，恆常敬供養。

講法時，以承侍上師的方式恭敬聆聽，做他們的隨從等，盡力奉行他們需要的一切事，問訊請安，菩薩無論身分好壞，都是包括天人在內的應禮處、應供處。因此，對於不是為自己講法的一切菩薩，也要恆常恭敬而以所作所為供養。《東山部律儀》中說：「舍利子言：『世尊，於初發心菩薩亦應頂禮；甚轉為旁生之菩薩亦頂禮。』」

庚三、遮止供非應供處：

莫於他外道，敬供及頂禮，

愚者依彼緣，將執具過者。

大王，你切莫對大自在天等所說的其他外道本師及

201

眷屬，心生恭敬，身體作供養、頂禮等。如此一來，不了知功過差別的愚者們依靠你恭敬他們為緣，就會貪執諸如自在天之類具有貪等過患的補特伽羅而棄此佛教而成為外道徒。由此我們也應該知曉捨棄冒充善知識而宣說顛倒之法的人。《毗奈耶經》中云：「二大尊者，了知外道的一切本師顛倒說法後說道：『劣慧顛倒說，共稱為劣道，彼法若如是，非法將如何？』」應當按照此中所說而捨棄諸如此類的事。

己二、智慧資糧之分支：

> 繕寫佛經典，彼生之諸論，
> 先前當惠施，經函及筆墨。

如果有人準備繕寫佛陀的經典及以佛陀為增上緣所形成諸如《寶鬘論》一類的所有論典，那麼所用的經函、紙張也要相應施予。用於寫書如海智慧資糧法身舍利的優質墨汁、筆要提前奉送。《寶積經》中云：「於無財物者，施法佛倍讚。」因此，務必要努力奉行。

> 境內辦學堂，師資⑩諸事宜，
> 田地定當賜，為智得增長。

自己的境內興辦學堂，教授讀誦、書寫、算數等的教師薪水之事宜，住宅等以及剛剛講的田地要賜予，以此他們的生活水準與安定住留得到切實保障，這是為了自他智慧資糧全面得以增長的方便，因而要不間斷行

---

⑩師資：這裡的師資是指教師的工資。

持。以此將迅速輕易實現一切所願。《方廣莊嚴經》中云：「具福之人成所願⋯⋯」《阿育王降龍品》中云：「奇哉供三寶，見此果如何，海內安住龍，我調制服也。」又云：「自欲得功德，諸天及人眾，真供圓滿佛，無生無流轉⋯⋯」其中宣說了許多這方面的道理。

戊二（廣說）分二：一、福德資糧之分支；二、智慧資糧之分支。

己一（福德資糧之分支）分四：一、施捨自財之十四資；二、利他方便相應施捨；三、布施一切無主物；四、布施求援之特殊對境等。

庚一、施捨自財之十四資：

以十四頌宣說：

　　　　為除老幼病，有情之苦惱，

　　　　於境醫髮師，賜田令安居。

一、為了消除年邁老人、未成熟的幼兒、四大不調的病人這些有情疾患等痛苦，對自己境內治病救人的醫生、理髮師，將自己擁有的田地部分收入或薪水妥善給予，令他們安居樂業。

　　　　旅舍及花園，橋池議事廳，

　　　　泉榻食草木，令慧巧匠造。

二、城鎮、道路的交通要塞，旅客落腳的旅店，城市中心草坪四周圍繞，種植花草樹木等的花園、湖泊等內部相互交錯等處中間隔開，用石頭砌成通道的橋梁，

中觀寶鬘論釋

沐浴的水池以及來來往往等聚會議事的總會廳，公共飲用的水泉、床榻、臥具、飲食、草木等所需的用品，命令明確了知或者通曉這些有聰明才智的人來建造。

於諸村寺城，修建集會處。

三、在有一戶等的村落、放置佛典的寺院、具有四種姓及商業等的諸城市中要修建總的會議廳。

於諸缺水路，令人造水渠。

四、在缺少水的一切道路，要命人建造水渠。

於病無依怙，苦逼下劣者，

悲憫恆攝受，撫育敬親近。

五、對於病人等無依無靠、因病而痛苦不堪憂愁可憐、種姓下賤、窮困潦倒、勢單力薄等軟弱無能的眾生，國王你要以悲憫之心恆常攝受、庇護而撫育、保護他們，行為要做到彬彬有禮親近他們。

應時之飲食，啖食穀水果，

乞求彼等士，施前用非理。

六、適合歲月時節，冬暖夏涼新鮮合意的飲食、啖食、五穀雜糧以及水果，當諸位比丘與乞討的人前來索求這些物品時，在沒有給予他們之前，國王不應該自己先享用，因此要先作供施。

靴傘濾水器，除刺之用具，

針線及涼扇，置於涼亭中。

七、為了方便無有靴子的人、遭受酷熱等逼惱者，

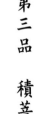

將靴子等、傘、過濾器、拔刺的用具及零碎的用品，針線、消解熱惱的涼扇這些都要放置在水閣亭處。

　　三果與三辛，酥蜂蜜眼藥，

　　消毒置涼亭，亦書咒藥方。

　　八、訶子、毛訶子、餘柑子三果，與生薑、蓽撥、胡椒三辛，酥油、蜂蜜，眼藥以及消毒藥、藥布也要放在涼亭處，簡略書寫僅僅念誦也去病的咒語、四百零四種藥方提供給眾人。

　　塗身足頭油，搖籃及糊羹，

　　瓶盤板斧等，請置涼亭中。

　　九、為了旅客，身油、足油、頭油、嬰兒的搖籃、像稀粥一樣的麵糊、取水的瓶器以及盛肉等用的盤子，劈柴等的板斧等，急需的物品，請放在涼亭等處。

　　芝麻米糧食，糖油皆具足，

　　淨水所裝滿，小缸置涼處。

　　十、為了方便煮飯、熬粥等，裝有芝麻、大米、雜糧、食品、糖、油的小缸以及裝滿淨水的缸放在無有陽光的陰涼處。

　　蟻穴之洞口，食水糖穀堆，

　　恆常記心中，亦為眾人行。

　　十一、有許多螞蟻出沒的洞穴口，要堆積食品、水、糖、五穀雜糧等，恆時不要忘卻而記在心中，國王你也隨心隨力為所有人提供方便。

中觀寶鬘論釋

餐前與餐後，恆常於餓鬼，

犬蟻鳥類等，隨意施飲食。

十二、在自己用餐之前及完畢之後，將殘羹剩飯布施給餓鬼、狗、螞蟻、鳥類等，對他們隨心隨力常常施捨飲食。

災害飢饉年，壓迫及瘟疫，

戰敗之領地，廣攝諸世人。

十三、對於受到敵人怨家等侵害、莊稼遭到冰雹等摧殘，此外各種損害紛紛出現，惡性瘟疫、被敵所毀等慘遭失敗而成為可憐對境的世人們，以飲食等種種方便廣泛呵護、攝受。

於諸苦農夫，攝以種子食。

十四、對於悲慘的農夫，要以種子、食物來攝受。

庚二、利他方便相應施捨：

廢除強賦稅，分支皆消滅，

賑災而濟貧，減免關卡稅。

先王強制下令的徭役、沉重的賦稅都是不應理的，因此要全部廢除。莊稼的所有分支稅也要一概減少，要全力以赴賑濟因負債累累而受難的災民們。新王所制定有害他眾的船費、關卡稅、經過關卡要道等處的旅客們的稅收都要免除，過分的關卡稅等也要消滅。

彼等門前候，苦難亦當除。

自境或他境，盜匪須平息。

206

商人從他鄉而來時，要在財物上蓋印，那些商販在門口等候被拒之門外所受的嚴寒酷暑等苦難也要予以解除。國王對於自己境內或他地的所有盜賊土匪要千方百計給予平息。

貨潤須平衡，價值令合理。

當財物多少均衡之時，不能將價值控制得過高，商品的利潤也要趨於平衡。如果（國王發現）物價不平等，就取消（經營者所定的）平等價格。如果價格同等，那麼消除低價使之合情合理。

群臣所稟奏，自當皆知曉，

有益世人事，一切應常做。

如凡利己者，汝即有恭敬，

凡謂利他事，如是汝敬之。

對你多費口舌又有什麼用呢？你要認真聽取群臣的稟奏，當然也可能會有危害世間的啟奏，因此對於他們的所有奏摺與想法，要全面觀察而做到瞭如指掌，作為國王你自身唯一為世界著想，所以，凡是有利於治國安邦、世界和平之事要恆常成辦。對於他人所言與自己的事業也必須三思而後行。《本生傳》中云：「如汝利益眾生者，入於非正士之道，輕視而為實非理，三思而行方合理。雖有過亦現似善，善妙亦見稍非理，未經殊勝理觀察，不曉需事之分寸。」如同凡是說「對你自己如何如何利益」，你都予以重視並恭敬一樣，對於凡是說

「如何如何利益他眾」的事情，國王你也應當唯一為他利著想而恭恭敬敬集中精力去做。經中云：「見喜菩薩白佛言：世尊，菩薩竭力令眾生見即生喜如是當為。何以故？世尊，菩薩非有他所為，普皆成熟眾生而行持……」要依照此中所說而行持。

庚三、布施一切無主物：

> 如地水火風，藥草及林木，
> 自於一須臾，令他隨意用。
> 若行七步頃，懷捨諸物心，
> 菩薩所生福，無量如虛空。

此外，如同無主人所擁有的地、水、火、風，以及藥、林苑的樹木隨意令他享受一樣，大王自己的身體、受用一切如果根本不成立，則也應當於一須臾間，不執為我所而讓他眾隨心所欲享用。《無愛子請問經》中云：「於何物不應有不捨心、不布施心。」由於不耽著受用並以捨心布施的緣故，甚至在行七步期間，儘管行為上沒有做到，但對受用的一切財物懷有施他捨心的菩薩，所生福德資糧如虛空般不可估量，所以理應如是而行，而不應執為我所。《稀有智慧經》中云：「彌勒，普皆依止、修習捨心，若能屢次作意，則將圓滿布施。」《寶雲經》中云：「若問何為布施度，即思維一切財物以及果施捨於他眾。」

庚四（布施求援之特殊對境等）分三：一、布施人

第三品 積菩提資

之依據；二、布施其他求援者；三、合法布施。

辛一、布施人之依據：

　　　　貌美之女兒，若賜所求者，

　　　　依此分別得，受妙法總持。

　　　　往昔大能仁，同時而賜予，

　　　　八萬裝飾女，及一切資具。

如果有人認為：布施女兒是遮止的吧。

並非遮止，如果國王將自己貌美端莊的女兒等以珍寶飾品精心打扮而賜給諸追求者，那麼依此布施將分別獲得圓滿受持妙法之名義的總持。可以這樣布施有據可依，大能仁在昔日成為無邊稱法王等時，將佩帶奇珍異寶諸裝飾品的八萬美女連同她們所需的服飾等一切資具一併賜予他人。因此，這種布施是合理的。《十地經》中云：「何時千數轉輪王，爾時連同海諸地，四洲珍寶遍充滿，我供先前諸佛陀。為徹尋覓法身故，昔日悅意且珍惜，彼等物我無不捨，多劫惜命尚布施。」

辛二、布施其他求援者：

　　　　種種光亮衣，及諸裝飾品，

　　　　香鬘諸受用，愍施諸乞者。

白紅等色彩斑斕、各式各樣、光彩奪目、亮麗潔淨的高檔服裝及一切裝飾品，香鬘飲食等受用，要以仁慈心腸誠摯地給予一切前來乞求的人們。《般若攝頌》中云：「一切受用觀無常，若自然起大悲心，由從我家施

中觀寶鬘論釋

209

他家，極為應理當了達。施誰彼者不生畏，何物置家彼
生畏，不足共用須常護，若施不招罪與害。」

辛三、合法布施：

> 何者無法義，極度生憂傷，
>
> 即刻賜彼樂，此施最殊勝。

任何人如果不具足聽聞法義的順緣，因此而極度憂
傷，可憐兮兮，如果你想立即賜給他順緣，那麼沒有比
這更殊勝的布施了，因為這實際上就是你給予了他所要
聞受的正法。經中云：「所有一切布施中，法施為最我
所說。」

> 若於誰有利，毒亦作布施，
>
> 佳餚若無益，於彼莫施予。
>
> 猶如被蛇咬，斷指謂有利，
>
> 佛說若利他，不樂亦為之。

如果有人問：菩薩該施給他人毒物嗎？

答：如果知曉對患者等某些人來說毒物也有利益，
那麼不僅是其他藥物等，就算是毒物也應施予，因為對
他者有利必須放在主要位置上。縱然是上等的佳餚，但
如果了知對他者不利，則這種食物也不可給予那一對
境，因為何時何地都必須要斷除損害的緣故。經中說，
不成利益眾生之事當捨棄。比如，對於被蛇所咬的人，
據說如果砍斷手指方有利。同樣的道理，大能仁佛陀
說，如果究竟利他，則暫時不安樂也要為之，就像依藥

第三品　積菩提資

治病一樣。

己二、智慧資糧之分支：

共有二十五種，以十二頌說明。

> 於妙法法師，本當勝承侍，
>
> 恭敬而聞法，亦作法布施。

一、對於正法與講說內明論典及說法者，本應當供以最上等的衣服、飲食等承侍。

二、斷除驕傲自滿的心態而畢恭畢敬聽聞正法，並高度讚歎。

三、經函等正法方面的布施也要慷慨而為。

> 莫愛世間語，應喜出世言，
>
> 如自欲功德，亦令他生起。

四、切莫喜好散亂害他或者無利無害的各種世間俗語，因為會成為正法的違緣。如云：「世間悅意語，應時當言說，種種散亂詞，畏故永莫言。」

五、應當唯一對出離輪迴的方便等出世間忠言心生歡喜，因為能實現國王的一切利益。

六、猶如自己欲求生起聞思修的功德一樣，也要令他人生起這些功德。

> 聞法無厭足，攝義且分析，
>
> 供養上師尊，恆常敬呈稟。

七、先前三番五次聽受的法，仍舊不厭足，需要在數劫之間廣泛求法。

八、所聽聞的一切意義要善加歸納，念念不忘而受持。

九、正法的句義、了義、不了義等深入細緻加以分析而宣說。經中云：「具目若有光，現見諸色法，如是善惡法，聽聞而了知。」三學及其果位也是來自於聽聞。經中又云：「以聞知諸法，以聞去罪惡，以聞斷非義，以聞得解脫。」

十、恭敬供養講經說法等諸位上師各種供品，恆常恭敬陳述所作所為。

莫讀順世論，斷除諍義慢，
不讚自功德，評說敵功德。

十一、不要閱讀世間順世派等的所有惡論，因為使智慧顛倒錯亂而成為智慧資糧的違緣。

十二、應當竭盡全力斷除帶有我慢心理而對觀點的意義爭論不休，因為律藏與《俱舍論》中說一味致力於辯論是外道的做法，也是輪迴與惡趣之因。

十三、切莫以貪執自方而在他人面前炫耀讚歎宣揚自己的功德「如此如此」。

十四、不僅是對中等者等，甚至連仇敵也不要詆毀而應評說他的功德。《攝集經》中云：「讚自毀他之菩薩，魔攝慧淺當了知。」

莫中他要害，亦莫以惡心，
揭露他過咎，當觀己過錯。

十五、猶如箭中心臟一般，在展開辯論的過程中或者某一時間，萬萬不要以宣揚對方的缺點等而擊中要害，因為會刺傷別人而成為惡業。《毗奈耶經》中云：「惡語傷人之斧頭。」其中宣說了說惡語的諸多過患。

十六、在無有利益的情況下，也不要以惡心公開揭穿他人不可告人的過失。

十七、應當一再觀察自己三門的一切過錯，而予以斷除。《寶積經》中云：「覆蓋自諸錯，觀察他過失，此二如毒火，智者棄此過。」

　　　他由何種過，常為智者責？
　　　自應盡斷彼，有力亦止他。

十八、以何種過失致使別人常常受到了知取捨的諸位智者所呵責，以此為緣，自己不依靠他者而要徹底斷除這些過失，如果有能力，還要制止他人而令他無有罪過。如云：「設若過充滿，然不觀待他，自己知遣除，彼為智者相。」

　　　他害莫嗔恚，應念宿業感，
　　　為後不受苦，自當離諸過。

十九、對於他人無緣無故非理加害自己，應當想到這是往昔宿業的報應，而不要嗔恨作害者，《勇部王傳》中說：「度過眾流轉，大海業為因，是故汝不忍，諸害即非理。」如果以怨報怨、以牙還牙，那麼將成為後世痛苦之因而屢屢受苦，因此為了不再遭受痛苦，自

中觀寶鬘論釋

己要做到遠離瞋恨的過患，如此一來也將滅盡宿業。
《三摩地王經》中云：「凡愚非真實，當忍諸打罵，亦
受辱拖扯，於諸餘菩薩，我曾發害心，昔我造罪業，一
切得清淨。」

毫不求回報，於他行饒益。

二十、如果發放布施，則無有希求對方回報或者異
熟果報，而始終用布施及果報一併來饒益他眾，就像自
己享用飲食不求回報一樣。《四百論》中云：「若謂今
行施，當感大果報，為取而捨施，如商賈應呵。」

有苦唯自受，樂與求共享。

二十一、當別人給自己帶來痛苦時，這種痛苦自己
一人默默忍受，而應當將安樂與乞求者共同分享。如
《攝集經》中云：「聞他惡行粗惡語，謂是自樂菩薩
喜。」

縱然富如天，亦莫起驕慢，
窮困如餓鬼，亦莫生怯懦。

二十二、不用說以微不足道的小事而傲氣十足或者
自甘怯懦，縱然獲得天人的富足圓滿也萬萬不要趾高氣
揚，哪怕是窮困潦倒衰敗得像餓鬼一樣，也切切不可心
生怯懦，悶悶不樂。如云：「修行解脫者，遠離引業
故，方現異苦樂，縱興莫驕慢，縱衰莫怯懦。」

縱說真實語，損己失王位，
恆說為自利，莫言其他語。

第三品 積菩提資

二十三、縱然由於言語利益他眾的真實語而導致自利方面喪失生命或者失去國政，也要恆常講說無上真實之法語，縱然由於有損於他而得以生存、擁有王位，實際上也相當於已經死亡或失去了王位，因為失去了正法之故。《十地經》中云：「是故國王我，縱捨所惜命，享受世間樂，亦不捨三寶。」因此，除此之外永遠也不要說不真實的語言。斷除害他、一心利他是菩薩的主要學處。《菩提心釋》中云：「善趣所欲果，惡趣不欲果，由利諸有情，及害所出生。依於有情得，無上之佛果，梵王護世間，彼等豈有獲？」

如此說禁行，恆常依此行，

由此具吉祥，亦成正量者。

二十四、要恆常依照上述所說之言教的禁行而實際奉行。這樣去做，在現世中大王你也會一切吉祥，在整個人間，成為眾所信賴的殊勝正量之士，因此要堅定不移去行持。

汝恆於一切，三思而後行，

由見真實義，而不隨他轉。

二十五、國王你時時刻刻要對一切取捨之處，首先善加觀察該做不該做而取捨好壞，依靠無誤照見真實取捨的一切意義而不隨他轉，也就是說無需問別人，心穩固不動。關於這一點《本生傳》的教證前文中已引用過。

中觀寶鬘論釋

215

丁六（積累二資生功德之理）分二：一、所生五種
共同功德；二、所生二十五種特殊功德。

戊一、所生五種共同功德：

共有四頌。

由法王位安。

一、由於奉行正法所生的這些功德，對國政無害，
因而可以使王位安定興盛。

名聲之華蓋，廣大遍諸方。

二、人們傳揚「某某人對弘法利生做了如何如何的
事」而使美名的勝幢、華蓋廣大遍布諸方。

群臣盡敬重，死緣何其多，

生緣何其少，彼等亦死緣。

是故恆修法。如此常修法，

自與諸世間，悉皆心悅意，

以此為最佳。

三、奉行正法能攝受眷屬，這是一種規律，由此不
僅堪為諸方的皈依處，而且也會贏得自他諸位屬臣的恭
敬愛戴。經中云：「若以自然美名德，具悅眾生之威
力，獲得偽德恭敬者，燃起難忍嫉妒火。」《解憂書》
中云：「如是諸眾生，悉皆面臨死。」因此，務必要迅
速修行正法，因為自己的住宅等無不成為死緣。死緣極
其眾多，儘管存活的因緣也有微乎其微的部分，但也面
臨著摯友所欺、房屋倒塌、食不消化等的威脅，雖然自

以為積累財產是生存之緣，但諸如為了積財而喪命，實際上這些也沒有不成為死緣的。所以，與為了生存而積累財產相比，更應當恆常修行正法。《教王經》中云：「生老病死如磨紋，死主惡魔如信使，死緣思維不可及，無不成為死緣事，此身食養終歸亡。」如果能夠做到這樣恆常修法，那麼一切世間與自己，自他二者都會以行法而舒心悅意或者心滿意足。這種快樂是最好不過的，並且僅此足矣，因此要如是而行。

也許有人會想：如果恆常唯一修行正法，那麼就不需要成辦世間的受用了嗎？

這順便可得，因而無需刻意去成辦。《妙臂經》中云：「譬如有士為果故，生長稻穀非為秸，得稻穀後無勵力，禾秸之堆順便生。如是有者欲菩提，造福雖非為受用，然而猶如禾秸堆，未成之中成受用。」

**由法眠安穩，安樂而覺醒。**

四、如果加害對方，結果就會整天顧慮重重，心裡懷著「他曾經害過我」的憎恨而徹夜難眠，醒覺時也是心神不安，菩薩的殊勝法就是不加害對方，這樣一來也就無有怨敵的畏懼，也不會因耿耿於懷而心煩意亂，依靠正法可心安理得地入眠，並且在安樂的狀態中醒來，因而要努力修法。

**由內無過咎，夢中亦見樂。**

五、意樂清淨的內心無有貪嗔等過患，因而驗相表

現在甚至夢中也見到歡喜快樂的瑞兆。《毗奈耶經》中云：「造福今喜後世樂，二者歡喜極歡喜，諸業成熟見極喜，去處善妙後世喜。」

戊二（所生二十五種特殊功德）分二：一、廣說；二、攝義。

己一、廣說：

有十九頌。

> 竭力孝父母，承侍種姓主，
> 善用忍行施，柔語無離間，
> 實語始終行，獲得天王已，
> 依舊成天王，故當依此法。

一、主要以大悲為前行而用衣食等孝養父母雙親，自性種族恭敬的諸位主尊也要承侍，善加享用無罪的衣食等自己的受用，修行安忍、發放布施，語言無有粗暴溫文爾雅，無有挑撥離間之語，唯一說真實語。只是在這一生期間奉行此八法，以此可感得天王的果報，爾後仍舊屢屢成為天王。因此，要依止連續獲得如是增上生人天安樂的正法。據說作百次供施便可感天王果報。

> 每日三時施，三百罐飲食，
> 不及須臾間，修慈一分福。
> 人天等慈愛，彼等亦守護，
> 意喜身樂多，無有毒刃害，
> 無勤事得成，感生梵天界，

第三品　積菩提資

**縱然未解脫，亦得慈八德。**

倘若有人心想：如果無有所布施的財物，難道就沒有其他辦法積累資糧了嗎？

二、下面以比喻來說明還有更為殊勝的資糧，三百罐飲食是《雞豆醫療術》中所說，能煮十斗粥的陶瓷罐，煮三百罐，具有六種味道，舌的境、根、識三者接觸即感到舒適的佐料品種，或者具有六十種蔬菜這般豐盛的飲食，每日三時中認真布施，也比不上在一須臾間修願眾生得樂之慈心的廣大福德少許的部分。《因緣品》中云：「每月千供施，如是行百年，不及慈眾生，十六分之一。」修慈心的功德在現世中也成為人天之主尊而受到一切眾生慈愛，那些非天也以仁慈護佑，正如慈力王的傳記那樣。無有嗔恨而常常心曠神怡，身體安樂。無有毒物、人非人之兵刃的危害。無勤當中萬事遂意，如願以償。後世將轉生到梵天世界，《涅槃經》中對相關公案有明確記載。即便他人嗔恨，但由於自己能夠修行慈心而心平氣和，從而可行持自他二利。經中云：「誰知他煩亂，彼前自寂靜，彼行自與他，二者之利益。」即便依此暫時沒有能從三有中解脫，但眼前也能獲得修慈心之法八種功德。

**若令諸有情，堅發菩提心，**

**常得如山王，穩固菩提心。**

三、如果能讓那些沒有發菩提心的有情發起殊勝菩

219

提心，並且想方設法令他們堅定不移，那麼依此等流自己將在今生與後世中恆常獲得穩如山王般的菩提心。經中說：於裝有佛身舍利之藏、七種珍寶所造、面積等同三千世界之佛塔，每日廣作種種供養，遠遠比不上將一位所化眾生安置於大菩提道的福德。這是月稱菩薩在《四百論釋》中引用的。

由信離無暇，依戒生善趣。

憑依修空性，不執一切法。

四、資糧之中以信心對業果誠信不疑而奉行取捨，結果永遠不會轉生到無暇之處。

五、依靠持戒轉生到人天諸善趣中。

六、憑著修習所通達的甚深空性而感得具有減少功德之違品、不失對治的不放逸，並對一切諸法無執無著的智慧。

正直具正念，思維得智慧。

恭敬證法義，護法具智慧。

七、以信心十足的清淨意樂在聞受正法等時，無有狡猾的心裡而保持正直的心態，由此可獲得內心正直、具有正念的聰明才智。

八、平時思維正法，可獲得智慧藏或大智慧。

九、對於妙法與說法者恭恭敬敬行事可感得通達法義。

十、為使所聞受的一切正法不失去而加以護持，將

第三品　積菩提資

成為具有敏銳智慧者。

<br>

依憑聞正法，施法無障礙，

感得伴諸佛，迅速成所欲。

十一、依靠在聞受正法與平等進行法施的過程中，無有吝惜秘訣等過患的障礙，可感得恆常依止諸佛，承蒙攝受，並且一切所求之事無有阻礙迅速得以實現。關於此等的教證，《迦葉品》中云：「恭敬說法者，不求利養也，不思唯偈頌，所聞法示他。」《念住經》中說：「聽聞演揚妙法已，盡力弘揚之智者，趨至斷除老與死，至高無上之果位。」與財施相比，法施更為殊勝，《彌勒獅吼經》中云：「三千世界遍黃金，以此布施一切眾，講說四句一偈頌，如是饒益非如是。」關於不忘而受持所聞之一切法的功德，《善逝秘密經》中云：「受持妙法之福德，一切佛陀極鄭重，俱胝劫中作宣說，然而不能說究竟。」

<br>

無貪成法利，無吝增受用，

無慢成主尊，法忍獲總持。

十二、不貪著妙欲可成就一切法利，因貪執而破戒後忘失所聞，並以積累妙欲而導致一事無成。

十三、串習捨心而毫不吝嗇能使受用增之不盡，這是自然規律。

十四、無有我慢的相續中一切功德自然而然生起，因而成為上上下下眾所敬仰的主尊。也就是俗話所說

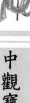

中觀寶鬘論釋

的，傲慢的山岡上存不住功德水。其依據，在《寶篋經》中說：「文殊，譬如大海初存時，首先存於一切大地內之低處，爾後水流將無勤而流淌。同理，無有我慢之菩薩無勤而現前佛陀之一切法。」

十五、以對空性法門無所懼怕而全然接納的法忍可獲得不忘陀羅尼。

　　　　以授五精華，及作無畏施，

　　　　諸魔不能侵，成大威力最。

十六、將糖、酥、蜂蜜、芝麻油、鹽等五種精華恭敬授予他眾，作為受到怨敵恐嚇者的護送者，解救他們於危難之中而作無畏施，依此可使一切魔眾無機可乘，具足無愛子力等成為大力之最的佛陀。

　　　　佛塔供燈鬘，暗處置燈盞，

　　　　油燈加油汁，依此得天眼。

十七、在佛塔上供酥油燈、花鬘等，在漆黑一片的暗室內放置燈盞，為油燈加油，依此可獲得天眼，如阿那律尊者的傳記⑪一樣。

　　　　供養佛塔時，敬獻妙樂器，

　　　　鈴鐺螺及鼓，依此得天耳。

十八、在對佛塔作供養時，有條件則獻上樂器、鈴鐺、聲音動聽的海螺以及妙鼓，依此將獲得天耳通。

⑪阿那律尊者的傳記：阿那律尊者往昔成為盜賊首領，一次因鞋破爛而到佛堂裡去補鞋，將供佛的油燈加油，依此感得「天眼第一」。關於詳細內容，當參閱《極樂願文大疏》。

不舉他過失，不說諸殘疾，

隨護他心故，獲得他心通。

十九、在無有必要的情況下，不揭露他者三門的過失，當面背後從不談論說瞎子等殘疾缺陷，隨從護持他心，想方設法不傷別人心，由此可獲得了知他眾種種心的他心通。律藏等中說，甚至說一般人或旁生的過失，過患也相當嚴重，經中說尤其是如果評說菩薩的過失，則過患無量無邊。《寶積經》中云：「何者分別菩薩行，當知彼等乃瘋人。」

施履及車乘，服侍羸弱者，

乘騎奉上師，智者得神變。

二十、對一切貧窮者施予鞋、車乘，攙扶無法行走的羸弱者，以乘騎侍奉上師或者供養車輛，侍奉上師得以休息，了知修行如此之因的智者可獲得一變多、多變一等神境通。

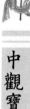

為法而行事，憶念法句義，

法施無有垢，故得宿命通。

二十一、為了正法而苦行興建經堂，如是念念不忘而銘記正法的一切句義，對以前聽聞的所有法要再三回憶，不圖回報的法施無有顛倒宣說等罪垢，依此將獲得回憶自他先前諸世的宿命通。經中云：「數百劫中極罕見，於此妙法生歡喜，欲解脫求功德者，切莫尋求世間事。」

223

如實盡了知，諸法無自性，

故得第六通，永盡一切漏。

二十二、如實徹底了知一切萬法在勝義中體性不成立，進而加以修習，將獲得現量知曉滅盡三界煩惱障的離果與解脫道等的第六通，即永盡一切漏的最殊勝神通。《般若五百頌》中云：「盡尋不得法，心不現有實，法性善知故，具慧得菩提。」

為度諸有情，了真如等性，

大悲潤修行，成具殊勝佛。

二十三、為了救度一切有情脫離輪迴，了知真如的智慧即通達萬法平等的智慧資糧，並非是單空而是以大悲浸潤，修行證悟空性的智慧與大悲藏，比如，見道聖者的根本慧定一體三智相無餘修行完全清淨究竟時，三智或布施等一切功德無不齊全而成為具一切殊勝相的如來，也就是成為遍知佛陀，因為證悟輪涅或諸法平等性與大悲緊密相聯的智慧即是成佛的主因。

種種願清淨，佛剎即清淨。

二十四、十萬、無數、十大願等各種願力遠離自私自利之作意，清淨無垢，將來待自己成佛的佛剎唯一出生純淨的有情而得清淨。所有世間界直至某尊佛陀調化所化眾生的一切世界，即是佛剎。佛剎中具有圓滿清淨、廣大住處和受用也是來源於多發清淨願。經中云：「如龍王顯示，雲集虛空界，如是佛以願，出現諸剎土。」

　　　　寶獻能仁王，得放無量光。

　　二十五、以珍寶供養能仁王佛陀將獲得放射遍及無邊光芒的功德。

　　關於以上所有內容多數來源於諸大經典，當從中了知。

　　己二、攝義：

　　　　故知業果理，隨同而行持。

　　　　恆常利有情，即利汝自己。

　　因此，依照奉行上面所說的業果善資則所生果報的因果規律或者隨因而生果的道理後實地加以行持，實際上就是要恆常利益其他有情，這自然也就是利益大王你自己。《嘎雅夠熱經》中云：「文殊，諸菩薩之行為當從何入手，依於何者？文殊答言，天子，諸菩薩之行即從大悲入手，依於有情。」可見，菩薩的無量善行與佛果的無量功德的原因也是由這一甚深方便的威力所生。《菩提心釋》中云：「一切聲聞離貪故，豈非獲得下菩提？倘若未捨諸有情，則得圓滿佛菩提。」《攝正法經》中說：「世尊，諸菩薩之身業無論如何，語及意業無論如何，以見解趣入有情，隨大悲……思維成辦利益一切有情，思維我修行成辦安樂之法。」《經莊嚴論》中云：「愚者勤自樂，未得恆受苦，堅持喜利他，涅槃成二利。⑫」

　　　　教王中觀寶鬘論中，積菩提資第三品釋終。

中觀寶鬘論釋

---

⑫唐譯為：世間求自樂，不樂恆極苦，菩薩勤樂他，二利成上樂。

丙三（教誡修學國王無過之行為）分四：一、以意義之關聯承上啟下；二、廣說；三、攝義；四、不能學修國王行為則教誡出家。

丁一（以意義之關聯承上啟下）分三：一、需要了知對國王當面讚毀之利害；二、宣說聽從有利之語依本師所說而修學；三、真實勸告聽從有利自他之語。

戊一、需要了知對國王當面讚毀之利害：

> 難知忍不忍，故王行非法，
>
> 或作非理行，屬下多讚歎。
>
> 於他有利語，逆耳尚難說，
>
> 況於君王你，僧我何須言？

如果直截了當說出過失，那麼無法知道或難以知曉對方能接受還是不能接受。因此，諸位國王即便造罪業，行非法，背離正理，倒行逆施，但臣民等依於國王生存的人們大多數都會對國王當面奉承，而不會詆毀譴責，原因是：雖然本不該讚揚非法行為，但人們認為如果當面說出過失加以反對，勢必使國王大發雷霆而招致災難，心裡懷有這種恐懼。由於在國王面前阿諛奉承而造成迷惑，因而很難洞悉、了知對自他有益與無益的差別。暫且不論國王，就算是對其他一般的任何人來說，談論過失的刺耳語言縱然有利，但在當面這種非理之事

也難以啟齒，更何況對於大地上具足圓滿財勢你那樣的國王，像我這樣以乞食過活的貧僧就不必說了。

> 為令汝歡喜，亦為憫有情，
>
> 利你縱逆耳，唯吾定呈白。

話雖如此，但一方面為了讓你對我心生歡喜，並且你本人也滿懷喜悅，另一方面也為了慈憫其他眾生，對你來說暫時是講過失的語言，聽起來似乎刺耳難聽，可實際上是大有裨益，為此龍猛我毫不猶豫地直言呈白。菩薩以善巧方便而有必要呵責，而作為凡夫，不要說是詆毀甚至讚歎也無法與菩薩的詆毀相提並論。《毗奈耶經》中云：「智者所呵責，凡愚作讚歎，智責即殊勝，愚讚非如是。」

戊二、宣說聽從有利之語依本師所說而修學：

> 佛言於弟子，慈憫應時說，
>
> 真柔合意語，是故出此言。

大王，理當對你如此宣講，因為世尊親口說過：唯一利他、真實、溫和、具有必要、相合所化眾生的心或者不相抵觸的稱心語言，以慈愛心引發，在有利的時候務必對弟子言說。所以，並不只是為了令你歡喜。世尊在調伏所化有情的時機未成熟時不說，而一旦切合時機，了知其界、根基隨眠而婉轉調化，或者以神變而調伏等，凡是有利或適宜的語言便應時而宣說。經中云：「我見此解脫，種子極微小，然如地內金，以隨眠而

存。」《毗奈耶經》中云：「縱然有大海，離開波浪時，佛陀恆不離，所化諸佛子。」由此可見，實在該說相應場合的這番話語。

戊三、真實勸告聽從有利自他之語：

> 堅穩若宣說，無嗔諦實語，
>
> 如沐浴妙水，理當聞受持。
>
> 我為汝宣說，現後有利事，
>
> 知已應修行，自他有益法。

由於具有精進、等持的智慧穩如泰山，故稱堅穩者，這是對國王的稱呼。如果懷有慈憫之心而宣說無有嗔恨的諦實語，合情合理闡揚有利的意義，如同相合時間想進行沐浴而遇到妙水一般，理當欣樂聽聞，全然接受。作者忠言勸勉道：比丘龍樹我對大王你，如應宣說今生與他世值得讚歎的一切內容，希望你心領神會，而修行對自己和其他眾生暫時究竟有利的方便法。

丁二（廣說）分三：一、國王之規則；二、修學無損而成就正法；三、學修獲得解脫不捨大乘法藏。

戊一（國王之規則）分五：一、廣興布施；二、護持道場；三、保護先有之財物等；四、亦攝受不希求者；五、任命官員。

己一、廣興布施：

> 由昔施乞者，得利若不施，
>
> 忘恩起貪著，後世不得利。

今生做事者，無薪不負糧，

乞者未付薪，後時成百倍。

正由於往世對乞求衣食等者作布施，才感得現今獲得了國王的財富等布施的果報，如果以後不再一如既往地施捨乞者，那麼既不了知以前所行布施的果報，也不懂得以後救濟乞討者等，如此就成了不報恩之輩，貪執受用，後世也就不會得到富裕等一切利益。因此，理當慷慨布施。比如說，現在的這個世界上，給主人自己擔負路糧而做事的雇工們，如果沒有領到工資，或無有報酬，就無法負荷起路糧的重擔，如此一來也不會酬謝主人。由於沒有利益雇員，主人自己所想之事也無法實現。同樣，自己的衣食等如果施捨給乞丐或旁生等一切低層的眾生，雖然他們現在不會背著你自己布施果報的受用而發給你薪水或工資，但是後世的有朝一日，那些曾受施的乞者們必會攜帶著你現在所施物品的百倍前來奉還給你。因此，理當喜愛乞求者，並喜出望外作布施。《攝集經》中云：「菩薩施斷轉餓鬼，摧毀貧困諸煩惱，用時獲得無邊財，以施能利苦有情。」

己二（護持道場）分三：一、學修廣大心行；二、新興法事；三、成辦特殊法事。

庚一、學修廣大心行：

恆發廣大心，喜行廣大業，

由依廣大業，生諸廣大果。

時時刻刻不捨善心、不雜違品、主要利他的發心要廣大，從加行方面而言，作供養、布施的財物等要廣大，對上供三寶下濟苦難對境等善事心懷喜悅。由因位時的廣大業中必定會產生剛剛所說的一切廣大等流果。

庚二、新興法事：

> 國王當廣行，下者難思事，
>
> 法事三寶依，而具大名聲。

如上所說，廣大善業是應為之事，國王應當廣泛奉行較自己勢力薄弱、思想狹隘下層人們心裡不能容納、想像不到的大事。總的來說，王室等應該做的事，諸如建立佛教正法的根本成為人們耳聞目睹的道場，修建殊勝三寶的所依，舉行廣大佛事，由此可以使自己名聲遠揚、遍及十方，以行法的聲譽也能攝集眾生並可成辦其他大事。

庚三、成辦特殊法事：

共有七頌。

> 若做何法事，他者毛不立，
>
> 死後無美名，大王寧不為。

**第四品 國王行為**

如果任何法事，就是與受用圓滿的國王平起平坐或者稍遜一籌者來做，眾人對他也是心懷不滿，無動於衷，甚至出口不遜，即便是人已死去也不會名垂青史。諸如此類的事，大王寧可不做。這也是身為君主的特法所在。

為諸廣大事，離慢生歡喜，
能摧低者怯，乃至諸財盡。

國王興建規模巨大的經堂等，其餘大人物見到，能使他們遠離認為「與我不相上下的其他國王相比我更勝一籌」的慢心，令與自己平等的他人對此善舉心生歡喜，並想到國王的這一善行實在了不起。同時也能摧毀比自己下等者「豈能成辦這等之事」的怯懦心理。或者說，所謂的「離慢」，是指為了毀滅較自己勢力強大的國王的慢心，由於國王的一切財物對今生來說也不一定成為安樂的來源，所以希望用在法事上一直到窮盡為止，而護持妙法。《念住經》中云：「猶如孔雀翎，為風吹各方，彼盡故毀壞，安樂源同彼。」《教王經》中言：「當捨我財保身體，財身亦捨護性命，一切財身及性命，悉皆捨棄護正法。」我們應當按照此中所說行持。

汝棄一切物，無權尋去處，
唯為正法行，方至你面前。

再有，務必要迫不及待快速而實行，原因是：大王，你什麼時候拋棄一切財物後不由自主孤身一人沒有固定性，到了尋找去處之時，眷屬受用一切的一切都不能跟隨，到那時，一絲一毫也幫助不了，只有為了正法布施受用的善根必定會以依處或怙主的形象來到你的面前。《教王經》中云：「君主恆常莫放逸，壽命常逝不

住留，猶如山水飛速行，以病憂老所攜迫，唯有善業能救汝。」

先王諸財富，已屬新王有，

豈成先正法，安樂名聲否？

享財此生樂，布施他世樂，

未享未施耗，唯苦豈安樂？

財產終將留在身後而無有實義。國王以前的一切財物已被新任國王或者被中間人所掌管擁有，但留在身後的受用會成為先王的正法或者安樂或者美名嗎？絲毫也不會成為。可是為了財產所造的罪業是絕對要如影隨形而感受的。享用自己發放布施所感的財產，在現世中無需積累、守護等，因而安樂，由於布施給他眾而感得在他世中受用也是蒸蒸日上，無有他者的損惱，所以安樂。《因緣品》中云：「放逐遠處人，安然歸自處，親友臨門後，悉皆大歡喜。如是造福人，今世往他世，爾時如親福，來臨真歡喜。是故為他世，當積大福德，福德於他世，成為眾生處。」

一切財產，自己未曾享受又不布施給別人，將被大火焚燒等外緣而浪費掉，結果完全成了痛苦之因，無論對誰也不會成為快樂之因。《般若攝頌》中云：「人之諸財如流星，未盡施捨彼成無，勤利有情施何者，無義諸財亦成有。」

臨終臣走狗，輕汝重新王，

望其慈愛者，無權不予施。

是故在位時，財速做法事，

常住死緣中，如狂風中燈。

如果有人想：即使現在沒有成辦，等到臨終時再做也不遲。

到那時也就難以成辦了，因為那時候，不知廉恥的大臣及其走狗不會重視大王你，為了維護新王情面，討其歡喜，希望受到他仁慈的人們，對於彌留之際已無權力的你，想作布施也不會給你機會的。《教王經》中云：「積財眷屬子孫帶，是故財物有何用？我極珍惜之此身，命終時如捨破罐。」因此，現在趁著自己有權有勢之時，還沒有與新王共同掌管之前，自己在位期間，要刻不容緩地將土地等一切財物用於法事上。《毗奈耶經》中云：「自主一切乃安樂，依他一切乃痛苦，為共同者所損害，極其難越諸牽連。」壽命是突然性的，不要認為明年、下個月、明天等再做而一拖再拖。國王，你始終都住於死神大軍的外緣內，就像秋季果實已成熟的莊稼或者狂風中的油燈一般必定很快死亡，因此不要逍遙自在了。《七女傳》中云：「眾生無常無自主，如為毒蛇群所縛，雖知卻貪三有者，彼乃人相實旁生。」到那時，死亡不可能用財產贖回，臨終之際財產起不到任何作用。經中云：「樹木已倒時，枝葉有何用？如是人死時，財物有何用？」

中觀寶鬘論釋

此外，還有必定快速死亡卻對受用依依不捨貪執不放的比喻：從前，一個人被大象追趕，墮入萬丈深淵，中途抓住一堆草，可是眼看老鼠接近將草吃光，下面是鯨魚張著大口在等待著，旁邊就要被凶猛的毒蛇纏縛，正在這時，從上方的蜂窩裡滴下蜂蜜，那人竟然還津津有味地品嘗著蜂蜜的甜美。壽命剎那的這一顯現下面就是如鯨魚般的地獄在等候，旁邊已接近被好似毒蛇一樣的死主的鎖鏈捆綁，眼看如草尖般的壽命就要到了盡頭，卻一味沉迷在(如蜜汁般)妙欲的些微快樂之中的所有愚者與之一模一樣。

己三（保護先有之財物等）分三：一、總說；二、委任管理人；三、平等保護。

庚一、總說：

> 先王所興建，寺院等道場，
>
> 他造彼一切，依照前軌護。

對於先王們所興建的寺院、經堂等道場，以及其他人所建造的一切，供養等所有事宜應當不折不扣地依照先前的傳統，為了不損壞要加以保護。

庚二、委任管理人：

> 令不害行善，守戒慈新來，
>
> 實語忍無諍，恆精進者行。

委任具備以下八法的人管理寺院等處：對安住寺院的有情與物品不損害，奉行福善之事，守持一分以上的

戒律，仁慈善待常住與新來的人士，說真實語，具有忍耐性，無有爭論事端的惡習，恆常謹慎精進行善。

庚三、平等保護：

> 盲人病弱者，孤苦貧殘疾，
>
> 不遮彼等眾，平等獲衣食。

作為菩薩悲憫對境——雙目失明的盲人、弱小無力的人們、身無分文的乞丐、無依無靠走投無路或者被敵所毀等痛苦不堪貧困可憐的窮人、缺肢少腿的殘疾等尋求衣食時，不經別人勸勉，而不加遮止讓他們一律平等獲得衣食等。《經莊嚴論》中云：「依大慈師我，他苦令痛心，安住他之事，輕他極慚愧。⑬」

己四、亦攝受不希求者：

> 具法前無求，居於他國境，
>
> 亦當予攝受，如應盡力為。

對於在奉行正法的國王你面前，不是像前面那樣希求財物等之人，以及居住在其他國王境內的難民，也要盡己所能加以攝受，送到其他地方等，盡可能給予不同程度的施捨。

己五（任命官員）分四：一、任命法官；二、任命主諫大臣；三、任命將軍；四、任命財物管理員等。

庚一、任命法官：

> 一切法事主，應委精進人，

---

⑬唐譯為：大悲恒在意，他苦為自苦，自然作所作，待勤深慚羞。

聰明不浪費，如法皆不損。

應當委派精力集中、精進不怠、不浪費財物、不損傷眷屬等、做事精明、如理如法、反應靈敏、無有是非、安住道場者都不加害的人，作為寺院等一切道場的住持、轉法輪的主管者。

庚二、任命主諫大臣：

明規具法親，貼心淨不嗔，

族貴秉性賢，感恩任大臣。

了知世間的道德規範或君主法規，並且精通與其他國王和平共處、發放布施、決斷國政、調解爭端諸如此類的事；不行非法，具足正法；內心調柔，語言溫和；對國王有敬畏心和忠心；無有自私自利的垢染，相續純淨；與眷屬百姓貼心，胸襟寬廣；種姓高貴；秉性賢善；愛憎分明而感恩圖報。具有以上九種功德的人，應當任命為主諫大臣。

庚三、任命將軍：

慷慨無貪勇，柔和適度行，

堅恆不放逸，具法委將軍。

慷慨大度，不貪受用，氣魄英勇，性情柔和，對國王忠心耿耿，珍惜國王的財產而運用適度，有堅定不移的穩重，由於不飲酒而恆常小心行事，無緣無故不害他眾而具足正法，應當任命這樣的勇士作為四大軍隊的將領。

庚四、任命財物管理員等：

> 法軌清淨為，識事通君規，
>
> 如法平等柔，任命耆宿首。

作為財物監督管理人員，雖然是在家人，但如果法融入心，性情調柔，大公無私，合乎正法，相續清淨，對所做之事有耐心，並且「識事」也就是審時度勢（即了知應時之事），精通君規，對做事的順序也無所不知、如理如法、內心平等，對國王忠心，秉性溫和，這樣的長者任命為一切長老之首，作為管理財物、負責分發收集僧財的首領。

> 每月於彼等，親自聽收支，
>
> 聽已當吩咐，法等一切事。
>
> 汝政為正法，非為名欲妙，
>
> 彼極具勝果，反之無實義。

僅僅是任命完畢就聽之任之還不行，國王每月要親自詳細聽取他們有關一切財物的收支情況，聽完執行情況後要縱觀法事等一切事情，如果開支過大，那麼就要稍加削減。假設收入過緊，則仍舊需要補充。國王要親自吩咐「供養某處」等事宜。其原因是：身為國王的你所擁有的國政如果是為了正法而不是貪執現世的名聲榮譽以及妙欲的話，才證明國政的確具有意義。如果目的是為了名聲等，那麼無有實義，只會導致惡趣的後果。

戊二（修學無損而成就正法）分二：一、修學無損

先有之法；二、修學成辦前所未有之法。

己一（修學無損先有之法）分二：一、意義關聯及勸聽受；二、真正之義。

庚一、意義關聯及勸聽受：

> 人君現世界，多數互吞併，
>
> 汝當如實聽，政法兩其美。

如果有人說：在依法治國的過程中，如果不進行懲罰他人等事，則與政規相違；如果執行，則為了國政，也必然需要殺人，如此將與正法相違，要做到既不違政也不背法，實在是無能為力。

而菩薩以善巧方便完全能夠做到這一點。君主，當今的這個世界上，人們被欲望所左右，大多數都是互相殘害、互相吞併，致使喪權辱國。我今講說使大王既不失你的國政並且也有助正法兩全其美的方便，請你認真諦聽。

庚二（真正之義）分四：一、招集特別掌權者；二、自己當具慈心；三、如何對待囚犯；四、將頑固不化者驅逐出境。

辛一、招集特別掌權者：

> 智耆宿貴族，知理警罪業，
>
> 善良見必要，汝常多委任。

如果任命不具有特殊能力的掌權者，結果會因為他們對法律法規一竅不通而致使毀掉國政。所以需要了知

第四品 國王行為

正理與非理、經驗豐富者，也就是所謂的智者宿。如果種姓下劣，則神志不清，心腸惡毒，因此種姓必須高貴，而且通達世間學問，警惕罪業，掌權者之前相互友愛，或者團結和合，平等待人，公正不阿，妥善處理法律事件，能起到應有的作用。國王你應當恆常多多委派這樣能勝任管理的骨幹。相反，本該懲罰卻不予懲治，不該懲罰卻嚴懲不貸等會使國政土崩瓦解，並有害於芸芸眾生。經中云：「不具法人敬，具法而懲治，令水流星風，三者成紊亂……損害極嚴重，無遺失國政。」

辛二（自己當具慈心）分三：一、以仁慈攝受；二、於造罪者尤為慈憫；三、其合理性。

壬一、以仁慈攝受：

> 罰逮毆打等，合理亦莫為，
>
> 妙以悲憫潤，恆常作攝受。

那些掌權者對罪犯們實施財物上的懲罰，逮捕入獄，進行毆打、謾罵等縱然合情合理，也是由他們來執行，而國王你本人即屬合理之事也不要親自去做。相續以悲憫濕潤以後，如果有請求，則予以釋放等，唯當恆常攝受。

壬二、於造罪者尤為慈憫：

> 於造極重罪，一切諸有情，
>
> 王汝亦恆常，唯生悲利心。

甚至對於造無間罪等彌天大罪的一切有情，國王你

中觀寶鬘論釋

239

也要持之以恆唯生大悲饒益心，而萬萬不可棄之度外、
譏毀辱罵等。《君規論》中云：「堪為恭敬善恭敬，於
諸劣者尤慈愛，感恩圖報不忘懷，一切正士之行為。」

壬三、其合理性：

> 於造重罪者，尤當更悲憫，
>
> 彼等自受損，大士悲憫處。

對於殺父親、殺母親等殺害殊勝對境造下滔天罪業
好似凶神惡煞般的眾生，尤其更應當悲憫，因為造墮入
無間地獄的有情已徹底失毀了善趣與解脫之因，他們是
諸位佛子菩薩大士們於心不忍的真正悲憫對境。《經莊
嚴論》中云：「無主常造罪，智者不執過，不欲顛倒
行，於其更增悲。⑭」對此，聖天論師的論典中也有說
明。

辛三（如何對待囚犯）分二：一、赦免；二、關在
獄中令其安樂。

壬一、赦免：

> 一日或五日，釋放諸輕犯，
>
> 餘眾亦如應，非皆不釋放。
>
> 汝無釋放心，彼生非律儀，
>
> 由此惡戒中，不斷積罪業。

不要遺忘每一天或者每隔五日進行觀察，將關在獄
中被鐵鐐等束縛、情節輕微的囚犯釋放，其餘重犯也給

---

⑭唐譯為：眾生不自在，常作諸惡業，忍彼增悲故，無惱亦無違。

予不同程度的處理，不要有一律不放一直關押的想法。如此大有必要。如果國王你沒有釋放任何囚犯的心，則由此而產生違背律儀的惡戒。乃至惡戒存在期間，就不可能守齋戒。而且由此惡戒導致，即便在沒有直接殺生等時間裡，也會連續不斷積累惡趣之因的罪業。

壬二、關在獄中令其安樂：

> 何時囚未放，爾時理髮師，
> 沐浴及飲食，醫藥令安樂。
> 如於不肖子，指望成大器，
> 憐愛行懲罰，非嗔非為財。

所有囚犯乃至沒有釋放期間，理髮師、沐浴水、飲食與治病的藥物等要樣樣俱全，以令他們安樂。

如果有人心想：不是為了讓他們產生痛苦才關押的嗎？如果為了讓他們安樂，為什麼要關押呢？

這是一種方便，例如，對於那些行非理事的不肖之子，父母親指望他們成大器而採取懲罰等措施。同樣，大王你也應當在悲心的驅使下為了令那些罪犯改邪歸正，而以關押、謾罵等手段予以制裁，而不是以嗔心引發也不是為了謀求財產才懲治的，如果是這樣，那麼心懷好意即便造重罪，也無有罪業而成為善法。

辛四、將頑固不化者驅逐出境：

> 極嗔行殺人，觀察詳知已，
> 不殺不損害，而當擯出境。

中觀寶鬘論釋

對他眾嗔恨殘忍到極點、謀殺國王或者他眾的有些人，先前關在獄中被釋放後觀察他是否仍舊屢教不改而造殺生等惡業，經過一番詳細審視後已經明確了知，如果不再作惡，則順其自然。倘若依然如故作惡多端，那麼既不殺之，也不進行其他損害，而是從自境內驅逐他處，這是上策，因為務必要保護生命，經中說：「如慈母於獨愛子，恆常觀察保其命，如是善逝於化眾，恆作觀察護其命。」又云：「苦樂與我同，害眾何隨我？」

己二（修學成辦前所未有之法）分二：一、行正法；二、止非法。

庚一（行正法）分二：一、使臣如何而行；二、以比喻說明彼等。

辛一、使臣如何而行：

　　　　所轄諸境內，派專使視察，

　　　　恆以不放逸，正念行法事。

為了確保自己就像見到近處一樣了解舉國上下的情況，要派遣令別人不知道是國王所差的使臣各處巡察，所謂的「專使」是具有敏捷洞察力的巡視人員，他們能讓國王如同親眼所見一般對下面的詳情瞭如指掌。恆常小心提防外來侵害等，具足這樣的不放逸及正念，一切所作所為要始終如一符合正法而行。其餘非法非理的事要予以斷除，具足不放逸而行利他。

　　　自於功德境，廣供敬承侍，

廣大隨順行，餘亦如應為。

對於比丘等功德的對境，自己要盡力供養衣食等，恭敬愛戴，精心承侍，隨自己的能力去做，甚至對以傲慢而破戒者也要尊敬。對於不具備非同小可之功德的其餘眾人也要給予語言的恭敬，並給予不同程度的布施，因為這是大德的風範。

辛二、以比喻說明彼等：

國樹具忍蔭，盛開恭敬花，

博施碩果累，民眾群鳥棲。

若王好施捨，威風眾歡喜，

如豆蔻胡椒，所包沙糖丸。

如此而為，國王善良品質的大樹，具有安忍的涼蔭，使人喜歡親近。恭敬的美花競相綻放，慷慨博施的碩果累累，看見這樣繁榮昌盛的景象，使得民眾的群鳥不由自主地雲集，歡欣喜悅、堅定不移地棲身於此，如同芳香撲鼻的鮮花上蜜蜂歡喜聚集而依一樣。

如果有人問：那麼，國王絕對要具足安忍的美德嗎？

如果國王既具足布施的美德，也具有忍辱負重、命令嚴厲的特點，那麼即便稍有粗暴，眾生也自然歡喜，如同豆蔻胡椒粗糙外皮所包裹的沙糖丸香甜可口一樣，外表粗暴，內在溫柔。

若依理觀察，不失汝王位，

不成非應理，成法離非法。

因此，必須要依於這樣的道理，因為憑藉精通各種方便的正理可以使國政錦上添花。依靠上述這樣的正理進行分析後，如果能做到取捨善惡之事，那麼既不會使大王你的國政淪落、衰敗，也不會使法規之事成為非理，又不是非法，或者儘管表面看起來好像是非法，其實也成為正法。所以，希望你如此學修。

庚二、止非法：

> 王位非他世，帶至不帶去，
>
> 依法所得故，不應行非法。

大王你的這個國政並不是由他世攜帶而來到今世，也不會由今世攜帶到後世，唯一是由前世奉行正法而得到的。因此，國王你何時也不應該為了國位而行持非法。

> 國位如資本，苦資相輾轉，
>
> 盡量不成彼，國王當策勵。
>
> 王位如資本，王位資相傳，
>
> 盡量獲得彼，國王當策勵。

如果依靠由善業果報而獲得的人身來造罪，就如同用來之不易的珍寶器清除不淨物一樣。經中說：「環繞眷屬中，福飾嚴國王，猶如眾群星，所繞之秋月。」正如這其中所說，獲得了這般莊嚴的身分如果行持非法，實在是極其荒唐。比如，做買賣需要的貨物或商品，如

果經營者善於經營，則會給他帶來幸福，如果經營不好，就會成為痛苦之因。國政如果不依法而治，那麼有罪過的王位將成為後世受苦果的貨物，如此痛苦輾轉不息，為了盡可能不造成這樣的後果，國王應當精進努力。猶如貨物般，現在的國政，依靠它可使後世代代相傳的優質王位貨物輾轉不斷，國王你為了能得到這樣的地位要盡力而為。總之，願你現今的這個王位不會變成購買未來許多生世痛苦的資本，而要成為購買世世代代安樂國政的資本。

戊三（學修獲得解脫不捨大乘法藏）分二：一、學修解脫道；二、制止捨棄大乘法藏。

己一（學修解脫道）分二：一、破愛境苦樂受自性成立；二、大小乘所說空性。

庚一（破愛境苦樂受自性成立）分三：一、破自相樂受；二、破痛苦自相自性成立；三、遮破之果。

辛一（破自相樂受）分三：一、以關聯承上啟下；二、略說；三、廣說。

壬一、以關聯承上啟下：

縱得四洲地，然轉輪王樂，

唯一僅承許，身心此二已。

國王你縱然逐漸獲得了四大洲的一切領土，但實際上勢力、權威十全十美的轉輪王的安樂歸納而言，也只是承許身樂受與心樂受這兩種而已。

　　　　身體之樂受，痛苦偽裝已，

　　　　心想之自性，唯由分別改。

　　如果有人問：即便只有身心兩種樂受，別無其他，這又意味著什麼呢？

　　答：這說明，想當然認為所謂身體的樂受不是真正的安樂，實際上僅僅是痛苦偽裝的而已，因為在遭受飢渴折磨的時候，當依靠飲食使痛苦自然稍稍減輕的階段，對假象的快樂感受，耽著自相安樂的設施處是痛苦，而除了由痛苦偽裝的安樂以外其本身自相絲毫也不存在。《毗奈耶經》中也說「何受皆痛苦」。世間是苦蘊的自性，正在依賴飲食之際，也並非絕對無有痛苦，自以為是快樂之因，但也有立即興起痛苦的情況。在此要以正理遮破所謂的自相，而說明不成立實有，快樂只不過是對改裝的痛苦加以安立罷了。比如，在貓的鼻子上塗油後給牠純糌粑，那麼貓會認為糌粑有油而心生歡喜；無有鼻子的人，用金子做成鼻子相而自我安慰；咀嚼骨頭的老狗自以為軟齶的血是骨髓而感到安樂等等。但事實是這樣的：藍色黃色合併在一起時，生起藍色之識而不生黃色之識。同樣，苦受是在快樂力量薄弱的階段，無需假立而生起痛苦之心，自相苦受存在，就像觀待長而生起短的心一樣，只是在痛苦之心稍處低落期間似乎顯現快樂而生起樂心而已。

　　如果有人問：那麼，快樂絕不存在嗎？

第四品 國王行為

答：僅僅是假象存在，所謂的快樂在名言中是眾所周知的緣故，也不應該妄加抹殺。自相的痛苦並不像偽造的快樂一樣，而不要認為有理證所破存在，因為它是將來（通過修道）滅除的，如同心的快樂如果被憂傷所惱則遇到有利於它的外緣之時會顯得快樂一樣，只是迷亂想的自性，僅是對無妄執為有而形成自相的快樂罷了，而輪迴離不開痛苦。所以，以分別妄念增益自相的痛苦雖然存在，但快樂僅是痛苦偽造的而已，自相的快樂永遠不可能獨立自主存在。

壬二、略說：

> 世間一切樂，唯苦偽造已，
>
> 僅是分別故，彼樂實無有。

因此，世間一切樂受的事物，實際都是痛苦偽造的而已，由於對「無」妄執為「有」的緣故，僅是顯現，僅是假立。故而，快樂於真實中自相的對境少許也不存在。

壬三（廣說）分二：一、破自相快樂之能立；二、破自相快樂之本體。

癸一（破自相快樂之能立）分二：一、破自相心樂之能立；二、破自相身樂之能立。

子一、破自相心樂之能立：

> 洲境處及家，轎墊衣臥具，
>
> 飲食象馬女，一一而享用。

中觀寶鬘論釋

何時心趨入，爾時稱之樂，

餘者不作意，爾時樂實無。

　　大洲、環境、樂園、處所、家室、精美的轎子，及裡面陳設的高級坐墊、衣服、臥具，和令人垂涎三尺的飲食、大象、駿馬、美女等這一切，即便為一個主人所擁有，但他在享受的時候只能是一個一個享受。什麼時候，他生起享受這其中任何一者的心，在當時，他自以為「快樂」，而在受用有些事物生起快樂之心的當時，心不專注、不作意剩餘的所有對境，因此在那時剩下的那些對境實際上自以為自相快樂的因就絕對不存在了。為什麼呢？因為，如果這些事物體性之因成立，那麼即使沒有享用、沒有憶念也應當產生快樂，而實際卻沒有。再者，享受一個對境時，由於沒有領受剩餘所有對境的緣故，僅以它們存在並不能成為快樂之因。對於享受一個對境感受的快樂，如果以剎那與前後等加以觀察，則絲毫也得不到快樂及快樂之因本體成立的情況。

　　有些持邪見者說：自相的快樂是存在的，因為能生之因——自在天存在的緣故。

　　駁：這種說法不成立，原因是，一切果都存在一個與各自息息相關的不共因，除此之外，所謂的自在天這樣毫無瓜葛的因以教理不可得，再者果必然隨著因存在與否而存滅，由於不具足這種條件，所以你們的說法不合理。

第四品　國王行為

子二（破自相身樂之能立）分二：一、破五境聚合是能立；二、破每一境是能立。

丑一、破五境聚合是能立：

　　　　眼等五種根，緣取五境時，

　　　　若無分別執，爾時無有樂。

　　如果對方說：同時可以感受五境的快樂，因為可以領受舞蹈家的身相、管樂的聲音、沉香的芬芳、蜂蜜的味道、衣服的所觸等。

　　這種說法不合理，在眼等五根取受五境的當時，並沒有同時領受五種快樂，為什麼呢？如果沒有以分別念來認定，則不知道是快樂，因為心不能同時分別五種對境與五種快樂。所以要明白，當時依賴那些對境而生的快樂並不存在。如果受具足領受的法相，那麼由於領受不存在的緣故（受也就不可能存在）。

　　　　何時任何境，何根了知時，

　　　　餘非緣餘境，爾時無有境。

　　什麼時候，色等某某對境被眼等某某根所認知，當時，剩下的根並不取受剩餘的所有對境，也就不會由它生起快樂。為什麼呢？因為當時所有剩餘的對境不會為了快樂而在現今同時存在，這是由於一個相續同一時刻不會生起多種分別念的緣故。

　　　　由根緣境時，若於過去境，

　　　　意緣而證知，則自以為樂。

中觀寶鬘論釋

一個根與一個境也不會有同時成立的可能性，因為根緣對境的當時是一剎那，所以，如果對於僅僅呈現過去已經滅盡的對境行相的本體，由現在的心來緣再加以證知的話，那麼只能是以分別念認為是快樂而已，並不是實有的快樂，如同夢境所緣境的快樂由醒覺的心來感受一樣。

　　丑二（破每一境是能立）分二：直接破；二、破能立。

　　寅一、直接破：

　　　　此即由一根，了知一對境，

　　　　境無根亦無，根無境亦無。

　　在這個世界上，諸如由眼睛一個根來認知色法一個對境，色境不存在，眼根的對境也就不存在，色境也同樣會因為有境——眼根不存在而不存在，單單是相互觀待而體性並不存在，由於無有體性，所以由它所生的身樂受也只是依賴根、境而假立的，並無自相。

　　寅二（破能立）分三：一、破識自性成立；二、破境自性成立；三、破根自性成立。

　　卯一、破識自性成立：

　　　　猶如依父母，方說出生子，

　　　　如是依眼色，方說產生識。

　　如果對方說：境、根自本體存在，因為它的果——識存在之故。

駁：事實並非如此，猶如依靠父母才說兒子出生一樣，依於眼根與色境二者才說產生眼識，因此識自性不成立，因為觀待眼與色的緣故，就像父母與兒子一樣，如此宣說了緣起因（即中觀五大因之一）。由此輕易便能了知依緣而生的一切僅是依緣假立、自本體不成立的道理。以眼識為例，其他所有識也應當如此理解。

卯二、破境自性成立：

　　　　過去未來境，有根無外境，
　　　　此二別無故，現在亦無境。
　　　　猶如眼錯亂，能執旋火輪，
　　　　如是依諸根，能取彼對境。

如果對方說：識自性存在，因為它的對境存在之故。

駁：具備有為法法相的一切對境，要麼是過去要麼是未來，由於具有識的時間已經過去或得不到的緣故，而不超離過去與未來二者，故而無有自性。如果認為現在存在。現在也同樣無有，因為現在如果在過去與未來的時間不存在，那麼就有不觀待這兩者的過失，而不觀待過去與未來的現在不可能存在。由於觀待的緣故應成在有過去、未來時存在，如同長與短。如果這樣承認，則由於現在不成立除過去與未來兩者以外的他體，具有根而無外境，爾時，現在的對境也同樣不存在，因此識自性不成立。

如果對方又說：現在的識緣取現在的對境，因此根、境、識三者真實存在。

駁：這種觀點不成立，因為，能推翻實執相續趣入的理由是這樣的，比如，由於眼睛的錯覺而將對境火爐前後諸多剎那誤認為是一個，能將本不是這樣圓形輪子的虛妄之相執著為一個輪狀物，這雖然不是現在的本體，卻於現在顯現為一個，因為分開的每一個本體都不成立的緣故，現在的旋火輪不成立是一體。同樣，一切根也並不是現在的本體，然而於現在顯現，於是便能對本不成立的現在對境執著為成立，對剎那性的相續與多體聚合，生起一個有實法的心，這僅僅是顛倒迷亂所現，實際上境、根、識何者也不成立一體與多體。如聖天論師的論典中云：「於相續假法，惡見謂真常；積集假法中，邪執言實有。」

卯三（破根自性成立）分三：一、略說以破大種自性成立而破根境自性成立；二、破大種自性成立；三、故說色法自性不成。

辰一、略說以破大種自性成立而破根境自性成立：

> 諸根及諸境，許是大種性，
> 大種各無境，此等實無境。

如果對方說：根、境自性存在，因為它的因大種存在之故。

駁：對於眼等諸根與色等諸境，如果均承許為一切

第四品 國王行為

大種之果的自性，那麼四大聚合與分開自性成立的外境是不存在的，這一點前文中進行分析已經證實它們無實有。因此，這些大種實際上絕不存在自性成立的外境。為什麼呢？因為對境與有境大種及大種所造等現為有實法的這一切儘管在習氣薰染的迷亂者前現為真實，但於勝義中，顯現形形色色的萬法均不真實，如同夢境，依靠近取因、俱生緣已經形成，但不存在實法，如同虛妄的幻術，從本性而言即是空性。這些互相建立這一點不成立，或者成了能立與所立相同等的結局。可見，（要想建立）只是徒勞無益罷了。就像有人說「魔術存在，因為有物品、咒語之故」，或者「夢境存在，因為有幻相存在之故」等等一樣無有實義。

辰二、破大種自性成立：

> 大種若各異，無薪應有火，
>
> 和合成無相，其餘定如是。

如果認為，所有四大種的兩種情況各自本體真實分開，互不觀待，異體存在，那麼就成了無有因之薪柴而有果之火存在。如果承許合而為一，則應成各自法相不復存在，原因是，猶如沒有認定有熱性就不知這是火一樣，法相混雜以後勢必導致四大種的名言不存在。對其餘三大（進行觀察）也必定會有這樣的過失。不僅火需要觀待薪，而且，所謂「火」的事相紅彤彤的顏色也是與本身的法相或能表熱性相聯、觀待而假立的。如同火

是依緣而生一樣，其餘三大種也都需要依於各自的法相、四大種相互觀待而安立，因為熱不存在，所謂的冷就不可能立足。我們應當知道，如同長短一樣，緣起而生並不是由本身形成的道理，因為互不觀待而說有無離不開常斷。依緣而生中的「依」與常邊相聯[15]，而遣除斷邊。如云：「何者緣起生，汝許為空性，無有自主法，汝獅吼無比。」

辰三、故說色法自性不成：

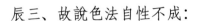

> 大種二相中，無境聚無境，
>
> 聚合無境故，色法實無境。

正如剛剛所說的那樣，所有大種在分開與聚合的兩種情況下均無有自性成立的外境，因此聚合本身也無有自性成立的外境。由於聚合始終不存在真實的外境，所以果色——五根及五境等的法相也只是對聚合假立的。可見，如果在真實義中衡量，則自性成立的外境絲毫也不存在，因為具有虛無縹緲經不起分析的法相。

癸二、破自相快樂之本體：

> 識受想及行，一切皆如是，
>
> 各體無境故，勝義中境無。

如果對方說：由於受與識、想、行一起產生，因此自性存在。

駁：即便如此也無有自性，識、受、想、行一切都

---

[15]與常邊相聯，是指在世俗中緣起顯現不滅。

第四品 國王行為

是方方面面聚合的，自性不成立，各自分開也是同樣，因為在勝義中本性不成立這一點已經抉擇完畢。具有樂受在真實義中都不存在實有的外境。《無盡慧經》中云：「受謂耽著……直至受謂分別之間。」我們要清楚，受僅僅是分別而無有自性的體相，猶如虛空。

辛二、破痛苦自相自性成立：

> 猶於苦偽造，真樂起我慢，
> 如是於樂毀，痛苦亦起慢。

如果有人認為：快樂雖然不成立，但痛苦自性成立吧。

正如對遇到貪愛的對境自相快樂本體有依據已予以否定了一樣，能令生起想離開愛著的對境——自相痛苦實際上也是義理的所破，因而是在勝義中予以遮破，猶如痛苦偽造，使得苦受稍有減退的時候，真正會以認為自相安樂的我慢或執著相而迷醉。同樣，當快樂被擊得粉碎，無有絲毫明顯的快樂，處在自相或者自性成立的痛苦中也會生起我慢及想要離開的愛著，而有實法的本體絲毫也不存在。苦樂也是相互觀待的法，並且因也不固定，比如，依靠同一個太陽也會生起熱乎與遣除嚴寒的溫暖的兩種快樂，雖然當聽到某一個聲音而感到恐懼、痛苦，當習慣以後也會產生歡喜。因此，認為成辦快樂與斷除痛苦只是迷亂，因為輪迴的有情苦樂感受無恆常、無自性的緣故，甚至在名言中也沒有定準，而是

中觀寶鬘論釋

交替出現，如同被藤皮所捆綁的人在太陽下曬和被雨淋的感受一樣。再說，一者感受痛苦而對另一者來說卻現為快樂，如果這些各自的本體成立，那麼就不該變成這種情況。如云：「蛇為孔雀快樂生，習毒毒成營養素，駱駝口中之荊棘，成為尤其歡喜因。」《攝正法經》中云：「如是菩提果，寂淨光明性，通達此受者，正念如是住。」意思是說，受與受者是緣起空性。

辛三（遮破之果）分二：一、宣說證悟空性而解脫；二、認清證悟空性之有境心後破其成實。

壬一、宣說證悟空性而解脫：

　　　　現無體性故，捨棄值樂愛，

　　　　及離痛苦愛，見此而解脫。

如上所述，受連同對境體性都不成立的緣故，通過修習它的意義而捨棄值遇快樂的愛與想離開痛苦的愛，斷除了愛就不會再積業，也就可以從輪迴中解脫出來，這也是通過現量見到遠離一切戲論邊甚深緣起之義並經久修行串習，斷除二障而解脫的。這是總的教誡想要從三界輪迴中解脫的諸位。

有些人說：所謂「一無所見」即見真如，難道不只是假立的嗎？

為什麼呢？說「見到真如」，這只不過是為了讓別人理解的詞句，而並非承認以所見能見的方式真實成立。

如果對方又問：倘若無有所見能見，那麼由何者見什麼呢？

如果說聖者的入定證悟空性的智慧在名言中也消失，去除無明的明覺也不復存在，則純屬顛倒邪說，如同順世派所許一樣成了誹謗，這就如同承認冰融化後消失水也不存在一樣。

另外，見勝義諦的心也並非成為勝義諦，而二取顯現已全然隱沒，僅僅是將在實相勝義諦無有二取顯現中入定的心各別自證智慧稱為見無生真如義而已。

有些人這樣承認：凡夫修勝義諦是依靠二取分別心，因而是「總相」。

將所謂的總相作為對境而護持，這種修行在修行高低、顯現、定解方面有真假的差別。聖者入定無為法自然智慧本身與對境勝義諦成為一味一體後，不離開虛空般的境界也安立為現量見到的名言，因為並不是像睡眠與昏迷那樣。也就是說，法性不存在前後剎那的順序，因而與之無二的智慧也無有次第，息滅一切戲論。於此只是說無有二取顯現，而真正不存在一切二取相只有在佛地，因為在佛地已滅盡了二取的習氣。

壬二、認清證悟空性之有境心後破其成實：

　　　　若謂誰見心，名言中說心，

　　　　無心所無心，實無不許俱。

假設對方說：如果心心所、所領受能領受一切都無

257

有體性，那麼由誰來見心呢？因為，如果心也是所知，則必然可見。

駁：說體性不存在並不是破名言，因此在名言中足可以說「我的心這樣這樣，他的心如此如此」。因為這並不是真相，心也是觀待而安立的緣起。心所不存在心不會生起，無有心也不會生起心所，可見實際並不存在體性成立的情況。也並不是由心本身見到心本身的真相，因為自己不會對自己起作用的緣故。再者也不承認兩個心同時一起產生。

如果對方說，這樣看來，以所謂的名言來見心心所合情合理。

假設前面產生的「快樂的心」是常有，那麼後來出現時也將見到，如果沒有常有的心，又見什麼呢？由於一起產生的事物會立即壞滅的緣故，所緣與能緣不存在。也有解釋說：由於無有本體的緣故，不承認不相觀待而俱生的情況。

庚二（大小乘所說空性）分二：一、僅得解脫亦需證悟無明之對治——空性；二、大小乘之差別。

辛一、僅得解脫亦需證悟無明之對治——空性：

> 如是真如中，知無眾生已，
>
> 猶如無因火，無住取涅槃。

上文中已闡述了愛的對境——自相的受不存在，諸如此類在真如中，於受等壞聚五蘊假立的有情或人我僅

僅知道輪迴的根本——俱生壞聚見無有獨立自主性還不足夠，認識到無有自性成立的真義並且了達一切蘊均非恆常後再進一步修習，結果猶如無有因——薪柴的果——火不存在一樣，投生世間的因——無明我執所生的一切業前世已滅盡無遺，並且引生後世的因——新積的業不存在，再加上依處或所依蘊不存在，由此無取而獲得涅槃。因此要百般努力。這以上是分別進行的教誡。

在此詳細宣說受是愛的因，愛則是引生有的主因。《釋量論》中云：「無明乃有因，未言唯說愛，能引相續故，無間故業非。」認為「我」是我執俱生壞聚見的所緣，如上所述，即是依於五蘊而假立的我。它僅是名稱而已，對於無實執為有實的耽著需要依靠證悟無我的智慧加以擯除。《釋量論》云：「對境未擯除，不能斷除彼。」通過詳細分析並加以修習，便能打破壞聚見的執著相及對境。《入中論》中云：「慧見煩惱諸過患，皆從薩迦耶見生，由了知我是彼境，故瑜伽師先破我。」

由此可知，我執無明一經斷除，就不再累積愛戀色等之業，從而便獲得解脫，這只是聲聞緣覺獲得的主要解脫之道。聲聞部所承認的無我並沒有切合真正的要義。正是考慮到這種解脫並不是能斷除煩惱的方便，具德月稱菩薩才以「緣色轉故生貪等，以未達彼本性故」來加以批評。壞聚見是對壞滅、聚合的蘊視為假立的

259

我，由此稱為壞聚見。

對此，有些論師說這就是指聲緣也證悟了細微法無自性的意義。

有些人則說：這是指，通達了眾生無我、色等不成立常有與整體是以無明之緣而積業所致，因此斷除業和煩惱才能解脫，單單是斷除三有之因的方便，在聲緣乘中也具有的意義。而證悟人無我與證悟色等剎那性也屬於空性的範疇，所以這裡所講的一切密意是指證悟粗大的空性。

辛二、大小乘之差別：

> 菩薩具如此，而許定菩提，
>
> 彼唯以悲心，受生至菩提。

大乘中所說的緣起空性之義，從空基的角度來分，則有十六種，並歸納為四種，地和波羅蜜多等深廣見行圓滿的菩薩由於具備這樣的功德，因而被承許必定獲得圓滿菩提果。

如果有人問：那麼，輪迴的因——我執所生的業和煩惱窮盡難道不成了像聲緣一樣捨棄輪迴嗎？

答：儘管從自利方面而言獲得了滅盡業和煩惱之無漏涅槃的安樂，但菩薩對之也不屑一顧，並如毒般拋棄後，不捨輪迴，大菩薩以智慧解脫所取能取，但完全是以諸多善巧方便與大慈大悲的驅使，乃至一切有情沒有獲得菩提之前一直於三有中受生，猶如日月無有疲厭運

行空中、蓮花出淤泥而不染一般住世。《優波離請問經》中云：「知此無有自性法，彼等勇士趣涅槃，雖享妙欲然無貪，斷除諸貪能調眾。」前面引用《經莊嚴論》的教證中云：「具諸大方便，惑成菩提支，息滅輪迴樂，佛子不可思。」這就是通達諸法無生的功德所在。

己二（制止捨棄大乘法藏）分二：一、廣說；二、攝義。

庚一（廣說）分四：一、不應捨大乘之理由；二、建立大乘是佛語；三、小乘中所說大乘道果並非圓滿；四、宣說三乘之必要。

辛一（不應捨大乘之理由）分二：一、詆毀大乘之過患；二、是故不應嗔恨。

壬一（詆毀大乘之過患）分三：一、詆毀大乘之情形；二、詆毀之因；三、詆毀之過患。

癸一、詆毀大乘之情形：

> 佛於大乘中，宣說菩薩資，
>
> 於彼了不知，極嗔而詆毀。

在建立大乘是佛語之前，首先陳述他者妄加詆毀的情況，善逝佛陀在大乘法藏中已廣泛宣說了菩薩的二種資糧，然而對大乘的圓滿道果一竅不通愚癡的諸聲聞部全然不知其義，而極度嗔怒斷言詆毀，這是極其不合理的。

中觀寶鬘論釋

癸二、詆毀之因：

> 不曉功與過，或功作過想，
>
> 抑或嗔功德，致使謗大乘。

誹謗之因——愚昧即是以下這些，對菩薩拋下自利而專心致志利他的功德以及全力以赴謀求一己私利並且損害他眾的過失一無所知；或者，將功德誤解為過失；或者，嗔恨饒益他眾的功德，就是由此而導致詆毀大乘的，因為除了這三種原因以外再無其他因素。《念住經》中云：「盡知過與功，乃為智者相，功過全不曉，即是愚者行。」

> 明知損他過，利他乃功德，
>
> 誹謗大乘人，稱之嗔德者。

如果有人問：詆毀大乘的人為什麼是嗔恨功德者呢？

明明知道無有悲心而損害他眾是過失，以大悲方便利益他眾是功德，卻仍舊對完全涵蓋殊勝方便智慧的大乘宗派妄言誹謗的人，理當被稱為嗔恨功德者，因為大乘經論中圓滿宣說了否定他過、肯定功德的方便智慧，而小乘的經論只是片面提及，由於自身種姓、根基低下而遠離殊勝方便智慧成為聲聞不能堪為大乘法器，致使詆毀其他大乘善緣法器，擁有佛語的菩薩成辦二利的功德處，經中說：「須菩提，此外，住界者⑯，趨入無學之

---

⑯住界者：指即將解脫的小乘行人。

第四品　國王行為

法，於有情置之，三有視如烈火，於彼深惡痛絕，三界之分別，剎那也不喜成辦，不歡喜世間者，非為佛陀之法器。須菩提，後際俱胝劫披大盔甲不畏不懼三有、三界之行境，離垢，輪迴作樂園想，作無量殿想，遠離希求貪著三有者，堪為佛陀之法器。」由於一味沉湎於共同宗派而不具備不共深法的緣分，自己不信解而信口雌黃等，也歸屬於這類人當中。

癸三、詆毀之過患：

> 不顧自利益，一味喜利他，
> 功德源大乘，嗔彼遭焚毀。
> 具信以誤持，嗔恨另一方，
> 信士尚說焚，何況由嗔離？

菩薩不顧自己的利益而一味喜愛利他，菩薩所修的圓滿功德猶如大海般的源泉就是大乘，《經莊嚴論》中云：「所緣及修行，智慧勤精進，善巧方便法，真實成就大，佛陀事業大，具此七大故，決定稱大乘。⑰」其中前五者是因——道，後二者是果。嗔恨大乘的嗔恨者自己將長久在無間地獄中被焚燒，因為已造下無與比擬的滔天大罪之故。不僅如此，而且對甚深空性有信心者因錯誤受持而理解成（空性就是）無有因果的意思，另一種是，具有邪見者由嗔恨空性而捨棄空性，在這二者當中，經中說無視因果而誠信空性者尚且也由斷見所

---

⑰唐譯為：緣行智勤巧，果事皆具足，依此七大義，建立於大乘。

感而在惡趣中受焚，無有智悲而存心嗔恚者背離空性智慧波羅蜜多之義被焚燒就更不言而喻了，必定被焚燒。因此，即便無有勝解心而受持，但切切不可誹謗甚深之義，有關這方面的教證前文中已引用過。《梵施王請問經》中云：「開顯善說之正法，罪行境者執非理，無信於法起懷疑，多俱胝劫成瘋子。」《寶篋經》中說：未來之出家眾捨棄深法而墮入無間地獄，於多劫中感受無量痛苦，設若轉生為人，也會屢屢投生為天盲，或轉為無舌、面目歪曲、上身駝背、聲如犬吠、恆常被飢渴所逼、身體黑瘦、兔唇、眾人不悅等等有不可勝數的過患，書之不盡。

壬二（是故不應嗔恨）分五：一、以小苦亦可除大苦合理；二、於暫時雖有微苦卻能除大苦之大乘行為不應嗔恨；三、為大樂努力合理而貪著小樂不合理；四、理當歡喜大乘；五、攝義：

癸一、以小苦亦可除大苦合理：

> 如醫術中說，以毒能攻毒，
> 小苦除大苦，如是何相違？

如果對方說：理當嗔恨大乘，因為，大乘中布施頭顱等苦行艱巨，無法忍受，並且難以證悟。

駁：這種論調實不應理，比如，按照《大悲醫療術》中所說，依靠暫時引生疼痛的毒能夠去除致人於死地的毒。同樣，以今生的微小痛苦可遣除不利於未來的

第四品 國王行為

劇烈痛苦又有何相違呢？絕對不相違，因此應當歡喜。

　　癸二、於暫時雖有微苦卻能除大苦之大乘行為不應嗔恨：

共稱一切法，意主意先行，

雖苦以益心，行利豈無益？

　　雖然是痛苦的事，但作為智者也不應該對此嗔恨，因為以微乎其微的痛苦也能夠成辦廣大利他之事，以善意引發的身語業也成為善法，諸法之前意先行，大乘經典中一致共稱「意為主」。《寶雲經》中說：「世間心繪畫，以心不見心，善或不善業，皆由心所積。」又云：「諸法心引導，意主乃意行。」因此，以菩薩的難行之苦想利他也是意占主導，因此以饒益的意樂行持利益之事，無有世間的損害而利濟世人，怎麼會無有利益呢？必將有利。在世間中，只是以好心好意而做某些事的人，即使沒有利益別人，卻也被視為幫助，更何況說切實有利於他眾呢？儘管並未直接付諸於實際行動中，但如果具備一顆善良的心，那麼與直接利他一模一樣。《菩提心釋》中云：「無力行利他，然彼心恆行，具有何意樂，彼即實地行。」《寶雲經》中也說：「心是諸法之先行，若徹知心則徹知諸法，心性自在則諸法自在。」《華嚴經》中指明：「菩薩之一切行為依賴於自心。」又云：「成熟調伏一切有情依賴於自心。善男子，我如是思維，當以一切善根令自心性穩固；當以一

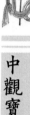

中觀寶鬘論釋

切法雲普皆滋潤自心；自心由一切成障礙之有法中得以
清淨；當以精進令自心性堅固。」自相續成熟的菩薩毫
不費力調化他相續，並由於菩提心純熟的緣故一切所行
無不成為利他。如云：「善巧真方便，無不成利益，若
知善配製，無不成妙藥。」

苦利後尚為，何況為自他，

安樂與利益，此法是古規。

作為菩薩，如果對他眾有利，縱然是無間地獄尚且
也能歡喜趣入而忍受，更何況安忍為正法苦行的微小痛
苦了。比如，應用針灸、火燒等措施雖然就眼前來說不
快樂，但由於能消除後來的重病而大有益處，如此尚且
理所應當實施，那麼成為自他暫時究竟我的大樂與大利
之因，現在修法的少許痛苦，理當承受更何須說呢？這
是不言而喻的。安樂不僅是針對未來，就是對眼前也有
幫助，婆羅門子星宿，以菩薩接觸的威力而獲得利樂，
這是印度注釋中出現的。為了消除其他的劇苦，對怨敵
的無理取鬧以及難行之事等損惱，自己要有承受痛苦的
毅力，此法是三世諸佛往昔的優良法軌、純淨之道，並
非是置有利自他之外諸如依於難忍五火一類的有害道，
說明確鑿的依據是為了令人誠信，就像講述以前安忍仙
人等的傳記一樣。

癸三、為大樂努力合理而貪著小樂不合理：

若捨小安樂，能見大安樂，

願王見大樂，拋棄小安樂。

假設竭力捨棄、徹底放下瞬間滅盡、不成為大樂之因眼前的小安樂能見到後來得到大安樂，那麼菩薩照見未來的大樂對自他有無邊利益，毅然放下蠅頭小利暫時的安樂而承受大乘道的苦行與痛苦等來修行，這是善巧方便的殊勝道。比如，在世間上人們著眼於未來而承受暫時的艱難困苦，奮發圖強，結果也會大功告成。菩薩修法的苦行絕對是安樂之因，可是愚昧無知、無有耐力的人們卻忍受不了修法的飢渴等苦行，反而去忙碌大苦之因——眼前的小樂。比如：一隻烏鴉進到大象死屍的腹內啄食，突然間大雨傾盆，結果大象的屍體被沖到湖裡，烏鴉也葬身其中。

設若不安忍，醫師為病癒，
予藥於患者，此非應嗔處。

假設忍耐力微弱到連為了大樂捨棄小樂的這一點痛苦也忍受不了，感到忍無可忍而非捨不可，那麼為了治癒重病，醫生不考慮小小的不舒適而以慈悲心腸給患者苦辣澀味等的藥物，對於根除大病的方便、給以後帶來安樂的藥物，也不該忍受而需要扔掉，但不該扔掉，因為依靠此藥能消除重疾之故。《經莊嚴論》云：「如藥嗅則臭，品嘗則香甜，法亦有二種⑱。」對此深道的要訣與方便懵然不懂、毅力薄弱的那些人只是毫無意義地妄

---

⑱唐譯為：譬如飲藥苦，病差則為樂，住文及解義，苦樂亦如是。

加誹謗。其實，並不是說凡是入大乘者一開始就要實地奉行布施頭顱等難行之事。從初學者到修到最高層次之間的道次第也要由淺入深、由易到難一步步加以引導，就拿布施來說，最初也只是布施青菜、一把糌粑，將一瓢食物也觀想許許多多而布施眾多對境，如此修心，前文中也已講過，極度修習者把他人視為痛苦的事也看成安樂的道理。正如《聖雄長者請問經》中所說：「當遠離如撕鬆柳絮般之心。」心不要怯懦，心要堅強，不要認為像修法這樣的苦行我實在忍受不了而自輕自賤，如果能藐視痛苦轉為道用而修習，那麼即便是巨大的痛苦也會變成修道的助伴，而成為歡喜之因。又如云：「於道諸懷疑，障行解脫道。」恐懼也與耐力小一樣會成為修道的障礙，就像在世間上，有怯懦心理的人們也不能策勵從事，因此成辦大事也會半途而廢，功虧一簣。

凡成損害者，智者見有益，
一般與特殊，論中皆讚許。

此外，在低劣眾生的眼裡看成是違緣災害的事，而在精進行持菩薩行的有些善巧方便修習安忍者看來，絕對是成為善法順緣的事。所以，切莫因害怕小苦而失去大樂。為什麼呢？修行達到登峰造極境界的菩薩才能做到布施頭顱等難行之行，甚至連沒有這種修行境界的菩薩也承受不了，更何況說聲聞呢？誠如《入行論》中所說：當前赴沙場時，有些懦夫看見其他傷員的血也承受

第四品 國王行為

不了而昏迷過去，可是作為英雄即使看到自身流出的鮮血也會更加堅強不屈而大獲全勝。

如果有人問：這樣一來，難道不是與所說的「輪迴是苦性故皆當斷除」的教證相違了嗎？

答：一般來說，的確如此，但在特殊情況下，雖然菩薩安住在輪迴中而表面看起來似乎有歷經苦行等少許情節，但唯一是自他安樂之因而絲毫不存在痛苦與傷害。例如，通常而言此毒是有害的，但經過善加配製的毒是大營養，這是就特殊情況來說的。可見，了知一般與特殊而開遮的差別是所有經論中一致高度讚歎的，因而要精通一般與特殊的意義，這是從名言的角度安立的。如果在勝義中輪迴的痛苦本性真實成立，則無法斷除，從而導致誰也不能從輪迴中解脫。再者，如果一者感覺痛苦真實成立，那麼對於一切眾生來說也需要成立，如此一來，菩薩就不能為了遣除痛苦而住於輪迴中，但實際上，了知痛苦無有自性，並且以善巧方便在名言中足可遣除於眾生迷亂心識前顯現的痛苦，由此菩薩才安住於輪迴中。

癸四、理當歡喜大乘：

> 大乘之中說，先具大悲行，
>
> 無垢之智慧，有心誰謗彼？

菩薩以大悲攝持的如海行為及無垢方便智慧而成為一切眾生之至親的道理，大乘《華嚴經》等經藏中完整

中觀寶鬘論釋

地闡述先具備「願一切有情離苦的大悲」作為前提一切菩薩的圓滿行為，以及證悟究竟空性、無有四邊之垢的智慧，對此，有心的智者誰會誹謗大乘呢？不應當誹謗。這裡與前面所說的無二智及《入中論》中所說的無二慧，並非僅是破除實有的無遮，而是不耽著有無二邊的智慧，菩提的這三種因無有固定順序。獲得無上菩提之因這樣的圓滿大方便智慧在小乘中並沒有宣說，即便已經稍加提及，也並非不屬於大乘中。因此，誹謗大乘者實際上也已誹謗了你們自己的法藏。菩薩肩負利他重任的功德尚且不可思議，更不必說其他行為了。《念住經》中云：「非心皆領受，大悲為莊嚴，彼伴成此世，美名普周遍。」又云：「布施諸有情，唯一慈心勝。」月稱菩薩說，普度眾生的這一誓願不能離開無二智慧，諸位聲緣聖者如果也具備這種智慧的話，也就成立能夠具有此誓願。此外，《寶篋經》中說：「文殊，如此，輪王寶以黑沉香、象之精華塗敷，即刻一切軍隊住於空中，如是以發菩提心沉香塗敷之菩薩，一切善根超越三界，成為善逝之智慧、虛空之行境、一切無為法之究竟。善男子，猶如聚樹花中或芝麻油中散發之芳香，瞻波伽花、肉蔻花薰染百千日中之衣服或芝麻油中亦不會發出。如是以一切遍知心持續一生薰染之菩薩功德妙香，散發於十方佛陀面前，百千劫中修行之一切聲聞、緣覺亦不會散發出無漏善根與法之智慧妙香。」可見，

詆毀宣說如此深法之宗極不合理。

癸五、攝義：

> 於極深廣義，懈怠未修行，
>
> 自他之諸敵，由癡謗大乘。

菩薩行極其廣大卓越、實相之義格外甚深，僅僅聽聞便心驚膽戰，進而懈怠的人，自己以往未曾精通、修習大乘法藏，以致於妄加誹謗，這是自他不共戴天的敵人，所有這樣的冤家對頭，都是因為自身極其愚癡才這般隨心所欲地詆毀大乘，實在是可悲之處。《經莊嚴論》中云：「由小信界伴，不解深大法，由汝不解故，成我無上乘。」聲聞部的能樂比丘撰寫有一萬二千頌的《正理莊嚴論》來遮破大乘，對此阿闍黎龍樹菩薩已經予以駁斥。

辛二（建立大乘是佛語）分三：一、宣說波羅蜜多之行；二、需接受圓滿宣說大菩提道之大乘；三、從中了知佛之圓滿殊勝性。

壬一（宣說波羅蜜多之行）分三：一、大乘法藏無有少許過失；二、宣說大乘之攝義；三、是故大乘成立為佛語。

癸一、大乘法藏無有少許過失：

> 施戒忍精進，禪慧悲體性，
>
> 彼即是乘故，此豈有謬論？

一般而言，菩薩行無量無邊，但歸納起來，那就是

中觀寶鬘論釋

271

攝受共不共所化眾生的六度萬行。菩提同品行、四攝之行、神通神變行這一切如果完全概括，即是已入之行——布施、持戒、安忍、精進、禪定、智慧六度。如果所依發心與因大悲及助緣無分別智慧的一切體性即是大乘，那麼由於佛在大乘法藏中已經圓滿宣說了這些的緣故，此大乘怎麼會存在邪說謬論的成分呢？絲毫也不會存在，因此應當視為正量。不僅如此，而且你們的法藏是佛語的理由「在律藏中出現，符合經藏，與論藏不相違」，這也可包括在大乘的內容中。《勸發勝心經》中說：「彌勒，此外，當以四因了知一切辯才乃佛所說。何為四因？彌勒，此辯才具義而非不具義，具法而非不具法，能滅煩惱而非能增煩惱，宣說涅槃功德利益而非宣說輪迴之功德利益。彌勒，若具此等四法，則如前當知。彌勒，比丘或比丘尼，優婆塞或優婆夷，具足此等四因之辯才，無論辯論與否，善男子，善女人諸信士於彼等當起佛陀想，作本師想而聞受妙法。何以故？彌勒，任何善說，彼等皆是佛所說之故。彌勒，彼由嗔恨補特伽羅故而言『此等非佛所說』，捨棄彼等四辯才，於彼等不起敬心，即捨棄佛所說之一切辯才，以捨法而貧乏正法之現行業將趨向惡趣。彌勒，是故善男子善女人任何信士欲由貧乏正法之業中解脫，切莫由嗔補特伽羅故而嗔法。以四因不違法性即是真實善說之法相。」此經義在《寶性論》中以偈頌說道：「何者具義與法

繫，能斷三界煩惱語，顯示寂靜之利益，即是佛語餘反之。」嗔恨法與補特伽羅，也有為惡友所欺、我執無明的業為前提所導致的。諸如，舍衛國的帕吉波國王以往昔宿業想毀滅釋迦城，生起嗔恨一舉消滅。《文殊根本續》中云：「善說之法誰聽受，佛陀所說無懷疑。」可見，凡是理由充分並是三觀察清淨之法，都直接間接是佛語，屬於佛語，因此，所有欲求自我善妙者都萬萬不可隨隨便便妄加罪名。如果觀察，與上述理由緊密相聯，則必須如同佛語一樣看待。此外，需要以三觀察來抉擇，聖天論師說：「何義依教理，善加真實說，前後無相違，正士盡持受。」也並不是說不經認真觀察而僅以恭敬之心這樣做的，否則就分不清好壞而無法了悟有必要性的要訣。《藏幻鑰經》中云：「汝等諸眷屬，如燒砍磨金，盡察我之語，當取非因敬。」

癸二、宣說大乘之攝義：

施戒行利他，勤忍為自利，

禪慧解脫因，總攝大乘義。

從六度各自的作用或者功效的角度而言，由於十善的戒律與施捨一切財物的布施能成就增上生之身體與受用，因而暫時利他，喜樂善法的精進與安忍苦行觀待暫時而成辦自利。心平等安住的禪定與如理如實了達實相的智慧二者是解脫之因，可見，這就是六度及其作用。這是簡明扼要宣說大乘藏的法義。通過這些也容易了解

中觀寶鬘論釋

作用與自利、他利的差別。詳細內容，恐繁不述，因而當從其他論典中得知。

　　以布施等方式令安樂的慈心、願離六度之違品的悲心、具足六度或具其一的喜心、無有具布施之快樂而貪執及具無布施之痛苦而嗔恨的捨心，以布施招集，以愛語宣講六度，令他行持，自己也行持，六度既具足四無量，也具備四攝。三學二資糧也是六度的分攝，慈悲、菩提心、迴向等是初中後不可缺少之法，實際也包含在六度當中。所以，如果受持這些意義，就是受持大乘義，如果受持宣說此等的論典詞句，就是受持大乘的論典與詞句。意樂加行圓滿而勤行此六度，即稱為安住大乘之菩薩。《地藏十輪經》中說：「大乘即護持超勝之淨戒；具足超勝之妙行；依於超勝之慚愧；於後世苦果極度恐懼；一切不善之法悉皆捨棄，歡喜策勵奉行一切善法；慈悲周遍一切有情；為利樂一切有情而精進；救度一切有情脫離輪迴痛苦；不顧自身之安樂而力求利樂一切有情。此等即稱安住大乘者。」相反，只是徒有虛名而並不是真正的大乘行者，《地藏十輪經》中云：『失毀戒律喜罪者，聞受大乘勝功德，求名圖利誚大乘，如驢身披獅子皮。』又云：『欲速獲得勝菩提，勵力行十善業道，不謗我法極力護』……」

　　思維此中所說的道理後應當恭敬大乘。

　　癸三、是故大乘成立為佛語：

二利解脫義，略言佛聖教，
唯六波羅蜜，故此是佛語。

利益自他之因暫時與解脫的一切意義，略而言之，即小乘法藏中佛陀所說的這些聖教連同地道的安立等一切法義，無餘包含在六度當中。你們的法藏難道不也是不同程度地具有不貪資具、法施、斷七所斷及從屬的戒律、不違越沙門四法的安忍、猶如頭上著火般的精進、禪定及證悟無我的智慧等這些嗎？這些內容都是一位說者，只是針對所化眾生根基的不同，為一個目的而宣說的，而對此爭論是不是佛語只不過是愚者的做法罷了。由此可見，此大乘法藏依教理成立是佛語，應當承認這一點。五百世受生為班智達的大智者世親菩薩最初趣入聲聞宗派，待到根基銳利之後通達大乘並淨除對大乘所作誹謗的障礙，至尊彌勒菩薩授記說：「如果著重弘揚大乘並多著注疏，則後世可面見本尊。」

壬二、需接受圓滿宣說大菩提道之大乘：

菩提之大道，福智之自性，
佛說大乘教，愚盲不納受。

他們聲聞學人不接受大乘的緣由：對於無上菩提大道福德智慧二資糧的自性是佛陀在菩薩乘法藏中所宣說的此大乘二資糧的完整自性不能理解，致使諸愚盲者不接受。這是宣說前文內容結尾的道理。如果對本論中所含有的一切教言能夠接受，那麼也就能接受詳細宣說與

中觀寶鬘論釋

此類似的二資糧的大乘，而不致於誹謗。

壬三（從中了知佛之圓滿殊勝性）分三：一、色身與法身之無量因乃大乘中所說；二、小乘中所說之剎那無常盡智與大乘中所說無生智二者於空性中一義；三、若示未通達大乘之義則不破不立而不應嗔恨。

癸一、色身與法身之無量因乃大乘中所說：

> 功德如虛空，說佛德無量，
>
> 佛陀殊勝性，大乘說忍此。

究竟果位的因——功德如虛空般超越所量對境，不可思議，無量無邊，因此，如來果位的斷證功德也無量無邊，這是佛陀親口所說。為什麼呢？對三界怙主大尊勝佛陀的如海功德本體唯有大乘中才予以宣說，希望對此堪忍接受。如果不接受作為因的大乘法，也就同樣不能容納作為果的佛陀功德。

> 聖者舍利弗，亦不知戒蘊，
>
> 故佛優勝性，無量何不忍？

如果有人問：那麼，佛陀的功德如何不可思議呢？

往昔，目犍連尊者想測量佛陀的語密之邊而前往西方，越過了九十九恆河沙數世界，到達了光輝幢剎土，以佛陀的威力感召而來到光輝王如來面前。光輝王如來告訴他，由於佛語等同虛空邊際的緣故，不用說衡量它的邊，就是再來也辦不到。目犍連尊者聽後頂禮佛陀才返回自己的境內。釋迦佛問舍利子：「了知佛陀之戒蘊

第四品　國王行為

等邊否？」尊者答言：「不了知。」神通第一的目犍連與智慧第一的舍利子，姑且不論佛陀的無量功德，就連佛語一音之邊、單單的戒蘊也未了知，那麼你們為什麼不接受佛陀大尊勝的功德及其因不可思議無量無邊呢？理當誠信接納。原因是：佛果的無量無邊功德，無因也不可能產生，也並非是隨心所欲自然而然產生的，是依靠無量因為前提而產生。如果誠信因果之間有著隨存隨滅的關係以及佛果的無量功德，那麼必然對這些的因——甚深二資糧堅信不移。因此，也必然對宣說圓滿因果的大乘經論誠信而斷除誹謗，這一點依理成立。

癸二、小乘中所說之剎那無常盡智與大乘中所說無生智二者於空性中一義：

　　大乘說無生，餘說盡空性，

　　盡智無生智，實同故當受。

因此，大乘法藏中所說諸法自性無生的滅法與其他聲聞部你們所許佛語的小乘法藏中所說的無常無堅剎那毀壞、滅盡、補特伽羅獨立自在成實空性的滅法二者，也就是盡智與無生智實際上是一個，為此希望接受。其原因是，作為因的業惑我執滅盡、果蘊不復產生的法性與自性無生的法性意義相同，所以認為無我與空性不同而畏懼實不合理。

　　空性佛陀體，如是依理觀，

　　二乘智者前，如何不等同？

277

所謂的空性，道的所緣與佛陀在大乘中所說的大法身的本性，如果以理觀察分析，則大乘與小乘法藏中所說的無我法界並無有不同之處，在諸位智者面前為何不平等呢？本是同等的。人（即補特伽羅）無我空性也叫做法身，聖者江哦稱說：「我已見到佛陀法身，仍然想見到色身。」《巴薩能現王請問經》中云：「我之法身如意寶，由邊來敵所偷盜，藏於相之密叢中，令我仍縛漂輪迴。」諸法的實相，命名為法身，證悟其中少許也稱為法身並無相違之處，就像下旬十四天的月亮也叫做月亮、小小容器內的空間也同樣是虛空為此也稱為虛空一樣。又如《智光莊嚴經》中云：「恆無生法即善逝，一切萬法如善逝，凡夫執著為相狀，享受世間無有法。」

如果細緻分析此處的意義，則聲聞部將大乘中所說的自性無生的緣起空性和他們自宗的無生二者視為不同，進而對空性及宣說空性的大乘加以誹謗，正是為了制止他們的這種誹謗才出現了這些論典。此外，《六十正理論》中說：諸聲聞部聲稱：有為法的蘊無常，苦及苦因滅亡，相續中斷將獲得滅諦涅槃。而不承認了達蘊等諸法自性無生而獲得涅槃滅諦。

如此一來，你們的兩種涅槃也不合理，原因是，「誰者將現前」說明無餘涅槃不應理，「了知者如何」說明有餘涅槃也不應理。此論的注釋中引用大乘經中

說：「無餘斷除此苦，必定斷除，得以清淨，遠離有漏貪，稱為滅、寂靜、隱沒；不以他苦而結生，而此生即是寂滅等涅槃。」再有，「小乘經中也說：最後有時，諸阿羅漢生已窮盡，依於梵行。此有不會受生他有。」

對此，有些智者說：當時認為生已窮盡與滅亡的智慧需要解釋成自性無生，否則與前面經中所說相違。

聲聞部雖然否認諸法無自性，但必然承認智慧不執著我與我所，恆常與整體不成立。如果不承認這一點，則認為滅盡我之生的執著自然出現，這樣一來就成了我執，結果將無有解脫。因此，務必要知道，補特伽羅無實有、蘊等之法不存在恆常、穩固的自性。《象力經》中云：「設若諸法有自性，如來聲聞當了知，永恆諸法不涅槃，智者永不成無戲。」可見，聲聞如果證悟了諸法的支分人無我體性為空性，則可稱為證悟法無自性，因為我是體性的異名。如果沒有證悟此理，那麼就成了連細微人無我也未證悟，龍猛師徒也是考慮到這一點才說需要證悟無自性。

總的來說，聲聞、緣覺的解脫也是來源於無自性的空性。這裡，常有、穩固、永恆、不壞等梵語都是「夏秀達」，所以它們的意義是一樣的。聲聞部的宗派，會招致如下過失：蘊無餘滅亡、相續中斷時不存在現前滅諦的作者，有餘涅槃時由於蘊不滅的緣故，也就不存在所了知所現前之蘊滅亡的情況。實際上與前面經中的說

中觀寶鬘論釋

法並不相違，原因是，獲得見道以後證得涅槃的方式雖然不明顯，但如果「無餘斷除此苦」中的「此」是表示近的詞，代表有餘階段，講解成聖者的入定為無餘，後得為有餘，那麼入定平等趣入無我實相時即是滅、寂，如同說現法寂滅與身現證一樣。通達有為法剎那滅亡以及無我的一切滅，都與大乘中的無生滅自性相同，如前所述一樣。《六十正理論自釋》中也是這樣建立的。關於後得教誡他人得入定之寂滅的公案：舍利子尊者因為在馬勝尊者面前聞受緣起無生的四句而獲得見道，自己享用現法寂滅等，為他人再次重複念誦而出現了此《隨念經》。後來，佛陀為長爪梵志說法時，舍利子證得阿羅漢果位而不再結生到後有，正是考慮到這一點，才說「此有不會受生他有」。

印度中觀論師桑吉根嘎說：「大乘自宗的觀點，是講諸法自性無生的涅槃，現前的智無自性也不可能使相續中斷。所以，入定滅諦一味也是在名言中才成立所知能知的關係，因此無有常斷等任何過失。上述的舍利子僅是範例而已，一切聲聞並不是都如法炮製。一般而言，聲聞、緣覺雖然也有了達法無我的，但由於所知障並沒有完全滅盡的緣故，不具備圓滿智慧，也就是說，並非完全了達具有無勤無相自性的法無我。」

如果有人問：那麼，阿闍黎龍猛菩薩不是說「未證悟無相，汝無有解脫，故汝大乘中，彼已全整說」了嗎？

這是說需要通達藍黃等一切相為無常、苦等的意思，而《十地經》中說細微無相是大乘解脫之因。無漏業所引發的細微耽著是相狀之戲論，如《慧海請問經》中說：善巧方便的善根假立為煩惱，對此一切有著是法的細微耽著。

因此，大乘的觀點最初就具足無生緣起離戲十六空性的法相，即是一切種智的不共因，這在全論前後均有說明。可見，「上述並非聲聞緣覺安立的本義，有為法剎那也不住留而滅盡，滅盡以後不復產生，猶如油盡的油燈不會燃燒一樣，也屬於大乘所說的無生中，依此而斷除業惑之後引向解脫道，聲聞、緣覺也有證悟法無自性的情況」，這是龍猛師徒的一致密意。麥彭西寧上師說：「無生與剎那無有任何本質的差別。」

癸三、若示未通達大乘之義則不破不立而不應瞋恨：

> 如來密意說，非易了知故，
> 說一乘三乘，中立護自身。
> 中立無成罪，瞋罪不成善，
> 故欲己善者，切莫瞋大乘。

如來以密意所說的一切聖言，有一般與特殊、文從義順⑲、文義悖謬⑳等許多情況，因此，並非智慧淺薄

---

⑲文從義順：文字和含義一致。
⑳文義悖謬：文義不一致。

者輕而易舉便能理解的。為此，大乘的多數論典中說歸根到底為一乘，而另有說究竟三乘，後面的說法是帶有密意而說的，因此是不了義。前面的說法不含有密意，所以萬萬不可妄加誹謗。按照法界而言，由於眾生的自性住佛性無有差別，故而究竟只有一乘，這一點依理成立，而各自分開的三乘不合理。觀待所化眾生的意樂而宣說三乘這並非是真實了義的，《楞伽經》中云：「為引諸凡愚，我說乘分類，然乘無安立，我言唯一乘。」根據眾生積累資糧、智慧高低的不同而安立三乘。比如，為了解除長途跋涉旅客的疲勞，而次第住宿、行進。同樣，輪迴的路途遙遙，為了讓疲憊不堪、無力勤行甚深之道的智慧低下者暫時休息而使內心不再流轉，而說三乘，因為《楞伽經》中說：「此外，大慧，煩惱障與業習氣未斷之故，於一切聲聞、緣覺未說一乘。未證悟法無我、未斷除有實之死墮故說三乘。」又云：「通達一乘非我莫屬，而外道、聲聞、緣覺、梵天等未得，盡斷所取能取分別永不復生之故說一乘……」

　　另外，所有聲聞、緣覺的無我本身也與法界相同，因為上行梵語中稱那雅那，所以僅從是乘這一點是相同的，所有聲聞緣覺暫時儘管已經得到解脫，但與大乘的究竟解脫比較起來，只是相似的解脫。關於究竟一乘，《妙法白蓮經》中云：「授記舍利子未來時成佛，名號蓮光佛。」此經中又云：「如此說涅槃，汝脫輪迴苦，

汝仍未涅槃，當覓佛此乘。」可見，經佛陀勸請而令諸
位聲聞起滅盡定。《三摩地王經》中云：「一切眾生將
成佛，此無任何非器眾……」《吉祥鬘獅吼經》中說：
諸位聲緣阿羅漢，如揮劊子手之寶劍般畏懼輪迴，他們
還沒有滅盡生，由於未斷除生而距離涅槃遙遠，他們還
有若干所要斷除的法。其中宣說了有關的許多道理。

　　如果有人問：那麼，為什麼對他們宣說盡智與無生
智呢？

　　那說明此經中是不了義，宣說聲聞緣覺的證悟與解
脫智也並非究竟而是不了義的。本論中說大乘的無生與
盡智、無生智一致，也很明顯是指在有必要情況下的不
了義說法，而且也指明並非所有見解都與大乘相同。
《楞伽經》中說：所有聲緣因斷除業惑而不轉輪迴，也
就是說暫時從無漏法界中不退轉，把他們稱為不可思議
的士夫，他們的斷證與解脫均不究竟，如同火滅一般涅
槃而盡劫數之中安住於清淨佛刹蓮花苞中，後來依靠無
量光佛等諸佛的光芒激發而醒悟後步入大乘。此經中闡
述了許多這樣的道理。如果對佛陀所說的一切密意不能
如實決定通達，那麼絕對應當保持中立而維護自己，以
免毀壞自己。不起懷疑、不置可否永遠也不會成為罪
業，經中說：「處於中立我不說謂捨法者。」以自己未
通達作為理由，而嗔恨正法實在是罪大惡極，絲毫也不
會成為善事。所以，凡是欲求自我完善的眾生都切莫嗔

恨大乘，對此萬分謹慎至關重要。由此可見，實在不該由耽著自道是至高無上的終點而嗔恨大乘道進而加以詆毀。我們務必要想到，此大乘是最終一切有情走向不住一切之涅槃法界的唯一寂靜門，而依於如來言教本該生起恭敬心。《攝集經》中云：「如是無怯趨入菩提心，此乃一切正士勝盔甲，何故此謂大乘之菩提，駕彼令諸有情至涅槃。」

辛三（小乘中所說大乘道果並非圓滿）分三：一、聲聞法藏中未圓滿宣說菩薩行；二、僅以四諦及道品不能成佛；三、智者理當信受大乘法藏為佛語。

壬一、聲聞法藏中未圓滿宣說菩薩行：

　　聲聞彼乘中，未說菩薩願，
　　行為及迴向，豈能成菩薩？

假設有人懷有這樣的疑問：只要依靠聲聞乘就能獲得佛果，此殊勝因有什麼用呢？

大小乘的所有道並非都是共同的，宣說聲聞乘的小乘法藏中並沒有宣說菩薩的十大誓願等。大悲等、十地、十度、二資糧、不可思議的法性等無邊甚深見解、廣大行為，以及菩薩的善巧方便、威神力非凡夫與聲緣思維所及的一切特法，在大乘中才有宣說，然而小乘中對這樣的見行及殊勝迴向等並未詳細說明。小乘中只是提及通過實修歷經三大阿僧祇劫方得成佛，又豈能成為圓滿修道的菩薩呢？不可能成為。「普得清淨諸行海」

並非像聲聞行為那樣有限，而是無邊無際、不可包容，因為輪迴無邊的緣故，利益對境眾生的善行也無有限量。假設小乘承許除了他們自己所說以外成佛的殊勝因並不存在，而且只有靠這麼實修才能成佛，那麼你們也已經成了與菩薩力量相同，由此發殊勝菩提心後修行三大阿僧祇劫為何不能成佛？因為成佛之道你們自己就具有的緣故。對方必須承認這一點。此外，於染污法方面來說，小乘認為染污法是三界，於其中會成為煩惱者；菩薩不刻意斷除煩惱，雖然安住於三界，卻不成為染污者，這是不可思議的方便。對於清淨法，概括而言，（小乘、大乘分別是）以廣大、殊勝的意樂而進行修智慧。小乘具足一味熱衷自己涅槃而竭力擺脫貪執三有及世間受用之煩惱所致的廣大意樂；菩薩具備以大悲善巧方便為前提觀照有情而緣大乘殊勝見行的殊勝意樂。因此，菩薩的此道與聲緣迥然不同。如云：「對於菩薩等持的名稱，諸聲緣尚且不知，更何況入定於彼等持。」這已體現出一切見修中，大乘更為超勝。不僅如此，而且菩薩的每一度又具足六度，以這種方式實修的方便多種多樣，可見，只是持戒的邊際尚且也無法想像，那麼其他所有行為就更不言而喻了。《寶雲經》中云：「善男子，菩薩如何以菩薩之學處律儀防護？如是觀察，僅依別解脫戒我不能成就真實圓滿菩提真實圓滿佛果，而如來於佛經及彼等中具有之菩薩行為及菩薩學處，我當

學修……」其中作了廣說。別解脫戒只是代表，四念住等其餘所有共同道也要這般了知。

加持成菩提，佛陀未曾說，

此義較佛勝，正量他誰有？

此外，菩薩為了自他獲得無上菩提，甚深願力等的加持或所依均圓滿，這在小乘的法藏中佛陀並未說明，因為一切聲聞暫時不能堪為此法的法器之故。關於此義，比如來佛更殊勝的無欺正量他者誰會有呢？誰也不具有。所以，凡是恭敬佛陀者切切不可捨棄佛所說的大乘法藏，否則就不是如來的隨行者。《梵施王請問經》中云：「乃於此教信仰者，何者不信此聖教，非我隨行我非師，圓滿行道因即信。」又云：「彼等無信出家已，亦謗引導之教法，彼於此教不深入，僅著法衣稱比丘。」世尊言：「大王，此等四者於此教出家是險隘。何為四者？即不敬佛陀者、誹謗妙法者、嗔恨說法者、無有精進（指不聞思修行）而接受信財者彼等四者。」

壬二、僅以四諦及道品不能成佛：

加持四聖諦，及菩提分道，

共同聲聞中，佛果以何勝？

如果有人說：在三大阿僧祇劫中只是修四聖諦與三十七道品即能獲得佛果。

駁：事實並非如此。因為這些並不是與小乘阿羅漢不共同的法、具有殊勝功德佛陀的圓滿因。獲得聲聞的

所依、無常苦等聖諦的一切意義以及具足念住等菩提分法的修行或與之相關的這所有道，是與聲聞共同的，如此一來，佛陀的不共特法的一切果又以什麼因而超勝呢？應該成了無有高超之處，因為共同因中不可能產生出不共之果，而且不共因中必然產生不共果，而以上這些不具備這一點。正由於一切見修行方面，大小乘有著懸殊的差別，因此果也必然有差距。如果因無有差別，那麼果也不會有差別。實際上差別是極其顯著的，猶如太陽與螢火蟲一般，水滴與大海的比喻等。經中說：「世尊言：迦葉，譬如以分為百瓣之髮梢之尖取酥油滴而其有限量，如是聲聞，獨覺有緣之無為法智慧薄弱、有緣。迦葉，猶如由米堆之中螞蟻所攜帶一粒米般，迦葉，聲聞及獨覺將有緣視為無漏之解脫果……」不僅佛陀與阿羅漢之間存在著差別，而且大乘勝解行菩薩的無緣智慧與福德力也勝伏一切聲聞緣覺，功德更勝一籌。關於這一點在《楞伽經》中有宣說。《經莊嚴論》中也說：「具慧聲聞眾，大義廣大善，無邊恆不斷，不了而勝伏。」《醒聲聞乘語》中說：「慈心大慧之大乘者寧可破戒，也並非具戒怯懦之低下聲聞乘可比。糞便內光芒萬丈的如意寶也殊勝無比，而金子內存有的具光假寶也並非如此，信解大乘者即便有業惑垢染所遮障，功德也是依他乘而除垢的聖者所不及，太陽的無比光芒縱然為雲所蔽，但無雲的螢火蟲又豈能具有？」之所以有這

樣的差距，就是由於一切資糧唯大乘獨有。

壬三、智者理當信受大乘法藏為佛語：

　　住菩提行義，彼經未曾宣，

　　大乘中說故，智者皆當受。

如果對方說：小乘的法藏中宣說了三乘之道，為什麼說大乘才齊全呢？

關於安住菩薩圓滿行的意義，在聲聞的經中除了共同的相似道以外並未宣說所有不共特法，相反，所有大乘中已經詳細完整地教誡了。因此，精通乘之次第的諸位智者理當認定此大乘是究竟的佛語。如此甚深之處，佛陀本身就是正量，為此，必須將量士夫的教典看作為正量，佛經中云：「是故知性之智士，何者誠信我之語，如來智蘊作證明，佛陀親言謂智者，我諦實語當誠信。」

辛四、宣說三乘之必要：

　　猶如聲明師，令先讀字母，

　　佛陀為所化，宣說堪忍法。

宣說三乘引導所化的次第，就像聲明師教兒童文字時，首先讓他們從字母開始讀誦，而不廣泛解音釋義。同樣，佛陀對於一切所化有情，開端並不宣說難以證悟之法，而是順應各自的智慧對境、按照接受的次第才相應說法。

　　有前為遮止，罪業而說法，

有前為造福，有前說依二，
有前俱不依，深法疑者畏，
空悲藏授予，有修菩提者。

說法的順序是這樣的：在造殺生等罪業的有些所化
眾生面前，為了遮止他們造罪而如經中講述能樂等公案
之類的法門，在有些小士意樂的有些所化眾生前，為了
他們培植福報而如《華嚴經》等經中所說宣說十善等
法。在具有中士道之意樂的聲聞種姓有些所化眾生面
前，宣說輪迴為所斷、涅槃為所取，依於所取能取各為
異體的二者及人無我等。在大乘唯識有些所化者面前，
宣說二取異體而空的唯識，諸法無我。在位於其上的中
觀種姓者面前宣說二取與唯識皆不依。印度注釋中說，
「俱不依」只是安立為大乘而沒有辨別差別，（這並不
妥當，）而應該按照頌詞解釋。關於此等意義，通過淨
化寶珠、以食物養育兒童的比喻等加以說明，有關詳細
內容當從諸經典中得知。令耽著串習有實法而不能接受
甚深實相的疑惑重重者或具有所緣者生起畏懼的無緣空
性大悲雙運藏，傳授給修無上大菩提的有些最利根的行
人。如果隨時隨地沒有按這樣的說法次第來做，就會導
致有些人造謗法的罪業。《寶積經》中云：「未盡成熟
眾生前，信賴而宣說，乃菩薩之錯；未堪為法器眾生
前，宣說廣大佛法，乃菩薩之錯；於信解廣大法門眾生
前，宣說小乘，乃菩薩之錯。」耽著未以大悲心攝持的

289

中觀寶鬘論釋

獨立空性與實執唯一的悲心這兩者都不是殊勝的解脫道，關於這一點，有極多經續注疏的教證。理自在（法稱論師）也親言：「慈等愚無違，故非盡除過。」

據經中記載：從前，有一位婆羅門的妻子名叫善施花，她夢到頭上長出三把寶劍，一把落到地上，一把光澤漸退而變得下劣，最後一把寶劍則大放光芒、駐留空中。依照夢兆，這位女子生了三個兒子。其中第一個兒子唯一修空性結果以斷見所感墮入惡趣；第二個兒子耽著唯一的悲心而成為承許常見者的本尊；第三個兒子則修行空性大悲無二無別而獲得大菩提果。

庚二、攝義：

> 如是諸智者，切莫嗔大乘，
>
> 能成圓菩提，故當尤誠信。

通達上面詳細闡述所詮內容與能詮詞句的智者，切切不可滿懷憎恨而嗔恚大乘，因為能成就圓滿菩提，故而應當比小乘法藏更加信心十足。經中講說了如馬、如象、如日如月、如聲聞之神變、如佛之神變而行之五種菩薩。猶如依靠其中前兩者可以遠行，卻會被風等席捲返回一樣，這兩種補特伽羅雖然發了殊勝菩提心，但信解聲聞乘並且閱讀其論典，而且令他人也如是奉行，借助與聲聞乘混合等行善之風使得智慧遲鈍，以致於退失道心，這是兩種不定菩薩。後三種與小乘不相混雜，並且唯一讀修大乘，由此使菩提心與智慧日益增上，不退

道心，但是由智慧與精進的大小程度不同所致，與前者相比，後者得果更為迅速。方便智慧圓滿的菩薩猶如善逝的神變一般而行，也就是說，有比獲得聲緣果位更提前得佛果的情況。所以，不應該認識到聲聞法藏位居於下而嗔恨，更不可認為勝過大乘而恭敬有加。當然，為了攝受所有聲聞種姓者在有必要的情況下閱覽小乘法藏等不包括在內。

倍信大乘者，依彼所說行，

證無上菩提，兼得一切樂。

正是由於這種原因，對深廣法門有緣分、希求無邊智慧的學人們，對大乘經典信心百倍並實地修行其中所說法義，將獲得無上菩提。同時人間天界的一切安樂在沒有刻意主修的情況下如火起之煙般兼收並蓄。為此，我們應當珍視愛重猶如摩尼寶般的大乘法藏，將它的意義放在修行的首位。前文中引用的《妙臂經》的教證在此也該引用。

丁三、攝義：

施戒安忍法，特為在家說，

大悲精藏法，應當穩固修。

作者教誨道：大王，你在位期間，雖然不能全面做到發願菩提心與付諸實行，但是財布施、男女居士的戒律、定解思維正法等安忍法這三項，在家人容易辦到，因此是對在家菩薩宣講的。當然，並不是說在家較出家

中觀寶鬘論釋

更為殊勝，而是因為六度之中前三度在家人容易修成，故而教誡他們修行。身為出家菩薩，由於財物不豐，為此以法布施為主。而作為在家人，只是財力布施，不能進行法布施，所以並未主要教誡。無論是在家還是出家，都要將成辦二利之遍知的唯一因——與大悲密切相聯的精藏法甚深空性，作為修行的核心，想方設法使之穩固不退而盡力修習。精通以方便智慧雙運而修行菩提的智者，就像有些人想看深淵而採用技巧，兩個傘左右執撐而看，結果既見到深谷也未身墜其中一樣，現前輪迴諸法的實相後既得涅槃也不會墮入寂滅邊而中斷利眾。又如云：「愚士出此語，一法得菩提，彼即空性理。」以方便遣除損減之邊，以智慧遣除增益之邊，依靠方便智慧這兩者也就會獲得解脫。在家菩薩即使不能做到廣修行菩提心，但必須主要實修願菩提心。《教王經》中講道：「大王，如是汝事物繁多，時時刻刻從布施度至智慧度之間悉皆學修無能為力，是故，大王汝當於真實圓滿菩提欲樂、誠信、希求及發願，或行或住等恆常持續憶念、銘記，修行……大王，汝若如此奉行，則既為君主也不失王事，復圓滿菩提資糧。」又云：「未獲菩提之前，暫時人、天安樂，其中以菩薩心之善根業之異熟屢次上生天界；多次轉生人間，是故，雖為君王，仍……」其中作了大篇幅的闡述。

丁四、不能學修國王行為則教誡出家：

若由世蠻橫，依法難持政，

　　為法與名譽，汝應作出家。

　　雖然這般教授了正法與世間法兩全其美的方便，然而，由於濁世的世間一切有情極其蠻橫、頑固不化，而認識到要做到戒殺等絕對依照正法規則實在難以或無法治理國政，那麼從大局著想，為了不失正法，也為了保存美名，你應當像先王們棄俗為僧一樣做出家身分。《賢劫經》中云：「惡世眾生極野蠻，法臨隱沒惡趣增，智者極生出離心，猶如野獸謹慎住。」三世諸佛也是以出家的身分成佛的。經中說：在家眾如住火炕，出家眾如住涼室……出家有功德無量。《三摩地王經》中說：「恆河沙數佛勇士，俱胝劫中誰承侍，何者滿懷厭離心，出離俗家此更勝。」

　　教王中觀寶鬘論中，宣說國王之行為第四品釋終。

# 第五品　僧俗學處

丙四（教誡欲得解脫之出家菩薩廣行學處）分二：
一、略說在家出家之學處；二、廣說。

丁一、略說在家出家之學處：

> 爾後出家者，初當敬學處，
>
> 多聞別解脫，戒律勤擇義。
>
> 次知細微罪，應斷諸過根，
>
> 所宣五十七，努力而觀察。

放棄王位之後從有家到無家，由在家而出家為僧者當務之急就是要勤於聞思修行。首先，對殊勝的戒律學處要謹小慎微（不放逸），極為恭敬。其次，等持與智慧的因就是尋求聽聞，所以，要廣聞博學概略的別解脫與《母子阿含》及《雜事律》等三藏。集中精力深入細緻地抉擇其義，從而圓滿通達取捨之處。接著應當對一切細微罪業也做到心中有數，進而斷除一切過咎的根源。了知取捨以後必須要努力實地行持。《三摩地王經》中云：「是故，童子汝當學修精華，何以故？童子，能修行精華者，無上真實圓滿菩提並非困難。」不精勤於菩提心有增無減等之因——聞思修之事，純屬魔業。《菩薩別解脫經》中說：「舍利子，當知何者為佛陀菩提而發心後不勤於多聞，彼非稱為真實菩薩。舍利子，僅以虛名，不能成就無上真實圓滿佛果，而具智慧

方能成就無上真實圓滿菩提，圓滿成佛。若問：智慧決定由何而生？由多聞而生，舍利子，是故汝當真實而行，汝當了知。舍利子，發菩提心後不勤於多聞者乃為惡魔波旬所加持。過多聽聞乃魔業。」所有大聖者解釋說：這裡的密意是指廣聞博學、了知眾多沒有達到究竟，也未身體力行，最後就變成了乞丐。《無愛子請問經》中說「布施、持戒、聽聞三資糧中，聽聞屬於智慧資糧，功德頗巨」，而附帶實例講述了許多有關道理。所以，應當開發智慧結合修行。

如果有人問：從所斷的細微罪業而了知是指什麼呢？

所有經論中一致宣說的五十七種，在此講解，對此要勤學，確實通達之後予以斷除。

這以上是簡略說明。

丁二（廣說）分二：一、捨棄過失；二、應取功德。

戊一（捨棄過失）分二：一、廣說；二、攝義。

己一（廣說）分三：一、宣說忿等初十五法；二、宣說詐現威儀至不死分別之間；三、宣說顯揚自之功德等。

庚一（宣說忿等初十五法）分二：一、宣說忿等十四法；二、宣說慢。

辛一、宣說忿等十四法：

忿令心煩亂，隨彼心懷恨，

覆即藏罪業，惱即執罪惡。

一、所謂的忿，是指心煩意亂，經典中所說的「忿」用在前面，以能說的論典來講解就是「心煩亂」，以下的所有法大多數也要如此理解。

二、恨：隨著忿怒而念念不忘即是懷恨在心。

三、覆：是指隱藏罪業，當他人談論過失時，投機取巧想方設法密而不露。

四、惱：由忿怒之因所引起，耽著罪惡持執不放的心態。

諂為極虛妄，誑即心不正，

嫉以他德憂，慳畏捨施性。

五、諂：極端欺騙他眾的一種態度。

六、誑：所謂的誑就是心術不正，虛偽狡猾。

七、嫉：由於圖名求利等而對他人所擁有的名聞利養等功德忍無可忍，導致心裡憂傷。

八、慳：害怕施捨而緊緊執著資具。

無慚及無愧，不顧自與他。

傲為不恭敬，造罪由怒染。

驕矜則放逸，不行一切善。

九、十、無慚無愧：按順序，無慚是從自己的角度而言，不知羞恥，不警惡行。無愧是觀待他者來說，也沒有畏懼，而不警惡行。

十一、傲：以自己具有些微功德等而不恭敬所有殊勝對境，是具有壞聚見的心高。

十二、造罪：以嗔恨而攪擾、染污，以怒容滿面等身語動盪而造罪。

十三、驕：以自己的青春、種姓等沒有其他緣由自滿的心理達到極點。

十四、矜：也與驕大同小異，以經濟財富而傲氣十足，喪失正念而放逸無度不行一切善法。不防護心沾染一切有漏。有些注釋中說，這以上數目算起來才有十四種，所以驕與矜分開計算，但按照頌詞，似乎是作為一個，因為此二者是由同一因引起，並且作用也相同，眾多其他解釋中都將這兩者作為一個。

辛二、宣說慢：

> 慢相有七種，彼即細分說，
>
> 驕傲自滿者，下下平平等，
>
> 平等勝平等，此性即稱慢。

十五、慢：由壞聚見所生的我慢即是傲慢，再者，高低作為緣由的慢心行相也有七種，應當對這些詳細分析而說明。作為五十七過失之一的慢計數為一。

（一）傲慢：由於長久熏習我執，致使無有意義而驕傲自滿，首先以種姓、受用等任何一法，而認為我甚至比下還不足，與同等者平起平坐。從任何一個方面，認為我比下有餘或者與下平等的本性就稱為傲慢。

如果有人想：認為我比下尚不足怎麼會成為傲慢呢？

答：與下者相比，我尚自愧不如的想法實際上是心裡自我滿足的象徵。

　　　　認勝或平己，此即為過慢。

（二）過慢：從任何一個方面來講，凡是認為與自己相比，更高一等或者與自己不相上下，此為過慢。

　　　　認為勝過勝，思更高過高，

　　　　名為慢過慢，屬如瘡上癬。

（三）到底什麼是慢過慢呢？從某一方面而言，認為我比高高在上者更高一等的想法，即是慢過慢。比如，瘡的上面又結癬一樣，過患極其嚴重。

　　　　所謂之近取，五蘊本空性，

　　　　愚昧執為我，彼即稱我慢。

（四）一切過失的根源有漏的「近取蘊」也就是色等五蘊本性為空性，但由於對此等實相愚昧不知而執著為我，這就是稱為我慢。

　　　　未得果思得，即名增上慢。

　　　　稱讚造罪業，智慧知邪慢。

（五）凡是本來並未獲得預流果等果位，卻自認為已經證得者，即是增上慢。並不是明明知道尚未獲得，而是本未獲得卻誤解為已經獲得。

（六）認為我已造或當造罪業這種自以為是的稱

讚，明曉取捨的智者應當知道這屬於邪慢。

> 謂無所作為，輕毀自己者，
>
> 稱之為卑慢。簡略說七種。

（七）所謂「我無所作為，活著也無關緊要」，以我慢的姿態而自我嘲諷，其實這也是自滿的一種表現，因此稱為卑慢。

雖然經中宣說了二十七種慢等，但這裡是將這些完全概括，歸納為七種來說明的。《經莊嚴論》中云：「視師種姓相，我之精進勝，菩薩具我慢，謂離菩提遠。」

庚二、宣說詐現威儀至不死分別之間：

> 詐現威儀者，護根為利敬。
>
> 諂媚奉承者，柔語為利敬。
>
> 旁敲側擊者，為得讚他財。
>
> 巧取訛索者，為利面諷他。
>
> 贈微博厚者，圖利讚前得。

十六、詐現威儀：為了謀求利養恭敬而裝模作樣地防護根門，以此迎得他人的心。

十七、諂媚奉承：為了利養恭敬，首先說許多溫和柔軟之語。

十八、旁敲側擊：為了得到朝思暮想的東西、他人的財產，而以「我都沒有這樣的東西等」來假惺惺地讚歎他人的財物實在妙不可言。

十九、巧取訛索：依靠上師與官員等的權勢而收稅，為了牟取暴利，而當面指責別人說「你太吝嗇了……」，口中這般冷嘲熱諷來威脅對方。

二十、贈微博厚：憑著先前所得之利而貪得無厭一再尋求的人在求得物品的施主面前竭力讚歎說：「那件東西對我的幫助實在是非同小可……」

通過以上五種方式而贏得利益即是邪命，這五種邪命每一種都算為一法。儘管邪命的後患無窮，但略而言之，如《念住經》中所說：「何者稍依憑，邪命而維生，彼沉糞池已，復為昆蟲食。」

　　　　說過即他錯，再三而重複。

　　　　無悅不觀察，內起憂愁心。

二十一、說過：對於他者三門的某某缺點毛病，一而再、再而三地說個沒完。

二十二、所謂的無悅，雖然有人用在誓言方面來解釋，但似乎該解釋為沒有歡悅心，這種人不作各方面的觀察，而不能取悅別人，所以由內在的妄念所導致鬱鬱寡歡。

　　　　遍貪自劣具，劣貪即懈怠。

　　　　異想自他想，貪嗔暗遮障。

二十三、遍貪：是由前兩種因加上對自己的菲薄資具掛礙耽著三種因所引起的一種懈怠。或者也可以解釋成，所謂的無悅是指，具有貪欲的心不求進取，一味耽

著。這兩種過失（即無悅與遍貪）是一體。

二十四、自他之異想，由於認為自己是自己、他方是他方的想法導致一門心思只是追求一己私利，而被貪嗔癡的黑暗所遮障蒙蔽。

　　凡是不作意，說心無見解。

二十五、凡是對於心中貪嗔癡萌生與否不作觀察之人心裡不會有能說、所說的概念，即稱為心無見解。《念住經》中云：「妄念生貪心，由貪起嗔恨。」不具備正知正念之人就會產生這些煩惱。

　　於諸如法事，懈怠失恭敬。
　　師不作佛想，許為惡劣士。

二十六、符合正法的一切所為，必須以最大的努力而奉行。相反，由於懶惰而不加恭敬，就是過失。或者解釋成，具足畢恭畢敬就是如來的行為，因為與對一切如來恭敬相同之故，這是印度注釋中解說的，所以解釋成與下文類似的含義。

二十七、認為名副其實的上師不具備佛陀法相的這種人，被認為是惡劣之輩。

　　耽著小纏縛，彼由欲貪生。
　　遍耽即由欲，所生大纏縛。

二十八、耽著是一種小纏縛，是由耽著色等五境的貪心所生。

二十九、遍耽是指由前面的欲望中所生起的愛戀，

這是一種大纏縛。

> 貪即於己物，具有貪欲意。
>
> 耽著他之物，名謂非理貪。

三十、貪是指對於自己的財物極其難以割捨的貪愛。

三十一、極度耽著他者的財物，屬於貪心的範疇，即稱為非理貪。以前面的詞句作為能說，後面是所說。這些都是由癡心所生。如云：「癡暗而不知，凡夫以欲癡。欲敵似友故，智者莫習欲。」《因緣品》云：「愚者受用毀，切莫尋覓他，摧心愛欲望，禍殃自與他。」

> 貪愛所斷女，讚即非法貪。
>
> 欲罪無功德，詐現具功德。

三十二、由非理作意的妄念驅使，而貪著非應讚歎、當予遠離的女人後讚不絕口，這是非法之貪。經中云：「欲望汝根本，知由妄念生，汝無分別念，是故我不生。」

三十三、欲求罪惡的補特伽羅自然無有功德可言，與之同時，身體語言卻裝腔作勢顯出一副有功德的樣子，這與前面的詐現威儀並不重複。

> 大欲極貪婪，反之為知足。
>
> 得欲自盡力，令他知己德。

三十四、大欲是指對財物貪得無厭，取悅聖者的知足功德則與之恰恰相反。如云：「知足乃為聖者財。」

第
五
品

僧
俗
學
處

《因緣品》中說：「無病利之聖，知足財之寶，信任親之最，涅槃樂之頂。」而大貪欲不具備這些。關於對欲妙無有滿足是今生與來世一切痛苦之因，一切過患之本的教證極其豐富。《方廣莊嚴經》中云：「一切欲妙一人得，然彼不足仍尋覓。」

三十五、得欲是指自己盡心盡力想讓對方知曉自己具足身語的真實功德。

　　不忍即不堪，作害及痛苦。
　　無規即不敬，阿闍黎師事。

三十六、不忍也就是對於他者的加害與自身遭受的痛苦，都因為耐力微弱而無法忍受。

三十七、所謂的無規，是指對阿闍黎、上師的一切事情大為不敬，背離如法的行為。

　　不樂法諫者，不恭如法語。
　　聯繫親屬念，於親更眷戀。

三十八、不樂法諫：如果某人口出之語如理如法，則以不情願的態度說「善也好惡也罷……」而反唇相譏，不恭不敬。

三十九、聯繫親屬的妄念是指對所有有親屬關係的人，慈愛有加，尤為眷戀。《彌勒獅吼經》中說：耽著親、友、利、敬、化緣、施主、智者、受戒者八種之人很快會走向地獄。《念住經》中也說：「親友乃仇敵，不利以益相，毀汝由人世，今向大暗處。」

中觀寶鬘論釋

如是愛對境，評說其功德。

不死分別念，死怖不憂慮。

四十、此外，愛戀對境，是指為了追求、得到，而對本來惡劣的對境，也無中生有地讚說他的功德。

四十一、不死的分別妄念，是指常執者對死亡的恐怖無所顧慮，毫不害怕，一直死死抓著今生不放。《念住經》中云：「猶如魚入網，安樂盡擯除，如是眾縛愛，死神臨牽引。」眼睜睜地看著別人死，卻從不念及自己也會亡，簡直與牲畜一模一樣。

庚三、宣說顯揚自之功德等：

隨知之分別，盡己所能令，

他曉自功德，思維作上師。

四十二、具有隨後了知的分別念，是指自己的功德，想讓他人依靠有表（身語之業）而明白，完全是以希求世間八法的分別妄執，盡己所能令對方以比量推理出自己所擁有的聽聞等功德，企圖通過這種方式使人們說「此人勝任上師」，從而受到眾人敬重，作為上師，獲得高位。對世間無有意義的快樂等夢寐以求，恆常散漫、徹夜難眠，就像病人一樣。如云：「奢望極痛苦，無求最安樂，做到無所求，安然而入眠。」應當依照此中所說而斷絕眾多過患的根源。

愛他之妄念，於他起貪戀。

害心而接觸，思諸利不利。

第五品　僧俗學處

四十三、所謂具有貪愛他人的妄念，就是指對於其他男士或女人具有貪戀之心。

四十四、以害心接觸，是指思維依靠他有利還是無利的心態。

　　　不喜無堅固。欲合乃追意。

　　　懶惰無精進，身體懈怠事。

四十五、不喜就意味著心不堅固。

四十六、欲合：想與任意對境相遇，是一種追求的意圖，也是毀壞心的一種過失。

四十七、懶惰：無所事事的身體懶懶散散，對於一切所做的事情無有緊迫性的一種懈怠。印度注釋中說，懶惰與懈怠算為兩個。

　　　變由煩惱牽，身語皆變化。

　　　食欲不振者，過量身不適。

四十八、變：心不由自主被煩惱控制，身體、語言都顯露出一反常態之相。

四十九、食欲不振：是由於暴飲暴食而導致身體腹內不舒服。

如果有人認為：這是疾病之因，怎麼會是過失呢？

由強烈的貪愛引發，因此既是過失也是過失之因。《諦實品》中云：「何士食過多，彼身沉重怠，今世後世義，必定皆減滅。」掌握食量稱為功德，而不知食量，結果就無法奉行善法，並且成為等持的違緣，因此

中觀寶鬘論釋

305

進食應該定量。《妙臂經》中云：「多飲體力高，少食
將退減，適度如平行，進餐當如此。」

　　　　心極下劣者，說為心怯懦。

　　　　貪結即希求，五種妙欲境。

　　五十、心極下劣：毀壞今生來世的因就是說「像我
這樣的人怎麼能在世間法上有所作為」自輕自賤的怯懦
心理。

　　五十一、貪結：對色等五種妙欲，無有厭足，心馳
神往而一再尋求。《念住經》中云：「何者歡喜欲妙
德，如飲鹽水無厭足。」第二大佛世親論師親言：「野
獸以聲毀，觸令大象亡，飛蛾以色毀，魚類以味亡，蜜
蜂貪著香，此等一一因。諸士雖為一，恆具此五種，晝
夜盡摧毀，豈能得樂住？」

　　　　害心我伴敵，三時皆無義。

　　　　心身沉重故，離作即萎靡。

　　五十二、擔憂受害的心，自己、自己的友伴以及自
他的敵人三方面，通過三時分析而生起並非真實的疑
慮，想到曾經加害過、正在加害、將要加害自己與自己
的親朋的想法純屬一種錯覺。另外，他人對自己與自己
親友的仇人，曾做過好事、正在做好事、將要做好事的
憂慮，這是由想加害他人妄念的九種因所致。如果不懷
有這種想法而忍辱，就會成為福德資糧。相反，對此無
法忍受而蓄意陷害別人，無疑與菩提心背道而馳，其過

失不堪設想。《教王經》中云：「世間仇唯殺奪財，忍之福資亦圓滿。」《經莊嚴論》云：「由利群生意，起貪不得罪，嗔則與彼違，恆欲損他故。」

五十三、由於身心沉重即身心不堪能的緣故，致使無法行事，這是一種萎靡不振。

　　睡眠掉舉者，心身極不靜。

　　悔由懊作惡，後由憂惱生。

　　於諦三寶等，三心二意疑。

五十四、入睡也就是進入睡眠的狀態，六轉識不由自主地向內收攝，神識不清。《勸發勝心經》云：「喜愛昏憒眠，心亦鈍念愚，彼慧極淺薄，智中恆退失。不行聞誦教，睡伏身亦懶……」其中宣說了許多諸如此類的道理。《寶積經》中說：「何者飽腹易入眠，晝夜顛倒而沉睡，如圈老豬身臕壯，屢屢入於劣胎中。」也宣說了屬於癡心範疇內的睡眠，是轉為旁生的因。

五十五、掉舉：由於進食過飽等而造成身心極度不寂靜，雜念紛呈。

五十六、後悔或懊悔是指心中忐忑不安，後悔所做惡事，後來因憂心忡忡所引起，而成為等持等的障礙。

五十七、對於四諦、三寶、業果等到底真實不真實，一直三心二意，即是懷疑。這種懷疑對解脫道等製造違緣，懷疑也有合理懷疑與非理懷疑兩種。

以上應當斷除的五十七種過失大多數是真正所斷的

中觀寶鬘論釋

分類，有些是心所的本體，認識這一點，顯然就是為了認清過失的因與果。這些所斷法基本上都是以所說與能說來闡明的。有些只講了所說，在所說的開頭均標寫出號碼，因此應當做到前後不錯亂而了知。

這所有過失的因果分別念主要是由於經久串習壞聚見與我執所牽引，依賴貪欲的對境悅意、不悅意，有些是由愚昧不知取捨及懈怠所致，而不同程度地產生根本煩惱與隨眠煩惱，對於這些分別妄念，我們要恆常以正知正念來觀察，進而通過各自的直接對治予以斷除。或者，如云：「善或不善業，即由心所積。」主要調伏心，如果自己的心已經得到調伏，那麼不費吹灰之力自然而然就會取捨善惡，所以說一定要修心。《梵勝心請問經》中說：「菩薩若具四法則清淨煩惱，四法即如理妙觀察，發揮白法之力量，防患於未然，寂靜而住。」《慧海請問經》中也講述了許多相關的道理。因此，我們要集中精力修心。《攝正法經》中說：「所謂法，即不住境不住方，法無不依於自心，是故我當持自心，直至究竟，極力調伏，極力入定，極力消滅。何以故？萬法唯心，心中有一切功過，無心者則非。菩薩遣除一切過失而趨入一切功德，是故法即依賴於心，菩提依賴於法……」又經中云：「妄念大無明，能墮輪迴海，住無念等持，無垢如虛空。」再沒有比入定於無分別念的等持中更殊勝的。《七童女傳》中說：「諸見之根本，壞

聚見驅除，不求有受用，何時我至此？」我們應當依此
發願。

己二、攝義：

　　　菩薩斷此等，戒師尤應斷。

前文中所說的這些惡行，作為在家菩薩都應該予以
斷除，身為出家守戒的菩薩更應當杜絕，因為這些是一
切過失的根源。

戊二（應取功德）分二：一、暫時之功德；二、究
竟之功德。

己一（暫時之功德）分二：一、總說；二、十地之
安立。

庚一（總說）分四：一、略說功德之本體；二、認
清各自之本體；三、各自之果；四、共同之果。

辛一、略說功德之本體：

　　　已離彼諸過，諸德輕易依，
　　　略說菩薩德，布施及持戒，
　　　安忍與精進，定慧慈悲等，

遠離了菩薩六度的違品——剛剛所說的這所有過失
之後，輕而易舉便能依於正道之精華六波羅蜜多等一切
功德。由於斷除過失而無有障礙生起功德，是故說「輕
易」。菩薩應取的所有功德，簡明扼要地宣說即包括在
以下列舉的內容中：懷有施捨心而發放財物等的布施、
以斷心禁止惡行等的持戒、心不煩亂的安忍、無有怯懦

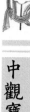

中觀寶鬘論釋

而喜樂善法的精進、心平等安住的靜慮、了達實相的智慧與願眾生離苦的悲心以及由此引發的發心等。因此，務必要依止這些。

辛二、認清各自之本體：

> 布施捨自財，持戒利他行，
>
> 安忍斷嗔恚，精進即樂善。

布施的本體是什麼呢？所謂的布施，即不貪著自己的財產而慷慨捨給他眾的心及由此引發的身語業。《寶雲經》中說：「何為布施波羅蜜多？即思維一切財物及果捨與他。」

分類：包括法施與財施等。

那麼，何為戒律度呢？就是說為了在斷絕害他的基礎上利他，而拋棄追求一己私利的殊勝心。分類：一個摩尼寶有遣除黑暗、攝集所欲、解除病困等三種分類，同樣，菩薩戒的一個本體中也包含嚴禁惡行戒、攝集善法戒與饒益有情戒三種反體。其中，嚴禁惡行戒是一切功德之本，正因為有過失不清淨就無法生起功德，所以禁止罪業居於首位，最為關鍵。自相續沒有攝集正法就無法利益他眾，所以攝集善法戒位於第二。其後，不是將精力集中在唯獨自己生善趣、得解脫上，而是主要行持他利，這是第三饒益有情戒。此三戒也是佛果斷、證、事業三者的因。

安忍度：是指徹底遠離害心，斷除嗔怒，有定解地

思維正法等，主要還是對利他無所畏懼。如果害怕利他而身陷輪迴，就會墮入寂滅之邊。

精進：身心毫不懈怠、毫不怯懦熱衷於二資糧的善法，主要還是樂於成熟眾生與修行剎土。

**定一緣無染，慧擇諦實義。**

**悲於諸有情，哀憫一味慧。**

靜慮：也就是指《寶雲經》中所說的「寂止一緣心」。於勝妙的善法中一心不亂，一緣安住，而無有昏沉、掉舉等以及享受禪悅等自地之障的染污。《般若經》中說：「心散尚不能成就自利，何況他利。是故，絲毫亦莫令心散有機可乘。」此外，其他經中說道：「彌勒，如來教，以靜慮及禪修安立，以妙慧造作，以智慧精進入定安立，而非以在家業及例行之事安立。」在家業是指喜愛佛法的在家人與在家菩薩造佛像、印佛典、建佛塔以及勤於許多例行之事。佛言：「執事菩薩造七寶塔遍滿三千界，我不以此歡喜……講經菩薩僅受持一偈頌並為他講說等令我歡喜，我作供養。」又教誡道：「遍及贍部洲之此等行事者若恭敬承侍一位精進講經說法者、遍及贍洲之講經說法者恭敬承侍一位精進內在正安住者，則是如來隨喜處……」宣說了許多有關道理。往昔，涅甲與邦那傑先前對於正法無所不聞，當聽到名為正安住的外道本師所說的詞句，覺得沒有聽到什麼更為殊勝的，結果心滿意足。因此，精進修行止觀是

中觀寶鬘論釋

最值得讚歎的。

　　靜慮也有世間靜慮與出世間靜慮的分類。

　　勝觀智慧：真正如實妙觀察正法，從而深入細緻地分析抉擇四諦、二諦等意義。（這裡的智慧也有）相似了知的妙觀察慧與真實了達此等實相唯一真如的真實智慧──無分別智。此處，如芭蕉樹的比喻一樣，以分別念將法視為有實，尋覓有無，而實際上法無處可尋。儘管推翻了分別前顯現的實有，但法的顯現無破無立而存在，可見，如果承認二諦不可分割，那麼所有遮破均是非遮。通達前面所說的「緣起空性的含義」，並進一步修習，從而可斷除輪迴一切因果的根本──俱生無明，這樣一來，自然而然便可遣除貪心等，由於因不存在之故。貪心等各個的一個對治只能斷除它自身，而不能斷除其他煩惱，而憑藉這一切各自的所有對治也無法斷除無明，可見，只有依靠覺性智慧方可斬斷無明。

　　分類：有聞慧、思慧與修慧三種。《寶雲經》中說：「以勝觀抉擇後通達無有體性即悟入無相。」這說明依靠觀察修生起定解，修行寂止、雙運而悟入無相無分別。對無我的定解沒有達到根深蒂固之前，觀察修、安住修輪番交替，當斷絕觀察邊之後唯一安住修，並且必須要護持這種無念自然安住的境界。「如果以憶念追逐憶念，結果將如雪山降雪般增長分別妄念。如果憶念自然安住，就會像雪入湖泊般寂靜。」這是論中解說

第五品　僧俗學處

的。《中觀入慧論》中云：「無念心即自靜住，無有識別無散亂，無有相狀明了修。」在證悟之前應當通過斬斷心與心安立的一切執著邊的方式修行。獲得聖道的入定中，二取、真實顯現、相狀、分別一切都將隱沒，故稱為無現，也並不是像無有五根的感受一樣。所以，止觀二者可涵蓋所有等持，道梯的一切功德也歸宿於此。為此一定要將定慧二者融合一起而實修。

六度之中，智慧最為殊勝，而智慧中，如果沒有聞慧的前提，思慧與修慧也就無法成就，所以首先要力求多聞。《無愛子請問經》中說：「布施持戒與多聞福德何者大？答言：善男子，布施、持戒之資糧猶如須彌山王之前有一芝麻，虛空中鳥之足跡般，而聽聞之資糧則如無邊虛空。布施之資糧能行二事，即解除貧窮與得大受用，即成此二事；如是持戒可除惡趣成善趣；依智慧之資糧能除一切見，成就智慧。布施、持戒成熟有漏與蘊。善男子，聞慧之資糧為無漏而非異熟。善男子，是故，諸精進之菩薩大菩薩，當勤積聞慧資糧。」其中宣說了聞慧的許多功德。《般若攝頌》云：「寡聞天盲不知修，無彼成何當慎思，是故精勤聞彼因，思維修行妙慧生。」再者，在沒有以智慧解脫自相續之前，則無法做到為他人講說而使其相續解脫。《寶積經》中云：「未度不能度他眾，未解無法令他解，盲人無法示正道，解脫方可救度他，明目能為盲指路。」遠離六度各

自的違品——慳吝等煩惱，發心、迴向以三輪無分別智慧攝持，而成為所知障的對治，否則不能納入波羅蜜多之列。所經過的道以抵達的果來取名，達到三有、寂滅彼岸，稱為波羅蜜多。不捨棄眾生的因大悲心是指緣一切有情而於心不忍，願他們遠離輪迴與惡趣之苦的悲憫一味一體的妙慧。也可以解釋成，與修習之心一味或者證悟諸法無生的智慧不離大悲的滋潤之義。

辛三、各自之果：

> 施財戒安樂，忍美精進威，
>
> 定寂慧解脫，悲成一切利。

六度各自的功德歸納而言，以布施可以感得無勤之中獲得受用；依靠持戒可轉生善趣；以安忍感得神采奕奕，莊嚴無比；精進的法相就是行善的力量勢不可擋，具有威嚴；以禪定感得寂滅掉舉等一切分別念而成就無礙解與神通等；以甚深智慧而感得解脫所取、能取。以慈悲一切有情可感得，輕易成辦自他眼前與長久的一切利益。《華嚴經》中云：「吉祥天女如是言：吾之悲心海無量，由此三世佛現世，彼能遣除眾生苦，堅穩善財當知此。」《慧海請問經》中云：「持圓菩提心與法，修法悲憫諸含生，此等四法德無邊，佛亦難說此等邊。」

辛四、共同之果：

> 無餘此七法，同依波羅蜜，

獲不可思智，世間之怙主。

在學道的階段無一遺漏同時修習以上所說的七種功德，依靠方便智慧波羅蜜多，而獲得不住二邊、不可思議的智慧行境——三世怙主真實圓滿正等覺果位。這也是來源於通過布施等全力以赴斷絕害他、唯行饒益後迴向圓滿菩提果。《菩提心釋》中云：「利害出生果，如是分析已，彼等一剎那，豈貪自利益？」我們要依照此中所說而身體力行。

庚二（十地之安立）分三：一、如所說聲聞有八地般菩薩分十地；二、十地各自本體及功德；三、攝義。

辛一、如所說聲聞有八地般菩薩分十地：

> 聲聞乘中說，聲聞有八地，
> 如是大乘中，菩薩之十地。

聲聞乘中宣說了聲聞有八地，到底是哪八地呢？

種姓地是加行道的決定種姓；八地，是指從下算起，預流向就成了第八，它的現觀是第八地；見道地是預流果；薄地是指欲界煩惱減輕的一來者；離欲貪地是指不來者；證所作地是指阿羅漢果，這些的所有向算為一個「聲聞地」；在此基礎上加上緣覺地。共有八地。同樣，大乘中，因位作為菩薩的所有功德的所依，因此地以阿賴耶識或意的差別而有十種。

辛二（十地各自本體及功德）分二：一、總義；二、論義。

壬一、總義：

進入地道的所有學人，如果首先對道的所破——輪迴的迷亂顯現，眾多教理的所破——內外宗派的遍計法茫然不知導致的假立之法與補特伽羅的二我增損之邊和包括旁生以上無論入沒入宗派者都俱生存在的愚癡。所以，要認清以上這兩種假立的我執及對境，首先必須長期聞思修行。在資糧道與加行道時作為異生要通過實地修行前文中所說的悲心等三因，從中生起一地見道。當時，由於首次獲得勝義發心而成為名副其實的菩薩並轉生於如來種姓之中等，這種說法是《入中論》與《寶性論》等的密意。大悲與世俗發心最初從資糧道開始獲得，並以總相的方式修無二智慧，從而稍稍生起明現境界，在順抉擇分四加行道的階段，與前相比，證悟更有進展，轉為菩薩種姓的名稱是《入行論》中所說的。

我們應當清楚的是，三因也像六度等一樣，僅以勝劣的差異才有了諸地的分別。所有地均分為根本或依處、以淨信欲樂希求彼地、修行能清淨十地之淨法與果位之功德四種。其中，堪能的功德如同純金的比喻，地地升遷，直至佛地的功德，以精明商主的比喻來說明，異熟引攝的功德本性廣大，故而特意轉入贍部洲的君主等。願智的功德，以宏願力而真實成就百萬大願。從欲樂與修行及功德三方面勝過聲聞緣覺。關於見修所斷的分類、斷除的方式以及生起對治的順序等，當從有關的

諸經典和論典中得知，此處恐繁而置筆。

雖然有人說：「異生投生世間的因，就是不明以修所斷的煩惱——貪嗔我慢無明、貪利等世間法這些前提，加上聲聞緣覺的修斷行於輪迴的一切煩惱，菩薩從一地開始予以斷除而不染污，但這是通過對治力壓服，而憑藉自己的力量無法征服才如此說的。正由於需要次第清淨，所以不承認僅從一地就無餘斷除，因為到十地這一切才得以完全清淨。」這是無著菩薩兄弟所承許的，這種說法密意是染污法為習氣。從一地開始進入修道，不貪著出世間無漏的菩提分法三十七道品等這些善根清淨之後，才經歷地地升遷。

地道的功德與善根等都是後面較前面超勝，而稱為增上，因為地的分位是有為法。獲得一地時，以抉擇而現證四諦，而顛倒執著等見斷盡遣無餘，所有修斷也以壓制的方式予以斷除，對三寶有解信，自身極其歡喜，喜悅安住於以前凡夫時未曾獲得的所緣普行法界，由此使我執、我所執不復存在，所以一地菩薩最為喜愛發放布施。關於布施等喻、緣、法對應的道理當從他論中了知。

如果有人問：那是不是因為此地戒律還沒有完全得以清淨，所以布施也不清淨呢？

答：不必說身外之物，甚至連內在的身體也能施捨，並且毫不吝嗇、遠離三輪的分別念，因此，一地菩

中觀寶鬘論釋

薩布施已達到了清淨。《無愛子請問經》中說：「我之此身尚能慷慨施予一切有情，何況一切身外之物？」憑藉這種威力使得二地戒律清淨。一地戒律占少分，而並非完全不具備，也要了解其他所有地的順序。

一地超越了凡夫地，未獲得聖者之法的凡夫是此地的違品。

二地奉行十善，而與之相反逆行倒施的破戒垢染顯然是二地的違品。

三地，十善更為豐厚，聽聞深廣法門，忘卻的黑暗是違品。並且在這一地為了全面防護下乘而通過觀想而依止佛智。

四地，遠離以壞聚見引出的兩種我執尤為動盪的現象，因此動搖是其違品。因為「遍計壞聚見唯在最初見道時斷除」，可見這裡是指俱生壞聚見。俱生細相與善等之心不相違而時時刻刻存在這一點實難抉擇，所以說，當生起善等心的時候，由於與之相應的緣故，貪著我與自我傲慢等絕對存在。而遍計壞聚見並非如此，是指粗大的概念，由於是有染污的作意，並且播下了產生它的種子，故而是能生。從此地以後便斷除了我執引生的通達法的我慢。三地以多聞為準，此地是依賴清淨等持進而借助純淨的智慧詳加分析，故稱焰慧地。

五地，儘管足能現前涅槃，卻以善巧方便而不捨有情，因此下乘的涅槃是此地的違品。在這一地，禪定與

勝觀證悟的智慧深不可測，而且獲得了不住二邊之道的緣故，不為魔等所奪，極其精通辨別法與非法，得到神通神變，依此能使誤入歧途者生起誠信而進入佛門，同時也獲得工巧等世間的才智。

六地，《十地經》中說：以十等性法而趨入此六地。到底是怎樣的呢？以諸法無相等性等八門類說明勝義中等性，第九以夢幻等七種比喻說明世俗中等性，第十是二諦無別而等性。這一地真實成就大悲而不捨有情，現前無念智慧，現前安住於甚深緣起的智慧度中，因此有相的戲論大大減少，粗大的有相戲論湧現是此地的違品。勝過五地的不住之道尤為殊勝，尤其獲得三解脫門，方便智慧極為高超，由此而洞悉有情的界、根、隨眠等，進而能徹底令眾生成熟的行為持續不斷，所以深入佛法，故稱為現前。染法與淨法執為不同他體的增上慢從此地而斷。

七地：以無相而行持所謂三門之業，就說明行持無相，因此鮮少的有相湧現是違品。六地的滅諦雖然已經現前，但卻未能實行，由此推動，依靠進入八地的方便大悲與證悟輪涅等性的智慧，乃至輪迴未空期間住世而積累資糧，獲得方便度等。先前的智慧更進一層而分方便等四度，實際上後四度均可包括在慧度之中。總的來說，對於大乘特有的不共行境遮止一切戲邊的滅定，以聞思而了知是從資糧道、加行道開始有的，現量了知則

中觀寶鬘論釋

319

從見道至此七地。在這一地，相執的分別念不再產生，對於真實滅定能夠在每一剎那中入定、出定，已經達到了遠離超越下地的境界，所以勝伏一切聲聞、緣覺。「在此地之前不可稱為完全超越染污行」是因為道有行有勤作的緣故，勤作是指以分別念而生起，分別念也屬於諸位菩薩的煩惱，而不是指通常所說的染污煩惱。此地的智慧等一切善根猶如光芒萬丈的太陽般，勝伏好似月亮般的一切下地功德。

八地：《十地經》中說：「以航行在海上的船隻隨風漂蕩的比喻來說明，行持無相猶如大海，由於遠離一切勤作的煩惱，智慧任運自成的緣故，勤作加行之事屬於此地的違品。從此地開始向上稱為得異熟道。不必刻意勤作道的加行自然而然實施，就像秋天的莊稼一般。從七地到一地之間的所有功德在此不動地更進一步獲得，故稱為攝諸地。在一地所發的無數大願於此完全清淨，並進一步發願，達到彼岸。因此，似乎已經包含了一地，並且積累資糧無量、成熟眾生無量、清淨剎土無量，以及自在方面達到了更高的層次。堪忍自性無生等安忍極為清淨，並以無相無勤任運加以安立。也同樣不被一切聲緣所奪，無有退轉之懼。比如，一覺醒來會有想，同樣，從心入於寂滅法性中出定的想雖然存在，但以無分別智的自在而不生有相的分別念。為了斷除此地所屬的所斷，而入定於真實滅定之邊法界中，如果長久

安住在等至中，就會趣入涅槃而中斷圓滿、成熟、清淨的相續，正是考慮到這一點，諸佛才對「僅僅執著寂滅法界便可」進行了遮止。《十地經》中云：「我等之十力等圓滿，汝等不具，而為尋覓彼等一切，當精進。」又云：「我等之十方無量佛剎，汝等觀之……」以此作了勸勉。

九地：以四無礙解調化有情，不利益眾生是此地的違品。八地成就智慧、清淨剎土，到了九地，利益眾生付諸實踐，與前相比，智慧與事業無有限量，極度修行自利方面居上的佛智、他利方面饒益無量有情這兩件大事，並獲得法無礙解、義無礙解、詞無礙解與辯無礙解，作為如來所轉法輪的殊勝追隨者，而且宣說各乘正法。以十萬劫得受的加持而獲得句義總持等，依此使得每一極微塵都發出不可言宣的法門，獲得了抉擇力與修行力等無量圓滿功德。《般若經》中說真正的四種無礙為佛陀的不共功德，這裡按照《十地經》的密意說是相近的四無礙解。

十地：依靠如來的身語意或者甚深密法等所顯現的一切法，而獲得大乘諸法的灌頂，故而未得到灌頂是此地的違品。由於此地是因地的盡頭，並且先已斷除一切煩惱的緣故，妙慧的自性智無垢等持更為明顯，通達含有密意之語。也就是對所有佛典的密意、意趣，能原原本本心領神會。如同成堆的奇珍異寶所莊嚴的大海堪為

財富之最一般，具有多種神通力等功德的財富無不齊全、極其清淨，堪為之最。獲得了劫觀為剎那、剎那觀為劫等性勝解等無量神變門，自在加持離世或住世。於現量安住的大報身佛前聞法，從十方諸佛處依靠大乘法通過光芒而獲得灌頂成為補處，是安住智度的大菩薩。

以上所有地的階段，以清淨剎土、成熟有情及二種資糧而修行佛陀之法，稱為不以地為滿足之修，因為需要尋覓逐步向上、更為超勝之法的緣故。這主要是指一地到七地之間。八地菩薩不再退轉，由於已經獲得了佛陀深法的解脫。能成熟眾生的修行主要是九地與十地，這是因為，此二地獲得了以廣大的善巧方便分析的無礙解及證悟諸法深密的境界。關於十地菩薩投生的方式，儘管以業惑轉生輪迴的現象從一地就已斷絕，但以悲心願力而受生輪迴利益有情。因此說，七地以上通過十自在與幻化的方式而圓滿資糧。

安住於地道的菩薩有七種，一、安住種姓之菩薩：按照《菩薩地論》中所說，具有六度種姓的特徵。二、發心菩薩：依靠儀軌而獲得世俗發心。三、勝解行菩薩：與第一種是一致的。暖位等四位，稱為勝解行，從這時開始稱為趨入修行，從勝法位開始稱為資糧修行（這兩種修行是般若中所講七十義中的兩者）。四、入行菩薩：主要是指一地至七地間的菩薩。這以上是《十地經》中所說的。五、六、七、不退轉菩薩、一生菩

薩、最後有菩薩三種菩薩，是指八地以後，這一點容易理解。從因與果的角度而言，勝解行地的果是一地，依此類推，十地的果是指佛地，因為是從中成就的緣故。佛地是果而不是因，因為再無有較其更高的地。《山頂經》中云：「文殊菩薩言：當觀初發心是與行為相聯之因；當觀與行相聯是不退轉之因；當觀不退轉乃一生菩薩之因；當觀一生菩薩乃遍知佛果之因。」關於這所有地的定義、作用、違品及對治方面的所有詳細內容，當從《解深密經》中得知。這以上依照《十地經》頌詞與釋文的意趣而籠統說明總義已經完畢。

壬二、論義：

宣說十地的本體及功德，共分為十。

一、極喜地：

> 第一極喜地，菩薩歡喜故，
> 已斷除三結，生於佛種族。
> 彼之異熟果，施度最殊勝，
> 震動百世界，成為贍洲王。

十地之中，位居於首的是極喜地，因為能令獲得《十地經》中所說的七覺支、遠離違品遍計法所攝之見斷的菩薩喜出望外的緣故。進一步地說，「斷」的特點，獲得解脫的主要障礙就是壞聚見、懷疑與戒禁取見，它們是結縛於輪迴及惡趣的三種因，初地菩薩已經徹底斷除了這三種因，並且超越聲聞緣覺。印度注釋中

中觀寶鬘論釋

所說貪、嗔、疑三者，與這裡的三種因實際上是一個意思。善男子，生起隨應如來普光地之見道，並生於佛陀種姓中。由它的異熟所感，六度中布施度最為殊勝，已經達到了最高的境界，由於布施屬於粗大之法因而相對容易。正因為此地已遠離了布施的違品，才說布施最為殊勝，也是因為這一地其餘所有波羅蜜多並非像布施度那樣殊勝，故稱布施勝。也不要認為以上地就沒有布施。

功德的數量：僅僅在剎那、瞬息、須臾時間中就能夠震動百數不同的世界；現見百數不同佛尊，通過彼等佛陀的加持而真實證悟，親身體驗無分別智慧；當時已擁有安住百劫的能力；能真正了知前、後一百劫而宣講眾生的業與生世；頃刻能入定出定一百等持；通過神變使一百眾生的相續善心得以成熟；一時間前往並顯現一百佛剎而利益有情；真正領悟一百法門，並銘記在心；一身可示現一百身體；每一身體都顯示具有同等數目的菩薩眷屬。總共已得到十二種百數功德。這裡要掌握成百等固定數目只是表示而已，實際上利根菩薩以善巧方便力而沒有固定數量，因為勝解行地也獲得了不可勝數的等持，面見數量可觀的佛尊。

以大悲及願力而特意受異熟生的特點：成為贍部洲的大國王是異熟增上的特徵。

二、離垢地：

第五品 僧俗學處

二地名離垢，身語意十業，

纖塵不染故，自守彼等故。

彼之異熟果，戒度最殊勝，

成為七寶主，利生轉輪王。

第二離垢地，由於為了獨自解脫而防護作意的緣故，身語意的十種業道甚至在夢中也不沾染破戒的垢污，自然而然守持這些戒律。由獲得這樣功德的異熟所感，在先前布施的基礎上戒律波羅蜜多達到最高的程度。

功德數量：剎那得到千數等持，親睹千尊佛陀，而現示千數眷屬，與前面一地相仿，只是數量遞增，而內容完全一致。

異熟增上的特點：成為統治四洲的國王七寶之主，獲得利益一切眾生使他們奉行十善及波羅蜜多等的轉輪王位。

此地之果：善巧斷除一切有情的破戒。

三、發光地：

三地名發光，智放寂光故，

禪定神通起，永盡貪嗔故。

彼之異熟果，勝行忍精進，

明智大天王，遣除欲貪者。

三地叫做發光地，此地菩薩在入定中，以無分別智慧不同程度地焚燒所知障，此明現的智慧火放射出寂滅

的光芒，借助它的力量，自身及後得階段也發射出旭日東昇之前朝霞般的光芒。在這一地，尤其生起的清淨功德有四禪、四無色、四無量及五通。染污法的修斷上、中品貪嗔及所有愚癡也不同程度地滅盡。

它的異熟果：以上述功德感召，在前地的基礎上，安忍的行為更為殊勝，也以超勝的方式而行持精進。

功德的數目增長：在二地的基礎上，功德遞增百倍，剎那獲得十萬等持，親見十萬佛陀……均依前而推。

異熟受生：成為數多天眾的主尊大天王，並且精通《吠陀論》等。以超群的智慧能遣除對欲天等欲界之色等妙欲的貪戀。

四、焰慧地：

　　　　第四名焰慧，放正智光故，
　　　　一切菩提分，尤為修行故。
　　　　彼之異熟成，離諍之天王，
　　　　薩迦耶見生，盡毀乃智者。

第四地叫做焰慧地，因為正智放射出較三地更為超勝、寂滅所知相的光芒。所謂的發光與焰慧，是以明現而趨入正法稱呼的，因此是指證悟的智慧斷除所知障的法光明。如云：「智火極旺盛，摧毀煩惱薪，法界能明現……」

如果有人認為：八地之前只斷煩惱障而不除所知障。

第五品　僧俗學處

駁：實際上，必須承認獨立的所知障是在八地才斷，而在此之前籠統次第斷除二障。在不清淨七地的階段，所說的煩惱是對分別念取上它的名稱，而不是真實的煩惱，因為先前已經斷除煩惱之故，貪等雖然也障礙所知，但衡量萬法實相的主要障礙就是以無明為前提的實有分別念與二取。而二取與真實顯現蕩然無存的境界只有在無學地才能達到，可是，這些有學道的入定中如果證悟了與法性真如一味一體，便不存在二取等。而二取習氣仍然存在。所以，對後得盡其所有的有法生滅等，二取與真實顯現許的行相儘管可能存在，但無有實有分別，因為入定無分別智借助修法性的力量而在後得時，感受到境與有境名言如幻，這就叫做清淨世間智與其現分緣起無自性。由於二障不同程度被斷除而使證悟的光明境界日益增上。可見，在聖者入定後得智慧的境界中分別念無有立足之地。《般若攝頌》中云：「能工巧匠精緻造，男女鑄像一切事，如是通慧行菩薩，無分別智行諸事。」在這一地，精進尤為殊勝，因此四念住等七類所攝的所有三十七菩提分法，是與波羅蜜多等一模一樣的清淨道，所以是見修所有分位中的主要所修，在此地更為殊勝的是修行。

以此地的異熟所感，特意發願而作為離諍天的天王。斷除屬於此地的所斷也就是產生一切見的因——壞聚見及由它所生的俱生無明包括的執著自性成立的細微

我執，以及執著補特伽羅為獨立自主的所有粗重無明漸漸薄弱，為此，能將這一切斬草除根就是智者。

功德的數量：三地的功德換算成一百倍（即乘一百），即獲得百俱胝數的功德，也就是一刹那得到百俱胝等持，面見百俱胝佛尊等。

五、難行地：

> 第五名難行，諸魔難勝故，
> 善知聖諦等，微細深義故。
> 彼異熟感成，兜率之天王，
> 能除諸外宗，煩惱惡見處。

第五難行地，安住在世間界中的天子魔群齊攻之也無力擊敗，就算是一切惡魔及眷屬也極難勝過，其餘加害者就更不必說，所以此地稱為難行地（也叫難勝地）。對於粗細四聖諦等及《十地經》等中所說的二諦等細微所知的這些意義，無所不知、無所不曉，而且尤其修行禪定波羅蜜多，由它的異熟所感而成為兜率天的天王，憑藉他的能力足可消除裡裡外外的外宗身體的五種折磨等煩惱以及所有執其為解脫道的邪見。

功德增上的數量：獲得前地功德的千倍，也就是說，一刹那得到千俱胝等持，親睹千俱胝佛尊等。

六、現前地：

> 第六名現前，現前佛法故，
> 修行止觀已，得滅增上故。

彼異熟感成，化樂之天王，

聲聞不能奪，能息高慢者。

第六地叫做現前地，因為現前佛陀的不共大乘法無二無別猶如影像般的緣起空性，或者說，由於相符於所得佛果之法的緣故而得名。《攝正法經》中說：「意入定中將如實現見真性。」五地圓滿禪定度，借助它的力量，在此地圓滿智慧度，因此經過反覆修習菩薩的不共寂止等持與勝觀智慧，憑藉禪定力，只要自己願意就能夠長久入定於空性境界中。由於得到滅盡一切煩惱分別念的滅盡定而使智慧極度增長，因而獲得超勝的智慧度。由其異熟所感，依靠願力特意成為化樂天的天王。

此地的果：以深不可測的方便智慧力而不為一切聲聞所奪取、所勝伏，並能消除一切慢過慢或者傲氣。

功德增上：獲得十萬俱胝數的功德，即一剎那得到十萬俱胝等持，現見十萬俱胝佛陀，蒙受十萬俱胝佛陀的十萬俱胝加持……

七、遠行地：

第七名遠行，數具遠行故，

剎那剎那間，入於滅定故。

彼之異熟成，他化之天王，

現證聖諦故，成大阿闍黎。

第七地叫做遠行地，因為在兩大阿僧祇劫中，與下地更高的功德數量已遙遙領先，或者說，作為與八地更

中觀寶鬘論釋

329

為接近之因的緣故，超勝或遠遠越過以下六地。這其中的原因是，剎那緊接著剎那，也就是說每一剎那心都能入於滅盡定。正是由於這種原因，七地菩薩以心的力量能遠遠勝伏、完全擊敗一切聲聞緣覺。

「此地，從數量與功德的角度而言，遙遙領先，因為：就他能自由自在入滅盡定而並非其他地所能做到。」因而，憑藉心自在滅盡煩惱的力量能力勝聲聞、緣覺，而並不是說憑藉智慧。這一地方便度尤為殊勝，以它的異熟所感而成為他化自在天的天王。作為欲天之主的菩薩，由於細緻通達現證聖諦而成為講經說法、出類拔萃的大阿闍黎。

功德增上：獲得前地功德數量的千倍，俱胝那由他數的功德，一俱胝換算成百倍，再換算成千倍的數量。即一剎那獲得十萬俱胝那由他等持，面見十萬俱胝那由他佛陀，依靠此等佛尊加持了知同等數量的真義，能示現同等數目的菩薩眷屬。

八、不動地：

第八童子地，不動無念故，

不動身語意，行境不可思。

異熟果感得，一千梵天主，

羅漢獨覺等，擇義不可奪。

第八地也叫童子地，就像世間中越過了孩提時代而被稱為童子一樣，在此大乘中也是當超越煩惱位時被稱

作童子，因為凡夫被煩惱所左右。這一地不被相分別、勤作所動搖，無餘遣除我執、實執，或者說貪等煩惱盡除無遺，從而處於無分別的境界中如如不動。另外，此地菩薩的身語心行境無法想像，不可思議。

由於圓滿願度的異熟所感而特意成為大千世界的大梵天王。

此地的果：聲聞阿羅漢與緣覺等所抉擇的深奧法義永不可奪，顛撲不破。

功德增上：上述的俱胝等數量不可勝數，因此要用極微來計算，獲得十萬三千世界中盡其所有極微數量的功德，即一剎那獲得十萬三千世界所有極微數的等持，面見同等數量的佛尊，了知蒙受此等佛尊的同等數量的加持。以此類推，能動搖、顯現世間界、前往佛剎、成熟有情、安住劫數與了知劫的前際與後際、開啟法門、得授記、每一身體示現眷屬數都是十萬三千世界所有極微的數量。

九、善慧地：

> 第九名善慧，猶如王太子，
>
> 因得無礙解，此地慧善妙。
>
> 彼之異熟成，二千界梵主，
>
> 有情心疑問，羅漢不可奪。

第九地稱為善慧地，就像國王的太子在登基之時要接受繼位灌頂儀式一樣，地道的殊勝功德在此得以成

熟、以正法而茁壯成長，稱為補處，而即將得到補處灌頂，同時也臨近獲得大光明灌頂。為什麼呢？因為獲得義無礙解等四無礙解及超勝所有下地的功德，故而住此九地的菩薩，智慧善妙，尤其得到殊勝力度。由此異熟所感而獲得二千世界的天王梵主果報，極其擅長調伏有情。對於所化有情心中懷有的任何疑問，能夠無著無礙予以明示。而且，大梵天、惡魔及阿羅漢等通過相違、錯謬的途徑根本無法奪取他的辯才。

功德增上的數量：所謂的無數世間界，也就是從一、二開始數，達到六十位數的數量就叫做無數，此數量再換算成百倍，再乘千倍，再乘千倍，再乘十倍，從中得出的盡其所有的極微數量，就是九地菩薩所得的功德數，也就是說，一剎那得到百萬無數三千世界所有極微數的等持，親見如此多的佛尊……

十、法雲地：

> 第十名法雲，降妙法雨故，
> 菩薩蒙佛陀，光明灌頂故。
> 彼之異熟成，淨居之天王，
> 無量智境主，殊勝大自在。

第十地稱為法雲地。為什麼叫法雲地呢？因為在諸佛前獲得大法雲，尤其得到智波羅蜜多，由此而普降妙法甘霖。對此地也命名為佛地。此地的釋詞與雨層雲相類似，猶如烏雲密布的空中降下雨水一般，從大智慧的

濃濃密雲中無勤之中自然而然普降正法雨。或者說，虛空般的法身中密布濃雲般的大本智，為此而稱為法雲。如頌云：「雲雨救莊稼，如是具喜處，以此等次第，拯救諸有情。」相續完全成熟的十地菩薩得受諸佛放大光明而真實授予的灌頂。《十地經》中說：「得此地之菩薩，百萬無數等持之末，現前所謂具有與了知菩薩諸等持之智無有差別灌頂。現前之時即刻以等同百萬三千界寶藏之最妙寶蓮嚴飾，而具有百萬三千界之極微數蓮花眷屬，菩薩身亦與之相應、隨合其緣而住。依此得等持即刻住於蓮花中，普放光明，十方諸佛出有壞眾聚，白毫間放光予以灌頂。」對此也有其他不同的觀點。

此外，功德的數量增長的差別：由於超越了身語的行境，而獲得不可言說佛剎中不可言說極微數的功德，即一剎那得到盡十方所有不計其數剎土極微數的等持，面見同等數目佛陀的功德後示現同等數目的菩薩眷屬。這裡所說的一剎那，不能思維成是部分的類別，而是將時間的極點稱作剎那的。一百二十剎那中六十彼時剎那是一頃刻，三十頃刻為一須臾，在這麼短的時間裡便可入定出定等等。得到這樣的功德所感的異熟果，投生為遠離異生的淨居天王。不可思議、無量無邊的智慧就是佛智，佛陀以他作為對境而授予灌頂，名稱叫做殊勝大自在。

辛三、攝義：

如是彼十稱，菩薩之十地。

如是剛剛講述的十地即是經中所宣說的菩薩的十地，在此概括作了說明。十地就像具障的胎位一般，好似出生階段的是佛地，因為在佛地圓滿一切所為，獲得了現量領受萬法的境界。

己二（究竟之功德）分二：一、宣說佛陀每一功德亦無量；二、於彼誠信生勝解之因。

庚一（宣說佛陀每一功德亦無量）分二：一、佛陀無邊功德依於十力；二、功德無量之喻。

辛一、佛陀無邊功德依於十力：

佛地與彼異，廣大不可量，

於此簡言之，具足十種力。

佛地與前面所說的因地迥然有別，是斷證究竟的果地，而無法以心或比喻等來衡量，廣大無邊，就像無邊無際的方向也可以攝於十方中一樣，略而言之，具足知處非處等法相的十力，這是大體來說的，如同說須彌山與大海一般。

辛二、功德無量之喻：

彼力即一一，如眾不可量，

諸佛之無量，如諸方虛空，

地水火及風，籠統宣說已。

佛陀之力以知處非處力為代表的每一力也是如同茫茫無邊的眾生數目一般不可估量。而能作為佛陀的力等

功德無量的比喻，就是一切方隅的虛空無有限量，遍及虛空際的地水火風界無可定量。佛陀的功德也只是綜合、籠統而有所表示、詮說，實際上其中每一功德誰也無法數盡。《十地經》中云：「天等一切世間海，有頂以上水遍及，憑依髮梢能估量，善逝一德非如是。」所有三千世界境內的所有草木磨成細微分遍滿虛空，眾生無餘的所有心識變成一個有情的心，集思廣益，有可能計算出所有細微分的數量，然而佛陀的智慧一剎那趨入的邊際也無法了知。如云：「大能仁之智，一剎那而入，然多俱胝劫，誰亦無力數。」

庚二（於彼誠信生勝解之因）分四：一、佛陀功德無量之因——頂禮等七支供福德無量；二、為利無量所緣境而迴向一切善根並發各種願；三、福德無法定量；四、安立合理性。

辛一（佛陀功德無量之因——頂禮等七支供福德無量）分三：一、以佛陀無量功德之理由而生誠信；二、積累無量福德之理；三、積資之諸門攝於七支供中。

壬一、以佛陀無量功德之理由而生誠信：

設若因僅此，未見無限量，

於佛之無量，不起誠信心。

佛陀的功德並不能以「僅此而已」來定量。假設佛陀的因認定為僅此限量，沒有發現佛陀的那麼多功德的因也是無有限度，那麼對於果諸佛的無量功德也就不會

心生誠信，反而會懷有「因有限量果怎麼可能無量」的想法。由於佛陀功德之因無有限量、無邊無際的緣故，無法見其邊際。如此一來，便會對無量的因果深信不疑，從而為了獲得佛果而憑藉這種辦法積累無量資糧。

壬二、積累無量福德之理：

> 故佛像塔前，抑或於餘處，
>
> 一日三時誦，如此二十頌。

正是由於剛剛講述的原因，所以應當在殊勝佛像、有遺骨的佛塔前或者也可以在僧眾等其他殊妙絕倫的福田前，一日三時中持誦下文中所講的這二十偈頌。這樣做的原因何在呢？因為這樣持誦的福德無量。

壬三、積資之諸門攝於七支供中：

> 諸佛正法僧，以及菩薩前，
>
> 恭敬皈依畢，頂禮應供處。

在斷證究竟的諸佛、具備教法證法功德無窮無盡法相的正法、不同程度具足道功德的聖者僧眾以及得地的諸位菩薩所有殊勝應供前，三門畢恭畢敬虔誠皈依之後，頂禮膜拜。在此儘管並沒有直接宣說供養，但發起慈悲菩提心可以堪稱上供下施之最，再者說頂禮也屬於供養，因此實際上供養已含在其中。《無盡慧經》中說：「此等三者即是無上供養，發菩提心及……」

> 懺悔罪惡業，廣修眾福德，
>
> 有情之福善，一切皆隨喜。

作禮完畢，接下來所要做的事就是應該堪為法器。按照《宣說四法經》中所說，通過具足四力的方式，誠心誠意懺悔自相續無始以來所積下的所有自性罪及佛制罪，今後做到嚴加防護，不再就犯。通過隨喜布施、持戒、修行所生以及其他的善業而承諾恆常不離自他的一切福德，廣泛受持。以一切有情隨福德分的有漏善法為例，包括隨解脫分無漏善在內，緣見未見的一切善根，心裡不禁生起「如此善舉實在令我喜不自禁」的想法，好似自己成辦一樣欣樂隨喜。如果內心平等，就可以得到同等的善根，即便內心不平等，但誠心隨喜也能獲得功德。關於隨喜的詳細功德，當從經藏及律藏中了知。

> 我稽首合掌，請轉妙法輪，
> 乃至眾生存，請佛久住世。

我端端正正，頭等五體投地雙手合掌恭恭敬敬，滿懷信心真心真意祈請一切圓滿佛陀，在十方世界真實圓滿成佛後不久即轉妙法，並在娑婆世界轉妙法輪，有些（佛菩薩、上師）由於所化根基等個別必要而示現涅槃前，祈求他們乃至眾生存在之間永久住世而利益有情，並觀想佛尊現量了知照見而默許。

辛二、為利無量所緣境而迴向一切善根並發各種願：

共有十七頌：

> 願以我作福，已作及未作，

有情悉皆具，無上菩提心。

　　上述的頂禮等我所做的這些福德及往昔無始以來我三門所行的十善、現在尚未做將要做、未來一切劫中做的點滴福德，普皆迴向。

　　如果有人想：未來的事還不存在，怎麼能迴向呢？

　　以善巧方便而觀想未來的總相，現在就布施，以消除在那時對清淨意樂增上及善根的耽著，就像說「我如果擁有豐富財物，願與你分享」而令他人歡喜一樣。那麼，為什麼而迴向什麼呢？以三世的這些福德，具足緣遍布虛空的一切有情獲得無上菩提果位的殊勝心態，永不忘失。

　　為了得果與為了成就因而迴向意義相同，對於讓其他人發心、信解大乘而發心作隨喜的無量功德，在此也同樣得到。《華嚴經．金剛幢品》中說：「以清淨意樂普皆迴向並非僅依詞句，以喜心普皆迴向。如是以歡樂心及淨信心、極喜心、柔和心、仁慈心、親切心、饒益心普皆迴向……」此經說明，初學菩薩需要為眾生發十種心。彼經又云：「利心如是安樂心，悲憫心及仁慈心，護心如是平等心，上師心及導師心，愛心如是饒益心……」宣說生起菩提心的殊勝教言的意義直接間接包括在這些大願中。具足緣起法相的所有善資，以殊勝清淨意樂普皆迴向於究竟所得及發願的任何事與智慧、法界融合在一起，從而在此期間無有窮盡。《妙臂續》中

第五品　僧俗學處

云：「譬如百川入大海，皆成鹹鹽之一味，如是為菩提迴向，福德成為佛一味。」由於所饒益的對境有情無有限量，因此緣他們的福德也無有限量，由此可見理所應當對佛陀的功德無量這一點堅信不移，因為這些願以悲心緣有情而絕對是成辦暫時究竟所有利樂的願力。

願眾皆無垢，根圓離無暇，

行為有自在，正命悉具足。

此外，但願一切有情都發菩提心並進一步修習，從而圓滿獲得信心等純潔無垢的無漏根，由此所感，超脫惡趣等八無暇處及其因，如同諸佛及聲聞一切漏盡的行為不隨煩惱等所轉一樣，不被煩惱等左右而自由自在、清清淨淨奉行六度萬行，具備修法的順緣，斷除邪命養活，以正當的維生途徑無勤之中坐享其成。

願諸有情眾，手中具財寶，

資具皆無量，無盡至生死。

但願所有財力衰敗的有情不費吹灰之力垂手而得能消除貧困的如意寶，一切所需資具源源不斷出現，乃至流轉輪迴期間，自己用之不竭，並供養如來佛子。

願凡諸女人，恆成大丈夫，

諸有情慧目，戒足悉具足。

但願身分低下的女眾在異生位時，都轉成威力強大、智慧高超等十全十美的大丈夫身分。但願一切有情均具備證悟無我的殊勝慧學的明目、殊勝定學及戒學的

雙足。

　　願有情具色，形妙大威光，

　　　見喜無病疫，長壽具大力。

　　但願其餘有情無有令人嫌棄藐視等的苦惱之因而都
具備如贍部純金般令人見而生喜的美妙色澤，形態端
正、相貌莊嚴、神采奕奕、威風凜凜，讓人一見便感到
舒心悅意，身體無有四大不調的病患，具有無愛子般的
力量或者力大無窮，長命百歲等，總之但願擁有善趣七
德。

　　願皆通方便，脫離諸苦痛，

　　　勤向三寶尊，富有佛法財。

　　但願一切有情悉皆具備通曉息滅輪迴與惡趣之苦的
方便——棄惡從善取捨的智慧，輕而易舉擺脫三惡趣等
一切苦果，恆常一心專注、念念不忘作為因皈依及果皈
依處的三寶，借助三寶的威德力最終具足佛陀之法財
——十力等一切功德。

　　願修慈悲喜，棄惑平等住，

　　　施戒忍精進，定慧作嚴飾。

　　但願像我一樣的所有眾生內心都懷有希望他們逢遇
安樂的悅意慈、希望他們遠離苦及苦因的悲心、希望他
們永不離開所擁有的快樂的喜心以及無有以貪嗔偏袒親
近遠離有情之煩惱的捨心。但願能用圓滿菩提之因——
菩薩道中的布施、持戒、安忍、精進、禪定、智慧寶珠

飾品來莊嚴自己。

　　　　願圓諸資糧，相好極鮮明，

　　　　不可思十地，不斷而經行。

　　但願，快速圓滿一切福慧資糧。在行道的過程中，也像至尊文殊菩薩一樣，獲得福德異熟果的極其鮮明相好作嚴飾，遠離聲聞等無法想像的菩薩十地的所有違品，而不斷迅速經行。

　　　　願我亦具足，彼德餘諸飾，

　　　　解脫一切過，倍憫諸有情。

　　但願我所造的善法為利他而迴向後，希望自己也以一切功德莊嚴來利濟有情，我本人也是同樣，具足前述的這些功德以及在此尚未提到而在經中明確宣說的力等浩如煙海的所有其餘功德莊嚴，完全解脫輪迴的過患及因果，本著慈悲為懷，以善巧方便而仁愛芸芸眾生放在最主要的位置上，如《經莊嚴論》中云：「如鴿於自子，普覆生極愛，如是有悲人，於生愛亦爾。」

　　　　願諸有情心，意願皆滿足，

　　　　恆常而遣除，一切眾生苦。

　　但願一切有情心中所求的最殊勝財富二種資糧普皆圓滿。但願剎那也不懈怠、時時刻刻精進努力解除一切有情輪迴與惡趣的所有苦難。《般若攝頌》中云：「放下自樂無求心，不分晝夜勤利生，猶如慈母待獨子，誠心誠意無厭倦。」我們應當按照此中所說來發願。

中觀寶鬘論釋

願遍諸世界，恐怖之士夫，
聽聞我名號，極度畏懼消。

　　住在所有十方世界中的任何人，遭受地震、敵害、病魔、惡趣等恐怖被嚇得魂飛魄散、憂心忡忡時，就像聖者觀世音菩薩發願那樣，但願他們一經聽聞我名便立即解除恐慌，無所畏懼，安然無恙，得到慰藉。關於觀世音菩薩的宏願，《華嚴經》中說：「三次憶念我名者，願其於輪迴中無所畏懼；若有眾生心思外散持受我名，則其不生一切痛苦……」又云：「何者衰時若憶我，彼之衰敗我消除，此乃自之初大願，但願我具如此果。」為了這樣的意義而迴向善根、發願，從而加持名號也會起到如此的效果。

願以見憶我，聞名諸眾生，
不亂住本性，定得圓菩提，

　　如同見喜菩薩在世尊前請求一樣，但願有朝一日一切眾生目視於我，憶念我名，甚至僅僅聽聞某某名號，也能令諸有情心的垢染得以清淨，滿心歡喜、無有煩惱無有煩亂或迷亂，心自然安住本義，踏上無有違緣、順緣齊全的大乘道，從而很快就獲得絕不退轉圓滿菩提的境界，如同無量光佛昔日成為法藏比丘時在世間自在王如來前發願一樣。現在，我們對眾生喜愛，斷除損害，主要唯一利濟他們而發願，將來，當他人看見自己時會立即滿懷喜悅之情，因此大有益處。如果一門心思放在

一己私利而加害他眾，將來誰人也不會喜愛自己，給自他都帶來巨大的危害，這是必然規律。《淨願經》中云：「我昔依生田，以及能仁田，獲得諸佛法，無量豐莊稼。」又如《菩提心釋》中云：「菩提佛心性，善趣與惡趣，二種異熟理，依有情當知。」依賴於信心的對境——三寶、悲心的對境——眾生而積累資糧之後與迴向發清淨願相聯，這就是大乘道的宗旨。

　　生生世世中，獲得五神通。

　　願於諸蒼生，恆常行利樂。

　　但願暫時能實現自他利益必不可缺的神通、神變的行為在生生世世中永不退失，如影隨形的前五種神通無勤當中獲得。但願隨時隨地唯一利樂一切有情，三門勤勤懇懇，恆時精進想方設法行利樂之事。

　　願諸世間界，欲行罪惡者，

　　悉皆無害心，恆常頓遮止。

　　發願消除苦害及苦因：一切世間想常常為非作歹造惡業的愚昧士夫，罪大惡極，但願在不損害他們身體、受用的情況下，恆常以幻化等多種多樣的方便頓然使他們棄惡從善。《大乘別解脫經》中云：「大菩薩於一切有情作父母想乃至自己想之間，我永不捨棄此等一切有情，我當令此等一切有情脫離不可估量之苦蘊。」《菩提心釋》中云：「利害出生果，如是觀察已，彼等一剎那，豈能貪自利？」這一教證在前文中也引用過。

如果有人想：制止罪業時，難免會對他的身體造成損害，例如大悲尊者殺死持矛者一樣。

儘管如此，但能使之脫離惡趣而轉成天人的身分，所以並無相違之處。憑藉菩薩的願力與權巧方便的力量，即便有人以貪嗔來加害自己，也能夠直接間接避免，而無不成為利益。王舍城的施主之女因為愛戀歡喜菩薩而命絕身亡，死後轉生到天界，後來幸遇世尊及歡喜菩薩而聞法，獲得忍位。曾有一位菩薩遭到眾多仙人誹謗，他得知後為了拯救他們，於是大顯神變，使這些仙人皈入佛門，有許多諸如此類的公案。而聲聞並不具備這樣的權巧方便，二大尊者（指目犍連和舍利子）明明知道夠嘎、樂嘎兩位比丘誹謗他們，卻沒有加以防護而聽之任之，結果那兩位比丘轉生到裂如蓮花寒地獄中。

願如地水火，風藥曠野樹，
眾生於恆常，隨意而受用。

發願作為眾生的種種生存之因：在世間中，地水火風是有情賴以生存的依處，為眾享用，成為受用的來源，世間中天然的各種藥材、荒郊野外的種種果樹，任人享用，無誰干涉。同樣，但願恆常成為想生存的一切有情無人干預隨心所欲而受用的種種事物。經中說，聲聞果位，誰也不可受用，猶如懸崖邊的果樹；菩薩猶如四通八達大路邊的果樹。正如《華嚴經.金剛幢品》中

第五品 僧俗學處

說：「但願以此善根我為遣除一切苦蘊而成為有情之依處；但願為解脫一切煩惱而庇護一切有情；但願為防護畏懼而成為一切有情之依處；但願為隨行諸地而成為一切有情之所依；但願為得成就及安樂而成為一切有情之援助；但願為普示無翳之智而成為一切有情之光明；但願為消除無明黑暗而作為一切有情之明燈……」

成辦利他的特別方便，願自他平等相待：但願一切有情均作我的善友，我如愛自己生身性命般珍惜愛護他們；但願我為報答眾生的恩德如自己的生命般對他們倍加珍重，言聽計從。《菩提心釋》中云：「當以眾物悅，應護如自身，有情所不喜，努力棄如毒。」

> 如命愛有情，勝過愛自我，
> 眾罪成熟我，我樂予眾生。

現在發願自他交換：隨著心中觀想「但願有情相續中的一切罪惡頓時成熟我身；但願我相續中的所有善根瞬息無餘成熟於有情」結合呼氣吸氣而念誦。

> 縱有一含識，未得解脫間，
> 我雖得佛果，誓願住三有。

如同至尊文殊菩薩的傳記中所說一樣，發願乃至有際之間行持他利：乃至一切有情中個別有情，哪怕僅僅有一個尚未解脫而遺留在輪迴中，在這期間為了救度這一個有情，即使自己已經獲證斷證究竟的無上菩提，也仍舊不捨世間而住世，這是一切大慈大悲大聖者的大

中觀寶鬘論釋

願。如《攝正法經》中說：「菩薩之大悲，一經出口即刻想一切有情證得菩提而並非是為自己。」聖者文殊菩薩昔日就是這樣發心的，《文殊剎土莊嚴經.文殊因緣品》中寫道：「輪迴無終了，乃至前之末，期間為利眾，當持無量行……」安住無邊輪迴之誓願的依據即是所有大乘經典，《妙智請問經》在講小因成大果的《菩薩善巧方便品》中也有說明，此中云：「善男子，此外，大菩薩善巧方便即於十方世界，感受苦難之所有眾生前，菩薩以善巧方便中止彼有情之苦受，『願如是彼等眾生之彼等苦受皆降臨我身，而令彼等眾生悉皆安樂』善巧披此鎧甲方便。縱出現過失，然而我此生現前下等涅槃則絕非理，故我為成熟眾生乃至後世一再流轉輪迴，不應怯懦，正當流轉時應成熟有情，於此過失亦當懺前戒後。為一切有情皆由過失中出離故當說法，若披此盔甲，則出家菩薩縱犯四他勝，然以此善巧方便也得遣除，無有過咎，此乃我說。」

第五品　僧俗學處

如果有人認為：經中授記道：「此阿闍黎於世尊在世時成為樂匠布童子世間見喜，本師涅槃後四百年出生於印度南方，名為龍猛比丘，廣行大乘顯密教法而獲得壽自在，在人間住世長達六百年，成就極喜地後前往極樂世界，漸次於極淨光世界成佛，名號智源光。」眾生無有窮盡的時候，如此一來龍猛菩薩成佛而受持剎土的時刻也就不可能實現了。

346

正如聖者文殊菩薩的傳記中所說一樣，龍樹菩薩成佛之後受持剎土，乃至輪迴未空之間住世並不矛盾，因為諸佛的真相如此之故。或者說，儘管無有成佛之時，但懷有中斷利生的顧慮豈能合理？因為是任運成辦二利的自性。「不變普行周遍者」說明本體雖然不變，但隨從無量所知的智慧無有勤作，借助大悲為前提的力量，一切佛陀乃至輪迴未空之間住世。比如，火最初是薪柴的果，但當薪柴用盡時，火也會滅亡，但是，如果再度添加薪柴，火就不會消失。同樣，心識雖然最初作為無明的果，但是當輪迴之因——與無明相應的心識已徹底消滅時，佛智並非如同火滅一般，依靠添加大悲及願力薪柴的威力，自然智慧無垢光明不間斷照亮有情，因此如來絕不會成為具有無明者，也不致於成為斷滅。比如，儘管萬里無雲，但虛空卻存在，三十日的月亮並非全然消失。同樣，佛陀的智慧不存在斷滅、有無的戲論。

具有顛倒分別的辯方說：假設依靠悲心而顯現智慧，那麼佛前若不顯現而說有不合理，如果顯現，則由於智慧在勝義中不存在的緣故，實際上無而顯現到底是什麼，無而明現也是一種迷亂，迷亂也就是無明。如此一來，將有佛陀具無明的過失。

對此答覆：由遍知的一個智慧的反體而分為五智，雖說在法界、智慧無二的入定中如如不動，但從照見所

知的方式與成辦眾生之利益的角度而言，在名言中有智慧。如果你們認為，勝義中顯現的角度而言如同眼翳者的毛髮一般，其實這是完全不同的，眼翳者執著毛髮必定存在而顯現並實有，即使告訴他這是不真實的，但在因沒有消除之前顯現不會消失。在此，依靠法界清淨力緣起顯現，如幻般現而無自性，並非實有顯現，並不是無明的顯現，因為佛陀已經完全斷除了一切習氣，無因之果不可能存在。

一般來說，無而明現，雖然存在無明的因素，但佛陀所照見的境界中，不可能有，原因是：由無明而顯現是屬於二取及實有顯現等範疇，但佛陀不存在這些。一切聖者雖然能斷除煩惱，但以善巧方便並不斷除（而轉為道用）。同樣是斷除，所以不會變成染污性，並成大義之因的方便，諸大菩薩尚且具有，更何況說諸佛呢？經中云：「煩惱之自性外無有其他智慧，故煩惱自性即智慧，譬如指尖不能接觸指尖，同理，智慧不能遣除智慧本身。文殊，是故當證悟一切不善為等持。」通達等性者的特法與方便不可思議，依靠其餘正理無法分析。如果智慧不具備合理性，那麼悲心也不應顯現，結果會變成斷滅。此處承許佛陀沒有智慧及承許佛有平凡心的觀點只不過是否定和讓人理解的異名，而佛陀的本體不可思議，超離一切有無戲論，因此誰也無法通曉。《寶性論》中云：「無為任運成，不依他緣證，具足智悲

348

力，具二利佛陀。」此外，如果承認盡所有智，那麼無有分別念相而顯現相狀又豈有相違？如同鏡中影像一般，只不過是由實空無分別本智的妙力中出現無實的顯相而已，所以與無明的分別中出現實有迷亂顯現截然不同。緣起性空就像所說的「色即是空，空即是色」，《中觀根本慧論》中云：「則為是癡妄，

而見有生滅。」

這其中的密意是指下面聖者的後得與眾生平常見到生滅自性成立。可見，絕不能妄執佛陀與眾生的現相一模一樣。

如果對方說，佛陀不會斷滅，因為安住於法身中之故。

駁：難道佛智不是法身嗎？

如果對方說：儘管是，但與空性一味一體，所以不顯現。

駁：那麼，請問你們是說有而不現還是無而不現？

如果對方不承認後一種情況，但承認有而不現，那麼再請問你們，智慧到底領受還是不領受空性，如果領受，則需要了知，如果了知，則需要顯現。如果無有顯現卻能領受，那麼虛空中蓮花的芳香也成了能被領受。如果智慧不領受空性，則應成如同兔角般一無所有，或者應成雖有卻不領受的隱蔽事，或者應成由無明所障，這些過失必然會落到你們自己頭上。

如果對方問：那麼，佛智究竟是有為法還是無為法？

雖然觀待盡所有的無量所知而言，安立由因緣所生的智慧是有為法的名言，但實際上與法界無二無別的智慧無生本體，根本不應該有數量剎那的類別，在所化眾生前並不顯現，因此承許是無為法，不承認是有為法，否則就像一切菩薩聖者與阿羅漢的意生身一樣，將成為具有無明，而不會成為究竟的皈依處，因為具有生滅而是欺惑的有法之故。《智光莊嚴經》中云：「文殊，所謂無生無滅即是善逝阿羅漢真實圓滿正等覺之異名。」

有些人聲稱：本智是緣起剎那性。

本智解脫三時而轉依恆常安住的緣故，轉依恆常真如的法相就是本智的依處，故而得名。實際是對有超離三時之處而稱為解脫三時的，這種說法是日成等論師解說的。真如轉依是不合理的，所以有為法之識轉依的本智慧是恆常無為法的意義。

假設對方說：如果以佛智本身來了知，那麼自己對自己做事顯然相違。

駁：佛陀自身的各別自證智慧不可思議，遠離覆障之光明在自前毫不隱蔽而存在、照見，針對他者而安立名言，原因是，由於是所知的緣故，雖然遠離二取，但若不存在無二智慧，就成了斷空，這一點是不可否認的。如果所斷輪迴的一切心與心所轉依或者已經泯滅而

具二清淨的離繫果智慧不存在，那麼大悲也成為無有。可見，如果按照你們所說，將會中斷利他。

如果對方說：由往昔的引業與所化眾生的善業所感，以二色身利益有情。

駁：儘管如此，但由於願力的牽引而使智慧悲心不中斷的緣故，佛陀到底是否了知色身，如果了知，則需要顯現，如若顯現，就成了無明的顯現，因為此推理你們自己承認之故。如果不了知，那麼佛就成了非遍知。如果認為色身唯是所化眾生的顯現所攝，那麼就需要承認它是眾生的顯現，但不能承認這一點，否則具有在相續後際（即十地末際）的菩薩的後得位顯現大報身也應成了無明顯現的過失。因此，如果是在他前顯現則不需要是他的顯現。

假設對方說：如果智慧本身最初自性存在，則後來不存在，是一種斷見，但由於最初自性就不存在而不會斷滅。

駁：說自性有無雖然具有常斷的過失，但如果承認智慧本身並不是以心識衡量，只是以能安立世俗的識來安立，在名言中存在，那就必然在名言中顯現。對方擔心名言中顯現是無明的顯現與自己的觀點相違，於是承許名言中也不顯現。這樣一來，就成了地地道道的斷見。考慮大義要點而造成了篇幅稍有繁冗。雖然還有許多要探討的，但不再囉唆，回到頌詞上。

辛三、福德無法定量：

> 如是所說福，設若具形色，
>
> 盡恆河沙數，世界不能容。

上述的積福發願這一切，以修行自己菩提心的方式所說的福德，假設有形有色，那麼盡恆河沙數世界也無法容納，有過之而無不及，猶如說願行菩提心的利益無量一樣。所以，以無量有情作為對境的無量福德資糧，其果佛陀的功德也無有限量，對此也會更加誠信不移。

辛四、安立合理性：

> 彼是世尊說，理由此亦明，
>
> 有情界無量，利彼亦復然。

因果無量這一點有教證、理證可依，無量是一切智智佛尊所說，《吉祥施請問經》中廣說了菩提心的福德，《三摩地王經》中宣說了慈心的功德，《無盡慧經》中詳細說明了波羅蜜多等，無法一一引用這些教證。理證或依據的推理也可以在此明示，所緣境眾生界不可限量，想饒益這一切有情的福德無量，也絕對與眾生無量相同。必須這樣承認，否則就要承認饒益一個有情不生福德。如果不承認這一點，那麼利益無量有情的福德也無量以切實的理證可成立，與四種道理不相違而足能證明，然而這是不可思議的，主要還是應當依教證而誠信。如云：「聖教乃為可信句，滅盡過咎不可說，虛妄之詞因無故，盡過當知即聖教。」

乙三（宣說結行）分五：一、以命喻教誨生起法喜並行持；二、教誨依止善知識；三、教誨見行圓滿成就勝果；四、此法不僅於國王亦教誡他眾；五、勸勉國王身體力行。

丙一、（以命喻教誨生起法喜並行持）分二：一、教誡生起歡喜；二、教誡依四法因果之理；

丁一、教誡生起歡喜：

> 如是我為汝，簡要所說法，
> 你如恆惜身，當以珍愛之。
> 何者重彼法，實為愛自身，
> 若需利所愛，彼成法作用。

龍猛我從浩瀚如海的經典中擷取出的精華，簡明扼要地為國王你宣說了如意寶般的正法，大王你要像世界上最珍愛的生身性命倍加愛惜一樣，珍惜愛重這些教言。

如果有人想：珍視身體是理所當然的事，但怎麼需要珍惜正法呢？

正是由於珍重正法，才需要修法的所依，自己的身體也就是所珍愛的對象，如果不珍重正法，只是愛惜身體也不會有少許的價值。《教王經》云：「身如地藏不知足，不淨所生不淨蘊，病老死等諸苦處，亡後棄身染大地。」所以說，珍視不行正法的身體實在無有價值，就是在愛重痛苦之器，因為這個身體是相互敵對的四大

353

並存聚合，唯一是痛苦的自性，如同具有四個不和睦的妻子之人永遠不會得到應有的承侍與喜悅。我們應當使依靠往昔的善業力而得到如今值遇正法的暇滿人身具有意義而行大士道，因為極為難得之故。《彌勒經》中說：佛陀出世、獲得人身、於佛起信、發菩提心四者俱胝劫也難以獲得，為此切莫使閒暇人身無義虛度。《中觀藏論》中云：「具有微妙正法燈，離八無暇此閒暇，當依大士之行為，理當具有真果位。」

如果認為，既然對輾轉投生閒暇的身體所依該愛惜，那麼就需要成辦利益身體的因。

利益身體只是為了修行正法，而別無其他，聖天論師說：造罪的身體猶如怨敵一般，如果愛惜這樣的身體，與恭敬仇人一模一樣。如果珍惜利濟身體是為了正法，那麼就更應當珍愛正法，前文中所說的增上生決定勝的一切法，尤其是聽聞殊勝上師的教言及甚深之法，難之又難，因此要全力以赴聞思修行。經中說：「當於數百劫罕見，此微妙法生歡喜，欲求解脫求功德，切莫尋覓世間事。」因此，如果不具備聞法等，顯然得不到善妙的所依身體，即使僥倖得到，也會成為不知取捨的愚者。再有，《教王經》中也說：「不應為身而哀傷，於此授予薪衣食，為長久利積福德，我之伴侶唯善惡。」

丁二、教誡依四法因果之理：

第五品　僧俗學處

故如己依法，如法而修行，

如行依智慧，如慧依智者。

身體與正法同樣要珍惜，所以要像自身一樣珍重依止正法，正法依賴於如理修行，因此要按照法理而修行，而如理修行依賴於智慧，為此理當像如理修行正法一樣，生起智慧與恭敬心。而要生起智慧又依賴於善知識，因此，應當像恭敬智慧一樣恭敬依止智者上師，務必要修學以上四法。馬鳴阿闍黎親言：「唯一精進徒勞已，智慧伴轉成大義。」由智慧中可以實現一切願望，同樣，具有智慧者也會如願以償。《般若攝頌》中云：「賢善弟子敬上師，恆常當依諸智師，善巧功德由彼生，宣說智慧波羅蜜。」

丙二（教誨依止善知識）分二：一、不依上師之過患；二、上師之法相。

丁一、不依上師之過患：

清淨慈具慧，由辯利益說，

誰慮己惡劣，彼亦毀自利。

作為真正渴求正法的人，在自然而然值遇勝任宣說取捨的上師時，理應喜出望外、畢恭畢敬而依止。這樣的上師不是為了謀求名聞利養等，無有貪等垢染，德行聖潔，慈愛弟子，智慧高超，無所不知，有能力依靠觀待、法爾、作用、證成四種道理的辯才，通過問答的方式為一切所化眾生宣講。依靠對法無礙的辯才而大有利

益地宣說取捨善惡。作為所化弟子，如果擔憂自己種姓下賤、一貧如洗、相貌醜陋等而捨棄正法，或者詆毀上師等由宿業或偶然的因緣所致而感到羞愧，害怕，由此勢必會導致失壞眼前與長遠的安樂，以此障礙也會毀滅自利，所以務必要毫不遲疑地恭敬依止上師。

丁二、上師之法相：

> 善知識法相，略說當了知，
>
> 知足悲具戒，有除煩惱慧，
>
> 彼等若教誨，汝應知恭敬。

那麼，真正的善知識到底該是怎樣的呢？關於善知識的法相，略而言之就是下面所說的這些，請原原本本了解。也就是說，不求名聞利養，知足少欲，有自代他苦的強烈悲心，具備嚴禁惡行、攝集善法、饒益有情三戒，並且擁有遣除弟子相續煩惱的聞思修慧。我們應當百般尋覓、以三喜依止這樣的上師。如果這些上師對你諄諄教誨，你要明確了知，恭敬實行。《般若攝頌》中云：「一切佛法依上師，功德勝主佛所說。」此外，關於依師的詳細方式當從《華嚴經》等中得知。《三摩地王經》云：「恆常隨觀佛陀教，永遠莫依罪惡友，廣依賢善之友伴……」

丙三（教誨見行圓滿成就勝果）分二：一、真實教誨；二、特別教誡。

丁一、真實教誨：

依此圓滿規，成就最勝果。

要想達到所求的目的，通達如理實修下文中所說的無倒教言法規的圓滿方便，便可獲得一切成就之最——能成辦一切利益的佛果。為了對果位產生興趣而首先宣說，由此一來對因就不會有怯懦。

丁二（特別教誡）分三：一、廣見行；二、略見行；三、極略見行。

戊一、廣見行：

> 於眾實柔語，安詳具威嚴，
>
> 具理不輕毀，自在善妙言。
>
> 善調離隨眠，莊嚴心寂靜，
>
> 無掉不拖延，無諂決定行。

作者教誨道：對於一切有情說話應當溫文爾雅，無有虛談妄言，杜絕傷人的粗語，如果與誰交往，要給人一種舒適安全感，神情安詳，寧靜和藹，這是成為福德之因的身語威儀，不論對誰也好，在別人面前不要將自己暴露無遺，要威嚴可畏，深不可測。對於堪為法器品行賢良的眷屬次第說法，對他眾不可輕凌藐視，要善加攝受。當五根趨入對境時，不可放逸無度隨煩惱而轉，要具備自我控制的正知正念，在此由於智慧銳利故解釋謂為「自在」也是妥當的。如云：「對於講經說法等要詳察細審才出口，並非不經觀察。」不是不經觀察的草率言詞而要具有實義。有些人表面上說的仁慈語言也是

357

雜有過失的，因此應當說不雜過失的善妙之語。無有嗔
恨善於調伏內心，經過觀察徹底斷除所有懷恨等隨眠，
以慷慨布施的福德使得自己莊嚴無比，內心的分別妄念
自然息滅。不存在心思旁騖的掉舉，無有反覆無常的現
象，因而穩重堅定，做事不拖泥帶水，始終堅持不懈，
因此從不拖延。對於他眾不懷欺惑之心，為此說無諂，
心聰智明，以善巧方便而決定一切事。這些出自於《慧
海請問經》等。《三摩地王經》中云：「無散極溫和，
適度動聽語，引導具緣士，堪受亦生起。」

戊二、略見行：

　　　　決定如滿月，光彩如秋日，

　　　　深沉如大海，堅固如須彌。

以慈悲菩提心等來使內心純熟，如同秋季的滿月一
般，寂靜調伏，以慈愛眾生、善巧方便決定令人見而生
喜。《月燈經》中云：「含笑調柔如滿月，於諸長輩及
新生，恆常誠實而言說，溫存無有我慢心。」猶如秋天
的太陽光芒萬丈一般，威光耀眼，並現前證悟二無我的
勝義菩提心。由於遠離障礙之雲，從而具足遣除他眾愚
癡的威力。《妙臂經》中云：「具有貪等煩惱聚，普稱
內心乃輪迴，解脫惑如水晶月，盡越有海之邊際。」由
於方便智慧圓滿而擁有他心無法容納、甚深如海的功德
藏，借助精進及禪定等力量，身語意的功德一成不變穩
如山王，誰也無法轉變。《經莊嚴論》中云：「惡朋及

358

重苦，聞深不能退，譬如螽翅風，不動須彌海。」

戊三、極略見行：

> 脫離諸過咎，嚴飾諸功德，
> 有情生存因，成就遍知果。

簡略而言，身語意脫離貪等一切過失，富有嚴飾聖者七財等一切德，以善巧方便的願力作為成辦一切有情所有利樂的依處或者生存因。《無盡慧經》中說：「我此身決定行一切有情之事，譬如，地界等四大種，此等作為種種門，種種差別、種種所緣、種種資具、種種受用，令其近享用、全享用，如是我四大聚合之此身種種門、種種差別……種種受用，廣為一切有情之生存因。」依靠這樣的方便與智慧迅速成為遍知果位。

丙四、此法不僅於國王亦教誡他眾：

> 此法非獨為，國王一人說，
> 亦欲如應利，其餘眾生說。

此處所說的教言《寶鬘論》這一法門不單單是為了國王一人所說，一方面講述了任命執行國王各項事宜的人員等，一方面也想不同程度地利益其餘在家出家的有情，依靠清淨的意樂而闡明。因此，所有其餘眾生也應當如理如法實地修行本論中所說的增上生與決定勝之一切正道。

丙五（勸勉國王身體力行）分二：一、平時理當思維論義；二、教誡歸納為八種主要功德而實行。

丁一、平時理當思維論義：

> 為令自他眾，成就正等覺，
>
> 國王於此論，日日當思維。

此論為了自他一切有情無餘成就究竟真實圓滿大菩提果位而造，因此國王，對於增上生決定勝如何修行次第的這一教言，不要束之高閣，理所應當如同窮人得寶藏般每日念念不忘思維修行，清晨聽聞時就像太陽升起一般，似乎心裡一清二楚，如熊熊烈火，但如果沒有實地修持而融入相續，沒過多久便如日落西山般忘得一乾二淨，結果所斷的黑暗會再度籠罩。《勸發勝心經》中說跟隨詞句的理解如同咀嚼樹皮一般，而深思意義就像真正感受到樹的營養味道一樣。同樣，聾子彈奏樂器，他人雖然能聽到，可是其本人卻全然不聞，不修法也與之相同。再者，《華嚴經》中也用不飲水就無法解渴的比喻來說明未修行的後果。《三摩地王經》中云：「我說極其善妙法，汝聽若未如理修，猶如患者持藥囊，自之疾病無法愈。」

這位大尊者的所有中觀論典均是在大悲心的驅使下，普遍教誨一切有情。原因是：所有眾生都具有如來藏，正因為佛陀的因除了成佛以外不可能變成其他，所以究竟所得唯有無上菩提，關於這一點許多經中均有宣說，並且前文中也稍加作了闡述。《文殊根本續》中云：「一切諸宗派，佛說解脫因，密宗成就因，乃我本

第五品　僧俗學處

身造。」這說明，大乘道的所詮精華見解，就是證悟二無我的空性大悲藏，而行為則包括波羅蜜多及迴向等。由於需要依靠二大資糧來斷除二障及習氣，故而在增上生品中詳細講解了實執法與補特伽羅的過患，尤其俱生我執是輪迴的根本，如果沒有斷除俱生我執，就連暫時的解脫也無法獲得，更不必說遍知佛果了。為此才一再宣說了它的過患，這是就一般情況而言。特殊情況，對於欲求殊勝解脫——遍知佛果者，教誨歸納大乘究竟道果而加以修行，而對下等求解脫的聲緣種姓者相應宣說各自的道果，它的道實際上也不是大乘以外的，因此建立整個大乘都是佛語，從而制止那些聲聞部誹謗大乘，令他們生起信心。二障：十二支中我執無明有俱生與遍計兩種，從中產生貪等一切煩惱，是故唯一是煩惱障，菩薩的煩惱稱為分別念，對一切法有三輪等實執，大多數稱為煩惱之名，但實際上都是所知障。對於小士道平凡種姓授予暫時的人天之因——增上生法。

丁二、教誡歸納為八種主要功德而實行：

> 持戒敬上師，安忍無嫉妒，
>
> 離慳無所求，具足利他財。
>
> 利濟貧困者，勝攝棄非勝，
>
> 恆常持正法，為得大菩提。

護持斷除十不善及從屬的戒律，以三歡喜恭敬依止正道的真商主——殊勝上師，具有不被損害、痛苦等擾

361

亂相續的安忍，無論見到他人何等圓滿，也不會有強烈的嫉妒心，遠離難以割捨資具的吝嗇，從不希求回報異熟果，並非是為自利而積蓄財產，擁有的是利他之財。

經過一番觀察而對那些缺乏飲食資具等的人們，以必需品予以利濟，這與聲聞比丘的資具加持「是自己或道友」的情況截然不同，菩薩不僅已避免依靠出家資具的墮罪，而且是在積累大福德資糧。《菩薩別解脫經》中云：「舍利子，此外，菩薩於諸法作他所想，微物亦不取，何以故？從近取即所棄……捨棄身體。」馬鳴阿闍黎親言：「何者貪著諸財物，未生殊勝菩提心，勝心不與過同住，猶如大海不存屍。」

道的違緣與順緣友伴的取捨：蒙受上師或阿闍黎等殊勝大德親自攝受，恆常形影不離。「非勝」是指耽著輪迴、唯一追求世間八法、見行顛倒的惡友惡知識，他們就是佛教的盜匪，要拒之千里。《寶積經》中云：「當依說法善知識，何時亦莫依惡友，具足戒律多聞者，了知勝義之一邊。」隨後，所做究竟之事就是大德的所為，歸納而言，即應當無餘聽聞諸佛的教法與證法，全面受持，並弘傳於他眾，這樣做的目的就是為了利他而獲得究竟的大菩提果。凡是追求這兩種大利的具緣者務必恆常精進，大菩提是成辦二利之果，其因就是地道的所有妙法。

這以上是將論義的主要內容概括起來通過結尾的方

第五品　僧俗學處

式加以教誡。《念住經》中云：「聽傳妙法已，弘揚修智者，詣至無老死，至高無上處。」經中說，在講聞妙法時，甚至僅僅邁出一步，乃至呼吸之間受持妙法功德也是無量無邊。這也是菩薩願力的核心所在。

教王中觀寶鬘論中，宣說在家出家之學處第五品釋終。

甲四（末義）分二：一、由誰所造；二、由誰所譯。

乙一、由誰所造：

《教王寶鬘論》，是開顯一切妙法之精華義、圓滿詮解本師佛陀顯密所攝之教、諸多經續中授記的阿闍黎大尊者吉祥怙主、成就金剛乘殊勝禁行的聖者龍樹菩薩撰著圓滿。

有些智者認為此論應放在《教言集》當中，而不能算在《中觀正理集》之列；有些論師則將此論列為《中觀六論》之一。本來，中觀與教言並不相違，主要是針對國王宣說二規的取捨。不單單是講述君主法規，也詳細說明了甚深的二無我並涉及到了《十地經》等中所說的許多內容。因此，正如《入中論》一樣，納入《中觀論》之列而算在《中觀理集六論》中，如同《顯句論》的結尾將此論也算在其中一樣。

乙二、由誰所譯：

由教法前弘時期法王梵天花（指國王赤松德贊）的

中觀寶鬘論釋

發願力，住於佛地的蓮花生大士等若干成就者上師及眾多班智達出世後，使得雪域顯密正法的朝陽冉冉升起，印度堪布布雅嘎繞札巴及雪域唯一明目藏地的化身譯師噶、焦、祥三位當中的噶瓦拜則由梵語翻譯成藏語並校正審訂。後來，印度堪布謝嘎那嘎瓦瑪、藏地寧瑪派大譯師僧人巴倉.尼瑪札巴結合印度三個版本，根據聖者龍猛師徒不共意趣再次翻譯校勘審訂。前面的譯本多數保留鄔金與漢地等各自的方言，而在藏語上運用起來極不方便，（後面的譯本）遵照金剛手化身大尊主國王赤熱巴堅的指令而相合西藏語言翻譯，不是以直譯為主，而是意譯，因此行文鮮明、突出意義為一大特點。可以肯定，先前的譯師們全是住地菩薩，因為《無垢光》教證中已明確指出他們是所有佛典的結集者。

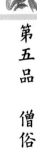

此言：

意海中生稀有之妙語，佛教如照四洲之日月，
具足善義璀璨之光芒，成為茫茫蒼生一勝道。

凡是善說珍視佛親言，理由等持王經可為證，
具足清淨四理之此論，諸善緣士為何不希求？

輪迴之法外道亦不貪，欲入解脫寶洲美宅者，
若持空性大悲遊舞力，誰人懈怠偃臥床榻中？

累劫之中擁有明媚日，　尚未遣除久熏之愚暗，
頓然能驅散之自然智，　依於如此聽聞俱生緣。

多聞喜不自禁而陶醉，　仍於浩瀚無垠所知法，
以極喜慧苦行而受持，　智者精彩傳記當拜閱。

具離慧眼過咎士夫中，　欲妙骯髒糞便之池內，
享用不淨昆蟲蠢蠢動，　喪失法之容顏真可悲。

　　精髓佛法妙鼓音，　天人亦生歡喜心，
　　如雲中出蒼鳴聲，　孔雀翩翩而起舞。

　　世間八風未接觸，　業惑冰雹未摧毀，
　　前無令喜極稀奇，　正法花園當欣賞。

　　通達善說緣起性，　一味無生之本義，
　　具有千目之天王，　盡其所見豈能比？

　　銳利鋒芒雖未磨，　然依智慧刃秘藏，
　　成百上千之結縛，　頓時斬斷即特法。

　　暢飲獲得極喜者，　遍知佛教甘露味，

無數詣至寂滅果，聞而心中生淨信。
猶如田間生綠苗，一切農夫皆歡悅，
自緣福分河流湧，清洗顏面之蓮花。

如不通言之嬰兒，執著水月為實有，
聖者自現虛幻中，愚者非理視顛倒。

善說純金所製成，新穎項鏈賜光輝，
成為其敵疑慮見，無可比擬皆消失。

智慧青蓮所孕育，句義甜美之花汁，
相合智者蜜蜂意，為辨別法而奉獻。

惡分別井極欺惑，充滿傲慢之青蛙，
正士秉性大海中，不喜趨入自饜足。

地藏劣性鐵基上，繪製圖案錦緞般，
此實相之真勝義，融於何者當觀察。

低等樹木之頂端，不生白色旃檀花，
徒勞無義之瑣事，身為智者誰沉迷？

堅實莊嚴教絲線，穿連寶珠之秘訣，

第五品　僧俗學處

置於正士眾會間，　自高稱奇天人讚。
照亮雪域之祖師，　前譯教派得授記，
化身智者及譯師，　深恩厚德不可思。

此理福德之甘霖，　灑向佛教諸大地，
夏季繁榮之景象，　無邊眾生得欣慰。

願以悲手長久護，　有海眾者大魄力，
以菩提心屢屢滌，　導師菩薩遍國度。

願以如摩尼寶德，　賜予淨心光明智，
荷擔弘法利生業，　智成就者滿此世。

方位僧團和合清淨戒，　法行勝利鼓聲常迴蕩，
白法吉祥天神相協助，　三地善相名稱緣顯著。

不知虛空自吹自擂聲，　急奔烏鴉匯集之前時，
依威嚴金剛步一妙音，　驅至私欲莽莽叢林中。

吉祥殊勝之佛尊，　三輪巨響雖隱晦，
願得憶正法總持，　不忘受持至有際。

俱生三學財妙身，　智成就者總攝持，

斷除欲心毒性伴，成為博愛眾生親。

此依佛語正善說，然若有心癡迷染，
獲得證悟聖者前，懺悔祈願賜清淨。

此《教王中觀寶鬘論廣釋》，一方面想利益周圍那些依止自己的求學者，一方面發願自己世世串習善說，以此為緣，自壽七十歲時於前譯教法拉宗寺附近齊美靜處，於諸佛陀化現的諸多善知識前得受甘露教言者，擁有堪布秋智或者夏哲單畢嘉燦撰寫，所有破立詞句，是針對有些對自己懷恨加以辯駁者，而絕非是遮破前輩大德的教言。

嗡索德：
　　圓顯佛教龍樹尊，刻意教授諸法王，
　　明三士道所有軌，稀有典籍寶鬘論，

　　示不了義了義教，非分有寂善妙詮，
　　無盡法施如意樹，為續佛教而刻印，

　　講修聞思修順緣，所得善資無死雲，
　　普降吉祥之妙雨，利樂時節碩果豐。

願具宿業善緣者，不散無義八法事，
離懈怠網晝夜中，傳出講辯著妙音。
願住各方諸君主，如法而行政權堅，
弘法利生為根本，堪作完美之法王。

善神喜兆日月輝，魔眾毒氣已消散，
三地有情如圓劫，安樂光明如虛空。

願凡結緣有情母，暫時常享增上生，
不久輕易而成就，眾生至尊之果位。

願吉祥！

2005年冬譯畢於上海仁濟醫院
2007年春於色達喇榮校對審訂

中觀寶鬘論釋

369